Siegfried Weischenberg · Nachrichtenschreiben

Siegfried Weischenberg

Nachrichtenschreiben

Journalistische Praxis zum Studium und Selbststudium

2., durchgesehene Auflage

Westdeutscher Verlag

2., durchgesehene Auflage, 1990

Der Westdeutsche Verlag ist ein Unternehmen der Verlagsgruppe Bertelsmann International.

Satz und Layout: Thomas Kochhan, Münster
Umschlaggestaltung: Horst Dieter Bürkle, Darmstadt; Titelbild: dpa
Druck und buchbinderische Verarbeitung: Lengericher Handelsdruckerei, Lengerich
Printed in Germany

ISBN   3-531-11942-7

INHALT

VORWORT 9

0 EINFÜHRUNG 11

1 NACHRICHTEN UND IHR WERT 16
   1.1   Definitionen 16
   1.2   Nachrichtenfaktoren 18
   1.3   Human-interest-Elemente 21

2 DARSTELLUNGSFORMEN 25
   2.1   Meldung/Bericht 25
   2.2   Berichtformen 26
   2.3   Glosse/Kommentar 27
   2.4   Reportage/Feature 29

TEST A (zu Kapitel 1-2) 31

3 TATSACHENBERICHT 36
   3.1   Tatsachen-Entscheidungen 36
   3.2   Vorbericht/Ergebnisbericht 37

4 HANDLUNGSBERICHT 39
   4.1   Höhepunkt-Definitionen 39
   4.2   Chronologie-Probleme 40

5 ZITATENBERICHT 42
   5.1   Kernsatz-Auswahl 42
   5.2   Direkte und indirekte Rede 43

6 NACHRICHTEN-AUFBAU 46
   6.1   Pyramiden-Prinzip 46
   6.2   Aufbauregeln 47
   6.3   Harte/weiche Nachrichten 48
   6.4   Information und Interpretation 49

TEST B (zu Kapitel 3-6)...**52**

7 NACHRICHTEN-VORSPANN.............................**59**
  7.1   Funktion...**59**
  7.2   "W"-Fragen..**60**
  7.3   Reihenfolge **62**

8 VORSPANN-FORMEN...**64**
  8.1   Summarischer Vorspann **64**
  8.2   Modifizierter Vorspann **65**
  8.3   Anonymer Vorspann...**67**

9 VORSPANN-EINSTIEG...**70**
  9.1   "Wer?"-"Was?"-Einstieg.....................................**70**
  9.2   "Wann?" und "Wo?" **71**
  9.3   "Wie?"-Einstieg..**73**
  9.4   "Bei"-Einstieg...**74**
  9.5   "Warum?"-Einstieg..**75**
  9.6   Schlagzeilen-Einstieg **77**

10 VORSPANN-BRÜCKE...**79**
  10.1 Funktion...**79**
  10.2 "W"-Fragen als Brücke..**80**
  10.3 Quelle als Brücke **80**
  10.4 Trennung Organisation/Person **83**
  10.5 "Wer?"-Wiederholung **84**
  10.6 Identifizierung als Brücke..................................**85**
  10.7 "Was?"-Aufteilung...**85**
  10.8 Formelhafter Übergang **86**

TEST C (zu Kapitel 7-10).......................................**88**

11 ORGANISATION...**98**
  11.1 Funktion...**98**
  11.2 Verbindungssätze **100**
  11.3 Auflistung..**102**
  11.4 Planungsschritte..**103**

12 TEMPUS UND ANBINDUNG.....................................**106**
   12.1 Einstiegs-Perfekt...**106**
   12.2 Einstiegs-Präsens..**107**
   12.3 Konjunktiv und Indikativ.............................**108**
   12.4 Zeitlicher Zusammenhang **109**
   12.5 Ereignis-Serien...**112**

13 BINDEWÖRTER..**116**
   13.1 Funktion...**116**
   13.2 Beispiele..**117**
   13.3 Probleme **118**

TEST D (zu Kapitel 11-13)......................................**119**

14 QUELLEN UND ZITATE..**130**
   14.1 "Als"-Konstruktionen **130**
   14.2 Wörtliches Zitieren **131**
   14.3 Quellenzuordnung **132**

15 PERSONEN...**135**
   15.1 Namen **135**
   15.2 Personen der Zeitgeschichte **137**
   15.3 Identifizierung...**139**

16 SPRACHE UND STIL..**141**
   16.1 Nachrichtensprache..................................**141**
   16.2 Satzbau und Wortwahl..............................**142**
   16.3 Sprachregelungen....................................**146**

TEST E (zu Kapitel 14-16).......................................**148**

17 FEATURE...**161**
   17.1 Funktion...**161**
   17.2 Thema-Features **166**
   17.3 Porträt-Features...**170**
   17.4 Begleit-Features...**172**
   17.5 Nachrichten-Features................................**177**

18 FEATURESCHREIBEN **182**
   18.1 Prinzipien **182**
   18.2 Aufbau und Sprache **184**
   18.3 Planung und Recherche **187**

19 FEATURE-EINSTIEG **190**
   19.1 Themaskizze **190**
   19.2 Szene **193**
   19.3 Appell **197**
   19.4 Zitat **199**
   19.5 Kontrast **201**
   19.6 Profil **203**

TEST F (zu Kapitel 17-19) **207**

20 STANDARDS **214**
   20.1 "Objektivität" **214**
   20.2 Nachprüfbarkeit **216**
   20.3 Quellenangaben **219**

LÖSUNGEN ZU DEN TESTS **222**
   Test A **222**
   Test B **225**
   Test C **228**
   Test D **233**
   Test E **241**
   Test F **248**

ABKÜRZUNGEN **251**

ÜBER DEN AUTOR **252**

VORWORT

Vor fast einem Jahrzehnt wurden die damals vorliegenden deutschsprachigen Lehrbücher zum praktischen Journalismus einer Prüfung unterzogen und ziemlich unfreundlich behandelt. Kritik galt vor allem der Neigung der Autoren, bekannte Profis an die Rampe zu holen, statt Regeln für "guten Journalismus" aufzustellen und zu begründen. Notwendig, so hieß es in der Rezension, sei "ein didaktisch aufbereitetes Programm", mit "vielen Beispielen und Lösungsmöglichkeiten, die zum Schreibenlernen durch Schreiben anleiten". Einer der beiden Rezensenten war ich.

In die scheinbar sicheren Gefilde von Expertenurteilen ziehe ich mich in diesem Lehrbuch an keiner Stelle zurück. Doch auf den Rat von *news people* habe auch ich nicht verzichtet. Teile oder frühere Fassungen des Manuskripts sind von Hans Benirschke (Deutsche Presse-Agentur), Peter Blechschmidt (Reuters), Harald Knorn (Westdeutscher Rundfunk), Siegfried Maruhn (Westdeutsche Allgemeine Zeitung) und Sibylle Weischenberg (Der Spiegel) gelesen worden. Ihnen danke ich für eine Reihe von Anregungen. Den Gebrauchswert des Textes habe ich immer wieder in Lehrveranstaltungen getestet: mit Studenten an den Universitäten von Dortmund, München und Münster. Besonderer Dank gilt Thomas Kochhan, der mit viel Sachverstand die Textgestaltung und die Produktion der Druckvorlagen betreut hat.

Hamburg, Juli 1988   S.W.

Ohne Standardisierung, ohne Stereotypen, ohne Routineurteile, ohne eine ziemlich rücksichtslose Vernachlässigung der Feinheiten würde der Redakteur bald an Aufregung sterben. Ständig drängt die kaufende Öffentlichkeit, ständig drohen das Gesetz wegen Verleumdung und unendliche Schwierigkeiten. Die Sache könnte ohne Systematisierung überhaupt nicht bewältigt werden, denn ein standardisiertes Produkt ist in Hinblick auf die investierte Zeit und Mühe überaus ökonomisch und bietet einen gewissen Schutz gegen Pleiten.

Nachricht und Wahrheit sind nicht dasselbe und müssen klar voneinander getrennt werden. Die Funktion der Nachricht besteht darin, ein Ereignis anzuzeigen; die Funktion der Wahrheit ist es dagegen, Licht in verborgene Tatsachen zu bringen, sie miteinander in Beziehung zu setzen und ein Bild der Wirklichkeit zu entwerfen, nach dem die Leute handeln können. Nur in den Punkten, wo soziale Bedingungen erkennbare und meßbare Gestalt annehmen, fällt der Kern der Wahrheit mit dem Kern der Nachricht zusammen. Das ist ein verhältnismäßig kleiner Teil des gesamten Bereiches menschlichen Interesses.

Walter Lippmann (1922)

0 EINFÜHRUNG

Journalismus wird von vielen Menschen (auch: Journalisten) immer noch für eine Kunst gehalten. Sie denken dabei an die preiswürdigen Reportagen, die wirkungsvollen Leitartikel, die großen Enthüllungsgeschichten à la Watergate - und sie vergessen dabei, daß der weit überwiegende Teil journalistischer Arbeit Handwerk ist.

Sehr guter Journalismus mag eine Kunst sein. Doch auch die herausragenden Leistungen im Bereich der Publizistik sind zunächst einmal das Ergebnis solider Beherrschung des journalistischen Handwerks und langjähriger Erfahrung.

Berufsaspiranten können das nicht wissen. Berufsanfänger, die das nicht wissen, imitieren "journalistische Künstler" und vernachlässigen das Hand- (und "Kopf"-) werkliche. Dies führt zu den vielen Fällen schlechter Berichterstattung, die aufmerksamen Lesern/Hörern/Zuschauern auffallen: unpräzise, inhaltsarme, pseudo-originelle Zeitungsartikel; aufgeblasene, dümmliche Hörfunkmoderation; selbstgefällige, oberfächliche Fernsehberichterstattung. Den dafür verantwortlichen Journalisten fehlt oft nichts anderes als eine gute Schule: die systematische Beschäftigung mit dem Kernelement journalistischer Arbeit, der Nachricht.

Die Nachricht ist das Darstellungsmittel aktueller Berichterstattung, das am wenigsten mit Kunst und am meisten mit Handwerk zu tun hat. Nachrichten werden im Informationsjournalismus der westlichen Demokratien nach relativ festen Regeln ausgewählt und aufgebaut. Es gibt dabei schlechte Konventionen und falsche Proportionen, auf die die Nachrichtenforschung aufmerksam gemacht hat. Diese Befunde entlassen die Journalisten aber keineswegs aus der Verpflichtung, sich mit den Regeln der Nachrichtenarbeit eingehend zu beschäftigen und sie auch zu lernen.

Nachrichtenschreiben kann man systematisch lernen. Bei der Lehre des Nachrichtenschreibens, die für dieses Buch entwickelt wurde, geht es, erstens, darum, plausible Regeln für den professionellen Umgang mit Informationen zu formulieren und zu begründen; zweitens, diese Regeln (auch: Konventionen) anhand von Praxisbeispielen zu erläutern und, drittens, mit Hilfe von Übungen den Lernerfolg zu überprüfen.

In vielen Praxis-Lehrbüchern wird das Handwerk des Nachrichtenschreibens schon vorausgesetzt. Im Zentrum stehen die Feinheiten des Journalismus - so, als wenn sich ein Klavierspieler unter Verzicht auf Fingerübungen gleich an die "Appassionata" macht. Eine solche Schulung für angehende Virtuosen ist hier nicht beabsichtigt. Wir "spielen" Etüden: Übungen für Anfänger und Noch-nicht-so-Fortgeschrittene. Dies heißt freilich nicht, daß man - um im Bild zu bleiben - nicht auch von der Auseinandersetzung mit den großen Sonaten profitieren kann. Auch sie kommen in diesem Buch vor.

Das Lehrbuch ist für den Einsatz im Fach Journalistik, aber auch zum Selbststudium verfaßt worden. Es soll der Einführung in die Grundlagen journalistischer Arbeit dienen. Es soll das Handwerkliche des Nachrichtenschreibens vermitteln und dadurch auch zur Entmythologisierung des journalistischen Berufs beitragen.

Teile des Textes wurden im Laufe von fast zehn Jahren an insgesamt drei Universitäten bei der Hochschulausbildung von Journalisten erprobt, immer wieder verändert und ergänzt. Die fast 300 Beispiele (für gutes und schlechtes Nachrichtenschreiben), die hier in der Zeitungsschrift Times gesetzt sind, stammen aus dem Material von Nachrichtenagenturen, Zeitungen und Zeitschriften. Sie sollten jeweils den Sachverhalt genau treffen und durften dabei nicht zu aktuell sein; aktuelle Nachrichten-Beispiele (z.B. mit den Namen bekannter Politiker) sind eine verderbliche Ware. Und sie sollten möglichst auch unterhaltsam sein.

Deshalb war die Suche schwierig. Etwa 1.500 Beispiele wurden gesammelt. Ein Fünftel davon erwies sich - nach zahlreichen Überprüfungen - als didaktisch geeignet. Dabei handelt es sich zum Teil um gekürzte Versionen, wobei die Auslassungen durch [...] kenntlich gemacht sind. Die Beispielsuche hat, nebenbei, meine Auffassung verstärkt, daß es für eine Lehre des Nachrichtenschreibens Bedarf gibt. Denn ich habe in den Zeitungen und Zeitschriften, aber auch beim Studium des Agenturmaterials, große Qualitätsunterschiede im deutschen (Nachrichten-) Journalismus festgestellt.

Didaktische Überlegungen liegen den zum Teil neu geprägten Fachbegriffen in diesem Buch zugrunde (zur Orientierung in amerikanischen Lehrbüchern werden entsprechende angelsächsische Termini jeweils in Klammern *kursiv* angegeben). Nur das, was sich präzise benennen läßt, läßt sich auch vermitteln.

Nach jedem thematischen Abschnitt folgt ein Test, der die wichtigsten Lerninhalte noch einmal wiederholt, an weiteren Beispielen demonstriert und dann abfragt. Anhand der Lösungen läßt sich so insgesamt sechsmal der Lernerfolg überprüfen. Die Qualität der Lösungen soll jeweils etwa dem Leistungsstand entsprechen, der nach dem Durcharbeiten der betreffenden Kapitel zu wünschen ist. Beispiele, die nicht aus Veröffentlichungen stammen, sind im gesamten Text in der Schreibmaschinenschrift `Courier` gesetzt. Querverweise (→) sollen die selektive Lektüre erleichtern.

Zu den angesprochenen "Etüden" gehören in den Tests immer wieder Zusammenfassungen (Übungen, die bei Studenten, wie ich gelernt habe, nicht sehr populär sind). Sie bilden eine typische journalistische Tätigkeit sehr gut ab. Denn immer wieder müssen die Journalisten das, was sie draußen sehen und hören, und das, was sie drinnen auf den Schreibtisch bekommen, auf das Wesentliche reduzieren und auf wenige Zeilen komprimieren. Dabei stehen sie oft unter großem Zeitdruck.

Deshalb spielt ein Repertoire, mit dessen Hilfe vor allem Berufsanfänger gegen Überraschungen der Aktualität gewappnet sind, im Journalismus eine besonders wichtige Rolle. Ein Repertoire für den professionellen Umgang mit dem Rohstoff Information. Dabei sind im Grunde stets dieselben Probleme zu lösen. Sie lassen sich in folgende Fragen fassen:

- Welchen **Nachrichtenwert** hat eine Information?

- Welche **Darstellungsform** ist zur Vermittlung dieser Information am besten geeignet?

- Welcher **Einstieg** ist für die Darstellung zu wählen?

- Wie ist der **Vorspann** aufzubauen?

- Wie muß die **Organisation** des gesamten Beitrags angelegt werden?

- Wie sind **Zitate** zu verarbeiten?

- Wie werden **Personen** "nachrichtlich behandelt"?

- Welche **Sprache**, welcher **Stil** sind der Vermittlung der Information angemessen?

- Welche allgemeinen **Standards** sind beim Nachrichtenschreiben zu berücksichtigen?

Journalisten, die auf diese Fragen keine Antworten wissen, stehen spätestens bei unvorhergesehenen Ereignissen mit leeren Händen (bzw. leerem Papier oder leerem Bildschirm) da. Oder, was noch schlimmer sein kann: Sie liefern fehlerhafte, unprofessionelle, für die gesellschaftliche Kommunikation unbrauchbare journalistische Produkte ab. Dieses Lehrbuch trägt vielleicht dazu bei, das zu verhindern.

Die Darstellung soll stets so praxisnah wie nötig und vertretbar sein. Auf wissenschaftliche Verweise - die insbesondere im Zusammenhang mit dem "Wert" von Nachrichten naheliegend wären - habe ich grundsätzlich verzichtet. Sie finden sich in meinem Lehrbuch "Journalistik. Einführung in die Theorie und Praxis vermittelter Kommunikation" (Westdeutscher Verlag). "Theorie" im Sinne einer systematischen Ausbreitung geprüften Erfahrungswissens ist jedoch auch die Grundlage der vorliegenden Veröffentlichung. Medienkritik zu üben, gehört freilich an dieser Stelle nicht zu meinen Absichten.

Die Stil-, Form-, Darstellungs- und Aufbau-Prinzipien, die hier im Mittelpunkt stehen, haben sich für bestimmte Berichterstattungszwecke als sinnvoll erwiesen. Diese Prinzipien aufzulösen und durch ein "alles ist möglich" zu ersetzen, würde der Leistungsfähigkeit des Journalismus mehr schaden, als sie professionell und reflektiert anzuwenden.

Das formelhafte Nachrichtenschreiben ist jedoch bei weitem nicht der ganze Journalismus. "Objektive Berichterstattung" - die ausschließlich faktenorientierte Darstellung - stößt in unserer komplizierten Welt immer häufiger an ihre Grenzen. Um zur Beschreibung und Erklärung dieser Welt beitragen zu können, müssen Journalisten deshalb ganz unterschiedliche Darstellungsformen einsetzen. Also auch illustrierende und interpretierende Mittel, die man als "literarisches Nachrichtenschreiben" bezeichnen kann: die Verbindung journalistischer Recherche und Faktenorientierung mit erzählenden, beschreibenden und analysierenden Elementen - eine Verbindung, die für das "Feature" kennzeichnend ist. Dieser Darstellungsform sind deshalb drei Kapitel gewidmet. Sie enthalten Aufbau- und Darstellungsregeln, die sich für diese freiere Form zusammenstellen lassen. Die Erörterung des Unterschieds zwischen "Feature" und "Reportage" wird dabei nicht fortgeführt. Eine strikte Abgrenzung scheitert im übrigen spätestens bei der *news story* der Nachrichtenmagazine.

Das Lehrbuch beruht auf eigener Berufspraxis als Journalist, dem Studium der einschlägigen - wissenschaftlichen und "praktischen" - Literatur und auf langjähriger Tätigkeit in der Journalistenaus- und -weiterbildung.

Wichtige Erfahrungen verdanke ich darüber hinaus Lehr- und Forschungsaufenthalten an *journalism schools* in den USA.

Der Text führt Schritt für Schritt vom Leichteren zum Schwierigeren, von den Grundlagen zu den Besonderheiten. Er wendet sich an Volontäre sowie Journalistik- und Publizistikstudenten. An Lehrerstudenten, die umsatteln wollen. An Mitarbeiter in Pressestellen von Verwaltung und Industrie sowie andere PR-Fachleute, die ihren Informationsauftrag gegenüber der Öffentlichkeit ernst nehmen. An Schüler, die Journalisten werden wollen. An Zeitungsleser, die wissen wollen, wie's gemacht wird. Und an die Journalisten, die es nie gelernt haben.

1 NACHRICHTEN UND IHR WERT

1.1 Definitionen

Medien handeln mit "Nachrichten". Ursprünglich war dieser Begriff "Nachricht" gleichbedeutend mit "Zeitung" überhaupt. Heute werden darunter allgemein **Mitteilungen** verstanden, **die für die Öffentlichkeit von Interesse sind**.

Was ist für die Öffentlichkeit von Interesse? Im traditionellen Verständnis des Journalismus ist es das, was sich unterscheidet, was vom "Normalen" abweicht.

Auf eine populäre Formel gebracht: Hund beißt Mann/Frau = niedriger Nachrichtenwert; Mann/Frau beißt Hund = hoher Nachrichtenwert (Beispiel A).

(A) MÜNCHEN (dpa) - Ein betrunkener Matrose hat einem Schäferhund der Bahnpolizei ins Genick gebissen. Wie ein Sprecher der Staatsanwaltschaft am Donnerstag mitteilte, war der Angetrunkene einer Streife der Bahnpolizei auf dem Münchner Hauptbahnhof aufgefallen. Da er sich einer Kontrolle heftig widersetzte, riefen die beiden Polizisten einen Kollegen mit Hund zur Verstärkung. Der 38jährige Matrose stürzte sich sofort auf den Schäferhund, umklammerte ihn und biß ihm ins Genick. Der Hund trug einen Maulkorb. Kämpfend verloren Mensch und Tier das Gleichgewicht und stürzten eine Treppe hinunter. Dann erst konnten drei Polizisten den Mann mit vereinten Kräften festnehmen. Gegen den 38jährigen wurde Anzeige wegen Widerstands gegen die Staatsgewalt, Körperverletzung und - weil ein Hund als Sache gilt - Sachbeschädigung erstattet.

Unter "Nachricht" wird aber nicht nur das publizistische Rohmaterial verstanden, sondern auch eine bestimmte journalistische Darstellungsform (→ dazu Kapitel 2). Dabei geht es um die **Vermittlung von Informationen in möglichst knapper, unparteilicher Weise**. Der Begriff "Nachricht" hat somit eine doppelte Bedeutung:

• Nachrichten sind **allgemein** Mitteilungen von publizistischem Wert; bei der Nachricht als journalistischer **Darstellungsform** wird die Vermittlung von Informationen in möglichst knapper, unparteilicher Weise angestrebt.

Nachrichten werden in den Redaktionen der Medienbetriebe ausgewählt und bearbeitet. Die dort tätigen Redakteure müssen eine Auswahl treffen, weil ihnen oft erheblich mehr Material angeboten wird, als sie veröffentlichen können. Die Deutsche Presse-Agentur zum Beispiel wählt täglich etwa 150.000 Wörter (Basisdienst: rund 80.000 Wörter) aus einem Angebot von ca. einer Million Wörtern aus; die Tageszeitung "Die Welt" 60.000 Wörter aus einem Angebot von 250.000 Wörtern. Die Nachrichtenredaktion des "Deutschlandfunks" muß täglich 400.000 Wörter auf 17.000 Wörter reduzieren. Die "Süddeutsche Zeitung" schließlich hat ausgerechnet, daß sie nur sieben Prozent des Materials abdruckt, das ihr die Nachrichtendienste, vor allem dpa, AP, Reuters und ddp, anbieten.

Die Auswahl wird nach dem **"Nachrichtenwert"** von Informationen getroffen. Ergebnisse der Nachrichtenforschung legen den Schluß nahe, daß die Redakteure bei ihren Auswahlentscheidungen vom Wert der Informationen übereinstimmende und relativ konstante Vorstellungen besitzen. Daraus ergibt sich die Gefahr des routinierten, gedankenlosen Umgangs mit Informationen.

Entscheidenden Einfluß auf die Auswahl und Plazierung von Informationen haben aber nicht nur die Journalisten, sondern vor allem auch die Bedingungen des jeweiligen Mediums. Sein Typ, seine Marktsituation, seine Ausrichtung legen die Produktionsweise der Redaktion fest und damit auch die Kriterien, nach denen Redakteure die Informationen auswählen und bearbeiten. Dies führt zu den auffälligen Unterschieden der Berichterstattung in den einzelnen Medien. Der Mord in einer Kleinstadt mag für Tage die Schlagzeilen des Lokalblatts bestimmen; für eine überregionale Nachrichtenagentur z.B. wird der Vorfall oft nicht einmal eine Kurzmeldung wert sein. Die Verschränkung zwischen dem Medium und den Kriterien für Nachrichtenwert wird deutlich, wenn der Mord in der Kleinstadt Besonderheiten hat (z.B.: Ein bekannter Politiker ist ermordet worden). Dann greifen die Auswahlkriterien (in diesem Falle: Prominenz) so sehr, daß der Fall auch für nationale Medien von großem Interesse sein kann.

Für die Nachrichtenauswahl gelten also feste Regeln, wobei sich die Journalisten - meist unbewußt - an **Nachrichtenfaktoren** orientieren. Der Nachrichtenwert von Ereignissen beruht auf der Summe und/oder jeweiligen Ausprägung der Nachrichtenfaktoren. Sie beschreiben Regeln, nach denen die Nachrichtenmedien ein Bild von der Wirklichkeit entwerfen. Regeln, die von der Nachrichtenforschung zunächst für die internationale und nationale Berichterstattung nachgewiesen wurden. Diese Regeln liegen, so hat sich inzwischen gezeigt, (mit wenigen Modifikationen) aber auch der Lokalberichterstattung zugrunde. Im praktischen Journalismus lassen sie sich als zwei Gruppen von Kriterien beschreiben, nach denen in den Redaktionen Nachrichten ausgewählt werden. Wir verwenden hierfür ebenfalls den Begriff "Nachrichtenfaktoren".

1.2 Nachrichtenfaktoren

Die Auswahl, die die Journalisten treffen, wird von zwei zentralen Nachrichtenfaktoren bestimmt:

- Bedeutung
  (significance, importance, magnitude)

- Publikumsinteresse
  (reader interest)

Die Bedeutung von Informationen steht bei "harten Nachrichten" im Vordergrund, das Publikumsinteresse bei "weichen Nachrichten" (→ Kapitel 6.3). Bei der Regel, Nachrichten nach ihrer **Bedeutung** auszuwählen, sind zwei Merkmale zu unterscheiden:

• das **Ausmaß eines Ereignisses** (Beispiel A) unter dem Aspekt direkter Folgen und Beteiligung (z.B. Zahl getöteter/verletzter Personen bei einem Unglück)

(A) ZEEBRUGGE (dpa) - Beim Kentern der britischen Kanalfähre "Herald of Free Enterprise" am Freitagabend vor dem belgischen Hafen Zeebrugge sind nach offiziellen Angaben vom Sonntag vermutlich 135 Menschen ums Leben gekommen. 408 Passagiere und Besatzungsmitglieder wurden gerettet. Die Fähre, deren Ladetor am Bug nach dem Ablegen offenbar nicht rechtzeitig geschlossen werden konnte, war nur 800 Meter außerhalb des Hafens binnen einer Minute vollgeschlagen, auf die Backbordseite gekippt und zu zwei Dritteln im Wasser versunken. Bis Sonntag nachmittag waren 51 Tote geborgen. Für 84 noch im Wrack Eingeschlossene gab es keine Hoffnung mehr.

• die (auch: indirekten) **Konsequenzen eines Ereignisses** (Beispiel B) unter dem Aspekt der Reichweite (die Folgen für die Bevölkerung bzw. Gruppen der Bevölkerung)

(B)   **BONN** - Die gesundheitsschädigenden Folgen der Atomkatastrophe von Tschernobyl sind für die Bundesrepublik geringer als angenommen. Vier Monate lange Test-Messungen der Strahlenschutzkommission haben ergeben, daß die befürchtete Ganzkörperdosis an Giften "weit niedriger" ist, als von Wissenschaftlern vorausberechnet worden war. Die Verseuchung der Nahrungsmittel geht bis auf wenige Ausnahmen "stark zurück".

(WamS)

Von einer ganzen Reihe von Merkmalen kann das (vermutete) **Publikumsinteresse** abhängig sein, das der Auswahlentscheidung zugrundegelegt wird (Beispiele C-G):

• Ort eines Ereignisses und seine Wichtigkeit für das Publikum (**Nähe**)

(C)   **GELSENKIRCHEN/PRAG** - Bei drei Zechenunglücken sind bereits am Donnerstag 67 Menschen ums Leben gekommen. In Gelsenkirchen starben bei zwei Unglücken auf den Zechen Hugo und Nordstern ein 41jähriger Hauer und ein 30jähriger Bergreferendar. In einer Braunkohlengrube in der Tschechoslowakei kamen 65 Bergleute ums Leben. Weitere 40 wurden verletzt.

(RN)

(D)   **SIDNEY** (dpa) - Bei der Welt-Einzelmeisterschaft im Skat, die in Australien ausgetragen wurde, hat das Ruhrgebiet den Vogel abgeschossen: Willi Knack aus Dortmund wurde mit 10.210 Punkten überlegen neuer Weltmeister, Siegfried Schroeder aus Kamen belegte mit 8.990 Punkten den zweiten Platz. Drei weitere Spieler aus dem Revier konnten sich unter den zehn Besten plazieren.

"Nähe" kann sich sowohl auf die Geographie als auch auf die Psychologie beziehen. Zwei Tote in Gelsenkirchener Zechen besitzen für die Ruhrgebietszeitung einen größeren Nachrichtenwert als 65 getötete Bergleute in der CSSR (Beispiel C). Sie werden deshalb früher erwähnt. Der Nachrichtenfaktor "geographische Nähe" greift auch bei Personen aus dem Verbreitungsgebiet eines Mediums, hier zum Beispiel (D) bei Skatspielern aus dem Revier. Ruhrgebietszeitungen werden eine solche Information besonders hervorheben.

"Psychologische Nähe" besitzen Ereignisse, die von Lesern/Hörern/ Zuschauern in besonderem Maße mit dem eigenen Erlebens- und Erfahrungsbereich verbunden werden. Deshalb haben z.b. Bergwerksunglücke für Medien im Revier generell einen hohen Nachrichtenwert, auch dann, wenn sie sich im Ausland ereignen.

• Bekanntheitsgrad einbezogener Personen (**Prominenz**)

(E)   NEW YORK (AP) - Bei Schauspielern und dem Aufnahmeteam, die an dem 1955 entstandenen amerikanischen Spielfilm "Der Eroberer" mitgewirkt haben, ist eine ungewöhnliche Häufung von Krebserkrankungen aufgetreten. Dies ergaben Recherchen der Zeitschrift People. Die Dreharbeiten fanden im Südwesten Utahs statt, ein Jahr nachdem in der benachbarten Wüste von Nevada insgesamt elf Atomtests stattgefunden hatten. Nach einem Beitrag des Blattes waren an den Arbeiten vor und hinter der Kamera insgesamt 220 Personen beteiligt. Davon konnte nach so langer Zeit noch die Krankengeschichte von 150 früheren Mitarbeitern rekonstruiert werden. Von diesem Personenkreis waren insgesamt 91 Filmleute an Krebs erkrankt. Insgesamt 46 Mitarbeiter, unter ihnen die beiden Hauptdarsteller John Wayne und Susan Hayward sowie der Regisseur und Produzent Richard Powell, erlagen später dieser Krankheit.

Die Information erhält hier dadurch besonderen Nachrichtenwert (Beispiel E), daß von den Krebserkrankungen berühmte Schauspieler betroffen waren. Ihre Krankengeschichte ist zudem noch Jahre nach dem Vorfall Gegenstand ausführlicher Berichterstattung gewesen.

• Neuigkeitswert/Aufgeschlossenheit für ein Thema (**Aktualität**)

(F)   MAINZ - Der Mainzer Leitende Oberstaatsanwalt Werner Hempler hat ein Ermittlungsverfahren gegen die Stadtwerke Mainz eingeleitet, denen er zum Vorwurf macht, zuviel Chlor ins Wasserleitungsnetz gegeben und damit sowohl gegen das Lebensmittel- als auch das Bedarfsgegenständegesetz verstoßen zu haben. Laut Darstellung Hemplers vom Dienstag hatte die Verbraucherzentrale bereits vor einiger Zeit Anzeige erstattet, nachdem Bürger im Spätsommer über stark riechendes Leitungswasser und Augenbrennen beim Waschen geklagt hatten. Außerdem starben die Zierfische eines Tierfreundes. Bei chemischen Untersuchungen fand das rheinland-pfälzische Umweltministerium dann heraus, daß die zulässigen Richtwerte von 0,3 beziehungsweise in Ausnahmefällen 0,6 Milligramm pro Liter weit überschritten worden waren. Bis zu zwei Milligramm stellten die Chemiker fest.

(FR)

Aktualität wird über zwei Elemente definiert: zum einen den tatsächlichen Neuigkeitswert und den kurzen Zeitraum zwischen Ereignis und Nachricht; zum anderen aber auch über die Aufgeschlossenheit für ein Thema, die Sensibilisierung für bestimmte Probleme, hier etwa aus dem Bereich des Umweltschutzes (Beispiel F). So kann auch ein weniger spektakulärer Vorfall dadurch besonderen Nachrichtenwert erhalten, daß für Namen und Orte "Aufgeschlossenheit" besteht, etwa, weil sie aus der Geschichte bekannt sind (Beispiel G).

(G) **KINGSTON (dpa)** - Auf der Südsee-Insel Norfolk, vor nahezu 200 Jahren Zufluchtsstätte der berühmten Meuterer des britischen Segelschiffes "Bounty", rebellieren jetzt die Verwaltungsbeamten. Sie wollen diese als Ferienparadies beliebte, 1600 Kilometer nordöstlich von Sydney liegende australische Außenbesitzung mit 1800 Einwohnern von der Außenwelt abschotten. Die Fernsprechleitungen sollen in der nächsten Woche stillgelegt und der Hafen geschlossen werden. Der Protest der rund 100 Beamten richtet sich gegen die Entscheidung der Verwaltung in der Inselhauptstadt Kingston, ihre Gehälter in Übereinstimmung mit dem von der australischen Regierung in der vergangenen Woche vorgelegten Sparbudget nicht zu erhöhen.

• menschliche/emotionale Aspekte eines Ereignisses (**human interest**)

1.3 Human-interest-Elemente

"Human interest" ist für die Auswahl von Nachrichten bei den meisten Medien von besonderer Bedeutung. Dieser Nachrichtenfaktor läßt sich aber nicht leicht definieren; unterschiedliche Elemente bestimmen die "menschlichen Aspekte" von Ereignissen - oder das, was dafür gehalten wird:

• Kuriosität, Ungewöhnliches *(unusualness)*	• Kampf, Konflikt *(conflict)*

- Humor, Spaß
  (humor)

- Romantik
  (romance)

- Spannung, Ungewißheit
  (suspense)

- Sympathie
  (sympathy)

- Alter
  (age)

- Sex, Liebe
  (sex)

- Wissenschaft, Fortschritt
  (progress)

- Abenteuer, Risiko
  (adventure)

- Tragödie
  (tragedy)

- Tiere
  (animals)

Diese Elemente kommen in Nachrichten oft in einer Kombination vor (Beispiele A-H):

(A) STOCKHOLM (dpa) - Wochenlang legte sich ein 24jähriger Häftling im Gefängnis von Tidaholm (Südschweden) seine Butter- und Margarine-Rationen zurück, die ihm ohnehin nicht schmeckten. Dann verwendete er den Fetthaufen für eine Tat, die jeden überraschte: Er beschmierte sich damit bei voller Bekleidung wie ein Butterbrot und zwängte sich durch ein 30 mal 14,5 Zentimeter kleines Zellenfenster. Als sich der Häftling mit einem Bettlaken an der Gefängnismauer abseilte, wurde er gefaßt. Die Anstalt galt bis dahin als ausbruchsicher.

(Kuriosität, Spaß)

(B) ROM (dpa) - Der 14jährige Fan des AS Roma, Andrea Vitone, hat am Sonntagabend in einem von Fußballrowdys in Brand gesetzten Waggon des Zugs Bologna - Rom das Leben verloren. Er war zusammen mit seinem 21jährigen Bruder "seiner" Mannschaft AS Roma nach Bologna gefolgt, hatte die 0:2-Niederlage der römischen Elf miterlebt und befand sich zusammen mit 150 anderen aufgebrachten Jugendlichen auf der Heimfahrt. Im vollbesetzten Zug trennten sich die Brüder und Andrea fand im viertletzten Waggon Platz. Dort kam es zu Auseinandersetzungen. Eine Station vor Rom wurden Gegenstände und auch Abteilsitze aus den Fenstern geworfen. Eine halbe Zugstunde vor der Endstation schlugen aus dem viertletzten Waggon Flammen, jemand zog die Notbremse. Die Löscharbeiten auf freier Strecke dauerten lange;

erst dann bemerkte man, daß sich nicht alle Zuginsassen hatten retten können.

(Tragödie, Kampf)

(C) **WEIL AM RHEIN/STUTTGART (dpa)** - "Ich laufe jeder Mark nach, und Du wirfst mein Geld für solchen Quatsch zum Fenster raus", schimpfte ein 40jähriger Familienvater in Weil am Rhein seinen 12jährigen Sohn aus. Dann warf er den vom Filius ausgefüllten Lottoschein in den Papierkorb. Der protestierte: "Aber Vati, die Mark dafür ist doch von meinem Taschengeld, und ich wollte Dir und Mutti mit einem Gewinn nur eine Freude machen." Mutti war gerührt, sie holte den Schein wieder hervor, kreuzte nochmal die gleichen Zahlen an wie der Sohn und brachte ihn zur Annahmestelle. Die beiden Zahlenreihen, so die Lottogesellschaft am Dienstag, brachten einen doppelten Volltreffer - zusammen über 1,2 Millionen Mark.

(Humor, Kuriosität, Sympathie)

(D) **BAR HARBOR (dpa)** - Amerikanische Wissenschaftler suchen mit den Mitteln der modernen Genforschung die "erste Frau". Durch Vergleiche einer bestimmten Form der Desoxyribonukleinsäure (DNS), der Trägersubstanz für die Erbinformationen, wollen sie feststellen, wo die ersten Menschen gelebt haben und wie sie sich auf die Kontinente verteilt haben. Da die Forscher mit der DNS eines Mitochondrien genannten Zellbestandteils arbeiten, die nur von Frauen vererbt wird, könnten sie im Idealfall die Form des Erbguts der ersten Frau rekonstruieren.

(Wissenschaft, Ungewöhnliches)

(E) **PEKING (rtr)** - Chinesische Frauen dürfen jetzt erstmals öffentlich Nabel zeigen. Gelegenheit dazu gibt es beim ersten chinesischen Bodybuilding-Wettbewerb für Damen in der Stadt Shenzhen. Das Ehrenmitglied des Internationalen Bodybuilding-Komitees, Lo Zhuoyu, sagte der amtlichen Zeitung Shenzhen Youth Herald, dies sei die Bedingung des Komitees für den Beitritt Chinas zu dieser Organisation gewesen. Zunächst habe es eine heftige Debatte um die Kleidersitten gegeben. Es werde auch noch einige Zeit dauern, bis die Zweiteiler in China akzeptiert würden, sagte Lo. In der Hauptstadt Peking sind derzeit keine Bikinis erhältlich.

(Sex, Humor, Kuriosität)

(F) **LONDON** (**dpa**) - "Ich habe elendes Glück gehabt", sagte ein 48jähriger Ingenieur, als sein Hund ihm den wichtigsten Hinweis bei der Suche nach dem "Goldenen Hasen" - einem angeblich umgerechnet 140 000 Mark werten Schatz in Gestalt eines goldenen, juwelenbesetzten Hasen - geliefert hatte. Der Schatz war vor drei Jahren als Teil einer raffinierten Werbekampagne auf einem alten Friedhof in der Nähe von Bedford nördlich von London vergraben worden.

(Abenteuer, Tiere)

(G) **FREEPORT** - Ungewöhnliche Tier-Freundschaft: Eine Gans hat auf einem Bauernhof nördlich von Freeport (US-Staat Minnesota) einen erblindeten deutschen Schäferhund praktisch adoptiert und wacht über jeden seiner Schritte. Wütend reagiert sie, wenn sich zum Beispiel ein Fremder ihrem Schützling nähern will. Der Besitzer der Gans "Lady": "Das Tier ist wie ein Wachhund. Sobald jemand dem Hund zu nahe kommt, rennt `Lady` aufgeregt schnatternd und hackend herbei. Selbst Kinder wehrt sie zischend ab, wenn sie mit dem Hund spielen wollen."

(AZ)

(Sympathie, Tiere, Ungewöhnliches)

(H) **KÖLN** (**dpa**) - Eine gehbehinderte Frau ist am Montagabend in Köln von vier jungen Männern von einer Bank gezerrt und dann auf einem nahegelegenen Spielplatz bis zum Hals eingegraben worden. Wie die Polizei am Dienstag mitteilte, entdeckte ein Passant die hilflose 56jährige knapp eine Stunde später. Die Frau mußte mit einer Unterkühlung in ein Krankenhaus eingeliefert werden.

(Tragödie, Alter, Kampf)

2 DARSTELLUNGSFORMEN

2.1 Meldung/Bericht

Nachricht ist der Oberbegriff für knapp und möglichst unparteilich formu-
lierte Informationen der Massenmedien. In der journalistischen Praxis wird
üblicherweise nicht allgemein von "Nachrichten", sondern von konkreten
Darstellungsformen gesprochen: von Meldung und Bericht als Bezeich-
nungen für **Nachrichtendarstellungsformen**. Dies ist eine formale
Unterscheidung.

Meldungen sind bei den Tageszeitungen Kurz-Nachrichten mit einer
Länge von gewöhnlich nicht mehr als etwa 25 Druckzeilen. Sie werden -
der typographischen Anordnung (dem "Umbruch") folgend - auch **"Ein-
spalter"** genannt und enthalten, in aller Kürze, nur die notwendigsten
Informationen.

> Die Geschäftsleitung eines A-Städter Unternehmens
> der Datenverarbeitung hat am Montag beschlossen,
> Mitarbeitern, die mehr als zwei Zentner wiegen,
> keine Gehaltserhöhung mehr zu gewähren. Die Begrün-
> dung der Firmenleitung: Dickleibige seien phlegma-
> tisch und neigten dazu, sich bald zur Ruhe zu set-
> zen.

In **Berichten** werden Ereignisse ausführlicher dargestellt. Der Übergang
zwischen "Meldung" und "Bericht" ist aber in der Praxis fließend; eine
Unterscheidung wird nach der Länge getroffen. Der Aufbau ist bei beiden
Darstellungsformen gleich. In Berichten - die nach ihrer typographischen
Anordnung auch **"Zweispalter"** oder **"Dreispalter"** genannt werden -
sind sprachliche Mittel des Erzählens eher erlaubt. Die Darstellung schließt
mehr Details ein.

> Zu einem drastischen Schritt hat sich die Ge-
> schäftsleitung der Firma X in A-Stadt durchgerun-
> gen. Ab sofort soll Mitarbeitern, die ein Gewicht
> von mehr als zwei Zentnern auf die Waage bringen,
> jede Gehaltserhöhung gesperrt werden. Wie Direktor

M. auf Anfrage mitteilte, hat man in seinem Betrieb
festgestellt, daß Dickleibige gerne mal eine Pause
bei der Arbeit einlegten und außerdem Aufträge ver-
schluderten.
Eine solche Maßnahme war schon vor einiger Zeit bei
der Firma X diskutiert worden. Als das Unternehmen
aber vier Personen wegen Unterernährung verlor,
hatte man von dem Kampf gegen die Dicken noch einmal abgesehen. [...]

2.2 Berichtformen

Berichte, die wir als ausführlichere Nachrichten definiert haben, können in
Tatsachenbericht *(fact story)*, Handlungsbericht *(action story)* und
Zitatenbericht *(quote story)* unterteilt werden. Dies ist eine inhaltliche
Unterscheidung. Der Aufbau ist davon nicht betroffen: Stets muß der
Journalist den Informationskern durch die Plazierung hervorheben.

Im **Tatsachenbericht** (→ Kapitel 3), geht es vor allem um die Zusammenfassung, Zuordnung und Gewichtung von Fakten (Beispiel A). Dabei werden zentrale Tatsachen oder die zentrale Tatsache an den Anfang
gestellt; es folgen die jeweils weniger wichtigen Informationen.

(A) **HAMBURG** (AP) - Zur Bekämpfung von Eis, Schnee und
meterhohen Verwehungen sind am Donnerstag in der Bundesrepublik
erstmals in diesem Winter Kataststrophenalarme ausgelöst worden und
Bundeswehreinheiten eingesetzt worden. In der Norderelbe auf Hamburger Stadtgebiet sprengten Soldaten des 3. Pionierbataillons aus
Stade eine 300 Quadratmeter große Eisbarriere, die das Abfließen des
Wassers behindert und zusammen mit dem Hochwasser Überschwem-
mungsgefahr in einigen Ortschaften des niedersächsischen Kreises Har-
burg verursacht hatte. Deshalb hatte der Landkreis am Morgen den
Katastrophenalarm ausgelöst.

Im **Handlungsbericht** (→ Kapitel 4) geht es um einen (mehr oder
weniger dramatischen) Ablauf von Ereignissen zu einem konkreten Endpunkt hin (Beispiel B). Dieser Endpunkt wird an den Anfang des Berichts
gestellt; die jeweils weniger wichtigen Einzelinformationen folgen dann.

(B) **TOULON** (dpa) - Ein 58 Jahre alter Franzose hat am Samstag in
Toulon (Südfrankreich) seine 78jährige Mutter getötet, weil er nach

eigenen Angaben deren "Freßsucht" nicht mehr ertragen konnte. Nachdem der Mann, der bei seiner Mutter lebte, die gefesselte Frau gezwungen hatte, große Mengen von dem von ihr so geliebten Kuchen zu essen, schlug er sie mit einem Plastikeimer, bis sie besinnungslos war. "Ich bereue nichts", rief der Mann, als er festgenommen und in eine psychiatrische Anstalt gebracht wurde.

Im **Zitatenbericht** (→ Kapitel 5 und 14.2) geht es um die Komprimierung von Aussagen in Reden und Diskussionen, aber auch in Manuskripten und Interviews. Dabei müssen die Kernaussagen herausgehoben und an den Anfang gestellt werden; weitere Zitat-Passagen werden dann jeweils durch Erläuterungen verbunden.

(C) **DÜSSELDORF** - "Mehr Raum für unternehmerische Initiative" hat der neue Präsident des Gesamtverbandes der Textilindustrie in der Bundesrepublik Deutschland (Gesamttextil), Wolf Dieter Kruse, gefordert. Verbraucher und Unternehmer könnten besser wirtschaften als Staat oder Gewerkschaften, meinte der 61jährige Wuppertaler Unternehmer, der gestern anläßlich der Jahresversammlung von Gesamttextil in Düsseldorf das Spitzenamt von Ernst-Günter Plutte übernommen hat. [...]

                                                                    (WN)

2.3 Glosse/Kommentar

Neben Nachrichtendarstellungsformen sind im Journalismus auch Meinungs- und Unterhaltungsdarstellungsformen entwickelt worden. Mit ihrer Hilfe werden Nachrichten ergänzt, gedeutet, in einen Zusammenhang gestellt, durchleuchtet und bewertet. Sie sind in Inhalt und Sprache subjektiver, persönlicher als die Nachrichtendarstellungsformen. Dies gilt in besonderem Maße für die **Meinungsdarstellungsformen** Glosse und Kommentar.

    Unter **Glosse** wurde ursprünglich eine knappe und angreifende Randbemerkung verstanden ("Randglosse"). In einer Glosse werden in aller Kürze Zeiterscheinungen oder aktuelle Ereignisse spöttisch dargestellt ("glossiert"), kritisch durchleuchtet oder offen angeprangert. Die **Lokalspitze** ist eine am Erscheinungsort eines Mediums orientierte kleine Plauderei unterhaltender oder belehrender Art.

Auch die Glosse enthält eine Nachricht, wobei das Thema keineswegs immer leicht oder lustig sein muß. Die Verarbeitung ist freier und wertender als bei den Nachrichtendarstellungsformen.

> Die Dicken sind einem Unternehmen in A-Stadt zu gemütlich. Auf Beschluß der Geschäftsleitung soll Mitarbeitern, die mehr als zwei Zentner wiegen, keine Gehaltserhöhung mehr gezahlt werden. Die Firma, die "auf dynamische Führungskräfte" Wert legt, rückt damit den Beleibten mit der empfindlichsten aller Waffen zu Leibe. In Zukunft werden nun die abtrainierten Pfunde buchstäblich mit Gold aufgewogen, Gehaltserhöhungen wirklich im Schweiße des Angesichts erstritten. Wie bei den Boxern kann schon die Waage über Erfolg oder Mißerfolg entscheiden. Wenn das A-Städter Beispiel Schule macht, wird den schmalen Handtüchern die Zukunft gehören. So ändern sich eben die Zeiten. Beim alten Cäsar hieß es noch: "Laßt wohlbeleibte Männer um mich sein."

Die Nachricht wird hier sprachlich aufbereitet. Besonderes Kennzeichen der Darstellung ist darüber hinaus, daß der Aufbau auf eine Schlußpointe hin angelegt ist. Auch dies ist kennzeichnend für die Darstellungsform Glosse.

Bewußte Meinungsäußerungen des Autors enthält im allgemeinen der **Kommentar**. Mit diesem Darstellungsmittel wird die Nachricht gedeutet und bewertet. Der Autor sucht mit seinen Argumenten den Dialog mit dem Leser. Nachricht und Kommentar werden im westlichen Journalismus (formal) streng getrennt (→ Kapitel 20.1).

> Der Kampf gegen die süßen Sachen ist bittere Wahrheit. Konnte man die Meldung aus A-Stadt, wonach in einer dortigen Firma Mitarbeitern mit einem Gewicht von mehr als zwei Zentnern keine Gehaltserhöhung mehr gewährt werden soll, zunächst für einen (schlechten) Scherz halten, so bleibt nach der Bestätigung durch die Firmenleitung nur Kopfschütteln ob dieser Maßnahme. Diese kategorische Diskriminierung aller Dicken ist ohne Beispiel. Mehr noch: Der Privatsphäre des einzelnen wurde ein empfindlicher Schlag in die Nähe der Gürtellinie versetzt.

Zu fragen ist, ob hier nicht rechtsstaatliche Normen verletzt worden sind. [...]

Während in diesem Beispiel geradezu "mit dem Holzhammer" argumentiert wird, sind Kommentare häufig gerade durch bewußte Ausgewogenheit gekennzeichnet. Viele Kommentatoren beschränken sich darauf, die verschiedenen Perspektiven eines Vorgangs einander gegenüberzustellen, ohne selbst eindeutig Stellung zu beziehen.

Ein Spezialfall des Kommentars ist der **Leitartikel**. Im Leitartikel sollen Zusammenhänge von einem bestimmten Standpunkt aus eingehender (d.h. auch: ausführlicher) erläutert, gedeutet und bewertet werden. In der Praxis unterscheidet sich der Leitartikel aber häufig nur durch Plazierung (z. B. auf der Titelseite einer Zeitung) und ausdrückliche Bezeichnung vom Kommentar.

2.4 Reportage/Feature

Der Journalismus hat auch eine Unterhaltungsfunktion. Dies gilt bei einigen Medien weniger, bei anderen aber umso mehr. *"Human-interest"*-Elemente bilden hier ein zentrales Kriterium für den Nachrichtenwert. Zunehmend werden auch sprachliche Darstellungsmittel eingesetzt, die diese Unterhaltungsaspekte unterstreichen.

Die Konkurrenz der Medien untereinander hat aber nicht nur den Unterhaltungscharakter der Berichterstattung verstärkt, sondern auch Darstellungsformen gefördert, mit deren Hilfe die näheren Umstände von Ereignissen beschrieben und ihre Hintergründe ausgeleuchtet werden können. Die Notwendigkeit von Analysen, die über die Tagesaktualität hinausreichen, ist in einer Welt der Informationsüberflutung immer deutlicher geworden.

Die klassische **Unterhaltungsdarstellungsform** im aktuellen Journalismus ist die **Reportage** (von lat. "reportare"= überbringen). Sie beschreibt - häufig in der Ich-Form - mit mehr Details als der Bericht, mit erzählenden Stilmitteln und wechselnder Beobachtungsperspektive Personen und Situationen. Die Reportage ist farbiger, ausführlicher und persönlicher als die Nachricht - ohne deshalb eine Meinungsdarstellungsform zu sein.

"Ich esse Königsberger Klopse doch nun mal für mein Leben gern." Gebrochen steht Gustav Guff (36) vor

seinem Schreibtisch, der nun bald einem anderen
gehören wird. Guff zählt in der A-Städter Firma X
zur auch numerisch voluminösen Gruppe der depri-
mierten Dicken, denen die Fraktion der optimisti-
schen Dünnen gegenübersteht. Eine Entscheidung der
Geschäftsleitung hat die Belegschaft in zwei Lager
gespalten: Für Mitarbeiter, die mehr als zwei Zentner wiegen, ist der Fahrstuhl nach oben besetzt.
    Für mich war noch Platz im Fahrstuhl, nach oben,
in die siebte Etage, wo Direktor B. den Beschluß am
lebenden Objekt erläutern wollte. Die Leere im Lift
hatte Methode, wie mir der Fahrstuhlführer, froh
über einen Kunden, ungefragt klarmachte: "Früher,
da waren alle zu faul, Treppen zu steigen. Jetzt
aber ist kein Weg zu weit, um dünner zu werden."
[...]

Für Unterhaltungsdarstellungsformen, die der Ergänzung der Nachricht,
der Darstellung von Hintergründen und der Analyse von Ereignissen und
Zuständen dienen, verwenden wir hier - wie im angelsächsischen Journalismus üblich - "Feature" als Oberbegriff. Dazu zählen wir zum einen ak-
tualitätsnahe und authentische Beschreibungen, die auch als "Reportage"
bezeichnet werden. Und zum anderen Porträts und Thematisierungen, die
das Charakteristische von Personen und Vorgängen verdeutlichen und
dabei generalisieren wollen, sowie Schilderungen als Ergänzungen zur
Nachricht (→ Kapitel 17-19).

TEST A (KAPITEL 1-2)

1 . Vervollständigen Sie bitte die folgenden Sätze (die Platzhalter [_ _ _] stehen jeweils für die einzelnen Buchstaben der Lösungswörter): Nachrichten sind **allgemein** _ _ _ _ _ _ _ _ _ _ _ _ von publizistischem Wert; bei der Nachricht als journalistischer **Darstellungsform** wird die Vermittlung von Informationen in möglichst _ _ _ _ _ _ _, _ _ _ _ _ _ _ _ _ _ _ _ _ Weise angestrebt.

2. Die **Nachrichtenauswahl** der Journalisten wird von zwei zentralen **Nachrichtenfaktoren** bestimmt:

_ _ _ _ _ _ _ _ _   _ _ _ _ _ _ _ _ _ _ _ _ _ _

3. Beim Nachrichtenfaktor **Bedeutung** werden zwei Merkmale unterschieden:

_ _ _ _ _ _   _ _ _ _ _ _ _ _

4. Welches Merkmal des Nachrichtenfaktors **Bedeutung** steht bei den beiden folgenden Beispielen jeweils im Vordergrund?

(A) **BASEL (AP)** - Durch den Großbrand in der Nacht zum Samstag beim Baseler Chemiekonzern Sandoz sind möglicherweise hochgiftige Substanzen in den Rhein gelangt. Darauf machte die Konzernleitung in der Nacht zum Montag fernschriftlich sämtliche Wasserwerke entlang des Rheins bis nach Rotterdam aufmerksam. [...]

(B) **MOSKAU (AP)** - Beim Untergang des sowjetischen Passagierschiffes "Admiral Nachimow" im Schwarzen Meer sind vermutlich fast vierhundert Menschen ertrunken. Nach Angaben des stellvertretenden Ministers für Handelsschiffahrt, Leonid Nedjak, wurden bis zum Dienstag 79 Passagiere tot geborgen; 319 wurden vermißt.

5. Welche Merkmale des Nachrichtenfaktors **Publikumsinteresse** dominieren jeweils bei den folgenden Beispielen?

(A) POMPEJI (dpa) - Neue Wandbilder aus der Römerzeit mit stark erotischen Bezügen sind bei Restaurationsarbeiten in den Thermalbädern von Pompeji entdeckt worden. Wie die Archäologen mitteilten, handelt es sich dabei um gemalte Darstellungen von Liebesszenen zwischen drei oder vier Personen, die nach Angaben von Experten wegen ihres Inhalts und der Gewagtheit ihrer Ausführung äußerst ungewöhnlich für römische Wandmalereien seien. [...]

(B) LONDON - Noch nie Dagewesenes ereignete sich in der Küche des Häuschens der Mrs. Irene Arnot im Dorf Sheldon (Grafschaft Devon). Eine Maus hatte sich über die Frühstücksmilch des Hauskaters Percy hergemacht. Als dieser zum Angriff übergehen wollte, sprang die Maus ihn an und biß ihn in die Nase. Laut miauend ergriff Percy die Flucht. Frauchen mußte ihn sogar zum Tierarzt bringen. [...]

(NRZ)

(C) LUDWIGSBURG (dpa) - In einem Behandlungsstuhl einer Zahnarztpraxis in Ludwigsburg wollte ein 46jähriger Mann seinen Rausch ausschlafen, der zuvor über bohrenden Zahnschmerz geklagt hatte. Noch während die Zahnärztin die Ursachen der Schmerzen ergründete, schlief der Patient im Behandlungsstuhl ein und war nicht mehr zu wecken.

(D) MÜNCHEN (dpa) - Drei Millionen Mark hat am vergangenen Wochenende ein 36jähriger Münchner Junggeselle mit "6 Richtigen" im Lotto gewonnen. Besonderes Glück, denn wenige Wochen zuvor war ihm, nach Angaben der Staatlichen Bayerischen Lotterieverwaltung vom Mittwoch, die Brieftasche samt seiner Standardtippzahlen gestohlen worden. Nur mit Hilfe der Lotterieverwaltung konnte er weitertippen. Diese schickte ihm nämlich die Kopie eines früheren Spielabschnitts mit "alten Zahlen".

(E) LOURDES - Maurice Vayssade (58), Küster von Sacré Cœur im Wallfahrtsort Lourdes, hat sich im Turm der Gemeindekirche erhängt. Seiner Frau hatte er gesagt, daß er die Orgel überprüfen müsse. Als sie nach ihm sehen wollte, hing er am Glockenstrang.

(HA)

6. Sie sind Redakteur(in) bei einer Lokalzeitung in Ihrer Heimatstadt. Ihnen liegen zehn Nachrichten zur Veröffentlichung vor, deren Überschriften im folgenden aufgeführt sind.
Geben Sie an, welche Nachrichtenfaktoren bei den einzelnen Nachrichten jeweils im Vordergrund stehen. Welche Nachrichten würde eine Lokalzeitung besonders hervorheben?
Setzen Sie für A-Stadt den Namen Ihrer Heimatstadt ein, für B-Stadt, C-Stadt und D-Stadt jeweils die Namen von Nachbarstädten.

(1)   Gewerkschaftsvorsitzender setzt Lohnerhöhung durch
(2)   A-Städterin zur "Miß Welt" gekührt
(3)   Marktfrauen streiken in A-Stadt, B-Stadt und C-Stadt
(4)   50 Bergleute in Wales verschüttet
(5)   Vier Tote bei Zugunglück in D-Stadt
(6)   US-Filmstar gewinnt Scheidungsprozeß
(7)   A-Städter hat sechs Richtige im Lotto
(8)   A-Städter Stadtrat will neues Rathaus bauen
(9)   Roboter steuern in Japan gesamte Automobilfertigung
(10) Alter Mann rettet Kind in A-Stadt

7. Welcher Nachrichtenfaktor würde bei Nachricht (4) eine besondere Rolle spielen, wenn die Lokalzeitung im Ruhrgebiet erscheint, und bei Nachricht (9), wenn die Lokalzeitung in Wolfsburg erscheint?

8. Nachrichtenfaktoren können dadurch besonders hervorgehoben werden, daß sie im ersten Satz erscheinen. In Beispiel 1.2 (E) sind die Faktoren Aktualität (Thema Krebs) und Tragödie besonders betont worden. Denkbar wäre aber auch, andere Elemente in dieser Nachricht hervorzuheben, etwa **Prominenz** (John Wayne, Susan Hayward).

NEW YORK (AP) - Bei Schauspielern und dem Aufnahmeteam, die an dem 1955 entstandenen amerikanischen Spielfilm "Der Eroberer" mitgewirkt haben, ist eine ungewöhnliche Häufung von Krebserkrankungen aufgetreten. Dies ergaben Recherchen der Zeitschrift People. Die Dreharbeiten fanden im Südwesten Utahs statt, ein Jahr nachdem in der benachbarten Wüste von Nevada insgesamt elf Atomtests stattge-

funden hatten. Nach einem Beitrag des Blattes waren an den Arbeiten
vor und hinter der Kamera insgesamt 220 Personen beteiligt. Davon
konnte nach so langer Zeit noch die Krankengeschichte von 150 früheren Mitarbeitern rekonstruiert werden. Von diesem Personenkreis waren insgesamt 91 Filmleute an Krebs erkrankt. Insgesamt 46 Mitarbeiter, unter ihnen die beiden Hauptdarsteller John Wayne und Susan
Hayward sowie der Regisseur und Produzent Richard Powell, erlagen
später dieser Krankheit.

Schreiben Sie für die Nachricht einen neuen Anfangssatz, der
diesen Nachrichtenfaktor Prominenz besonders betont.

9.   Schreiben Sie zum Inhalt von Kapitel 1 eine Zusammenfassung. Sie
      soll die wichtigsten Informationen enhalten, aber nicht länger als etwa
      fünf Sätze sein.

1 0 . Bei der **Darstellungsform Nachricht** wird formal zwischen
       _ _ _ _ _ _ _ _ und _ _ _ _ _ _ _ _ unterschieden.

1 1 . Neben den Nachrichtendarstellungsformen gibt es _ _ _ _ _ _ _ _ _
       darstellungsformen und _ _ _ _ _ _ _ _ _ _ _ _ _ darstellungsformen.

1 2 . **Meinungsdarstellungsformen** sind der _ _ _ _ _ _ _ _ _ und die

       _ _ _ _ _ _.

1 3 . **Unterhaltungsdarstellungsformen** sind die _ _ _ _ _ _ _ _ _ _
       und das _ _ _ _ _ _ _.

1 4 . Bei der **Reportage** steht die _ _ _ _ _ _ _ _ _ _ _ im Vordergrund,
       beim Feature das _ _ _ _ _ _ _ _ _ _ _ _ _ _.

1 5 . Schreiben Sie zum Inhalt von Kapitel 2 eine Zusammenfassung. Sie soll die wichtigsten Informationen enthalten, aber nicht länger als etwa fünf Sätze sein.

3 TATSACHENBERICHT

3.1 Tatsachen-Entscheidungen

Beim **Tatsachenbericht** sind Entscheidungen über die Wichtigkeit der einzelnen Fakten zu treffen. Sie müssen dann in einer logischen, verständlichen Weise angeordnet werden. Wertungen sind bei der Darstellung der Fakten zu vermeiden (→ dazu Kapitel 20.1). Die wichtigste Information, z. B. der Inhalt eines Gerichtsurteils, wird an den Anfang gestellt (Beispiele A, B).

(A) HANNOVER (dpa) - Der Spielsalon-Inhaber Horst Adolf Freise (52) und seine beiden Söhne sind am Freitag in Hannover wegen vorsätzlicher und gemeinschaftlicher Körperverletzung zu Freiheits- bzw. Geldstrafen verurteilt worden. Alle drei wurden für schuldig befunden, den Vizepräsidenten von Hannover 96, Werner Bock, sowie dessen Ehefrau Trutz bei einem Streit beim hannoverschen Gastronomenball verletzt zu haben.
   Freise erhielt zehn Monate Haft mit vierjähriger Bewährungszeit und 45.000 Mark Geldstrafe. Mit dem Urteil fand die "heiße Schlacht am kalten Büfett" vorerst ein juristisches Ende. [...]

(B) KASSEL (AP) - Die Krankenkasse muß auch für die ärztliche Versorgung der Krankenkassenpatienten bei Rettungseinsätzen des Roten Kreuzes aufkommen. Derartige ärztliche Leistungen gehören nach einer Entscheidung des Bundessozialgerichts zur kassenärztlichen Versorgung der Patienten und sind in den Gebühren für den Rot-Kreuz-Einsatz nicht mit enthalten. Das Bundessozialgericht entsprach damit in letzter Instanz der Klage eines Arztes, der auf Grund einer Vereinbarung mit dem Roten Kreuz auch zu Rettungsdiensteinsätzen herangezogen worden ist. [...]

3.2 Vorbericht/Ergebnisbericht

Es ist falsch, mit der Tatsache, daß es eine Veranstaltung (einen Prozeß, eine Parlamentssitzung usw.) gegeben hat oder geben wird, zu beginnen. Statt dessen wird hervorgehoben, was sich ereignet hat oder stattfinden wird. Dies gilt gleichermaßen für Tatsachen in der Vergangenheit (Ergebnisbericht) wie den Ausblick auf ein künftiges Ereignis (Vorbericht). Die Ausnahme von dieser Regel sind reine Veranstaltungsankündigungen. Im Lokalteil bestehen sie oft nur aus einem Satz; die Nachricht ist hier der Veranstaltungstermin.

Im **Vorbericht**, der auf bevorstehende (oft: geplante) Ereignisse *(prescheduled events)* aufmerksam macht, stehen Informationen über das, was konkret stattfinden wird, am Anfang. Dies ist beim folgenden Beispiel (A) der Fall:

(A) **DORTMUND** - Mangelndes Selbstgefühl, Perspektivlosigkeit und Frustration - dieser Teufelskreis führt gerade in Zeiten wachsender Arbeitslosenzahlen immer mehr Jugendliche in den Abgrund des Drogenkonsums. Dessen Bekämpfung beschränkt sich immer weniger auf den Druck von Hochglanzbroschüren und abschreckenden Plakaten, sondern verlagert sich in den Bereich der Vorbeugung. Speziell in diesem Bereich liegt auch der Schwerpunkt einer am 15. März beginnenden Fachkonferenz, zu der die "Nordrhein-westfälische Landesstelle gegen die Suchtgefahren" ins Fritz-Henßler-Haus eingeladen hat.

(**WAZ**)

Gegen die Regel, die wichtigste Information zuerst zu bringen, wird hingegen im folgenden Beispiel (B) verstoßen:

(B) **KREIS BORKEN** - Die Kreisgruppe Borken im DJV (Deutscher Jagdschutzverband) veranstaltet am Samstag, 13. März, um 16 Uhr in der neuen Stadthalle im Vennehof Borken ihre diesjährige Jahreshauptversammlung. Neben den üblichen Regularien spricht Dr. Spittler von der Forschungsstelle für Jagdkunde und Wildschadensverhütung des Landes NRW, Forsthaus Hardt, Bonn, über "Gründe für den Rückgang des Niederwildes". [...]

(**WN**)

Im **Ergebnisbericht** stehen Informationen über das konkrete Ergebnis eines Verfahrens oder einer Veranstaltung am Anfang. Der Einstieg erfolgt mit den zentralen Fakten, nicht aber mit der Tatsache, daß z.B. ein Gesetz beschlossen wurde, eine Veranstaltung stattgefunden hat oder ein Mandatsträger seinen Rechenschaftsbericht vorgelegt hat. Im folgenden Beispiel (C) steht am Anfang, was das Gericht entschieden hat. Falsch wäre es, die Tatsache, daß das Gericht eine Entscheidung getroffen hat, hervorzuheben.

(C) DÜSSELDORF (dpa) - Das Arbeitsgericht Düsseldorf hat den angekündigten Streik im nordrhein-westfälischen Einzelhandel einen Tag vor seinem Beginn gestoppt. Es untersagte der Deutschen Angestellten-Gewerkschaft (DAG) am Dienstag mit einer einstweiligen Verfügung den Arbeitskampf, mit dem die Gewerkschaft, wie mehrfach berichtet, die geltenden Ladenschlußzeiten im Tarifvertrag festschreiben will. Auch der Gewerkschaft Handel, Banken und Versicherungen (HBV) war ein solcher Arbeitskampf untersagt worden. [...]

4 HANDLUNGSBERICHT

4.1 Höhepunkt-Definitionen

Im Handlungsbericht werden Ereignisabläufe zusammengefaßt. Es geht dabei z.B. um die Berichterstattung über einen Unfall, eine Katastrophe; es geht um die Nachrichtenelemente Kampf, Konflikt, Spannung (Beispiel A).

(A) **GESEKE/SOEST** (dpa) - Der Streit zwischen Gästen um eine 23jährige Frau eskalierte am Samstag in einer Gastwirtschaft in Geseke bei Soest zu einem Blutbad. Ein eifersüchtiger Ehemann erschoß mit einer Schrotflinte einen Polizisten, den Gastwirt und verletzte drei weitere Beamte. Dann verbarrikadierte sich der Amok-Schütze in seiner Wohnung. 40 Beamte belagerten das Haus. Erst nach zwei Stunden gab der Mann auf.

Grundlage der Berichterstattung sind oft gar nicht eigene Beobachtungen des Journalisten. Stattdessen beruht der Handlungsbericht als sachliche Zusammenfassung eines dramatischen Ereignisses auf Informationen aus zweiter Hand: dem Polizeibericht, dem Bericht der Feuerwehr, dem Bericht des zufälligen Augenzeugen. Häufig veranstalten Polizei und Staatsanwaltschaft nach einem Ereignis Pressekonferenzen, in denen der Journalist alle wichtigen Informationen erhält.

Im Handlungsbericht wird nicht der Ereignisablauf chronologisch nachgezeichnet. Aufgabe des Journalisten ist es vielmehr, den **Höhepunkt** oder das Ergebnis und/oder den Endpunkt zu definieren und an den Anfang zu stellen. Das weitere Geschehen ist dann in einen zusammenhängenden und logischen Aufbau zu bringen (Beispiel B).

(B) **DEGGENDORF** (dpa) - Mit einem Küchenmesser hat eine 28jährige Frau in Metten (Landkreis Deggendorf) ihren 27jährigen Lebensgefährten erstochen. Zwischen beiden war nach bisherigen Ermittlungen aus noch nicht geklärten Gründen ein Streit ausgebrochen, in dessen Verlauf der Mann gedroht habe, die Frau und ihre sechsjährige

Tochter umzubringen. Um den Mann, der sie bereits gewürgt haben soll, abzuwehren, griff die Frau nach Angaben des Landeskriminalamtes zu dem Messer und rammte es dem Mann zweimal in den Hals. Schwer verletzt wurde der 27jährige in ein Krankenhaus gebracht, in dem er zweieinhalb Stunden später während der Operation starb.

Falsch wäre es dagegen, bei der Darstellung die tatsächliche Reihenfolge der Handlungen beizubehalten, wie im folgenden Beispiel (C) (→ auch Kapitel 6.3).

(C) ESSEN - Gegen 22 Uhr kam gestern abend eine 21jährige Friseuse in ihre Wohnung an der Söllingstraße. Als sie die Toilette auf dem Flur aufsuchen wollte, stand plötzlich ein junger Mann vor ihr, der sie mit einer Pistole bedrohte und in die Wohnung zurückdrängen wollte. Die Frau konnte allerdings noch in ihre Zimmer flüchten und die Tür vor dem Mann abschließen. Einige Zeit später hörte sie einen Knall vor dem Wohnungsfenster. Sie lief auf den Flur zurück, um bei Nachbarn Schutz zu suchen. Der Täter war jedoch ebenfalls in den Flur zurückgekehrt und drängte die Friseuse unter Vorhalt der Pistole in die Wohnung. Dort zwang er sie, sich auszuziehen; dann vergewaltigte er die junge Frau. Aus ihrer Geldbörse raubte er 70 DM. Aufgrund der präzisen Personenbeschreibung konnte der 19jährige Täter im Rahmen einer großräumigen Fahndung in einer Gaststätte am Porscheplatz gestellt werden. Nach Auskunft der Polizei war er volltrunken. An seinen Stiefeln klebte noch Lehm und Gras vom Hinterhof der überfallenen Frau. Auch ein Abdruck seines Schuhabsatzes wurde dort gefunden.

(WAZ)

4.2 Chronologie-Probleme

Im Handlungsbericht sollte der Ereignisablauf deutlich werden, ohne daß die Chronologie beibehalten wird. Zunächst will der Leser die zentrale Information erfahren, dann die Einzelheiten eines Handlungsvorgangs. Die Gegenüberstellung von Polizeibericht (Beispiel A) und Agentur-Version (Beispiel B) zu einem Raubüberfall macht den Unterschied zwischen einer amateurhaften und einer professionellen Darstellung deutlich:

(A) Am Freitagabend, gegen 19.15 Uhr, verließen einige Angestellte des Jumbo-Marktes (Kaufhaus) in Neuß,

Römerstraße, das Kaufhaus. Hinter ihnen schloß sich die Tür. Bei den zurückbleibenden Angestellten klingelte es, die eben hinausgegangenen Mitarbeiter standen wieder vor der Tür. Hinzugekommen war ein Mann, der einen schwarzen Nylonstrumpf über den Kopf gezogen hatte, in einer Hand einen Revolver hielt und diesen auf den Kopf einer Angestellten richtete, deren Hals er mit dem anderen Arm umschlungen hielt. Er forderte Geld. Angestellte und Täter wurden nach dem Klingeln wieder ins Gebäude gelassen, in dem sich nunmehr neben dem Täter sieben Angestellte befanden. Der Maskierte drängte alle Personen in ein Büro, forderte sie auf, sich auf den Boden zu legen und verlangte: "Gib Geld raus". Gleichzeitig legte er noch ein großes Messer auf den Boden, um die Opfer noch weiter einzuschüchtern. Ein Angestellter mußte nun die restlichen Mitarbeiter mittels einer vom Täter mitgebrachten Leine fesseln. Unter ständiger Bedrohung mit dem Revolver mußte ein Angestellter den Tresor öffnen und Geld herausgeben. Verlangt wurden nur Geldscheine. Das Geld wurde in im Büro befindliche Taschen gepackt, insgesamt ca. 85.000 Mark. Mittlerweile hatte sich eine Angestellte aus den Fesseln lösen und vom Täter unbemerkt die Polizei verständigen können. Einer Geisel wurde es schlecht. Sie ließ der Täter aus dem Gebäude. Er bemerkte einen Polizeiwagen und verlangte über die freigelassene Frau ein Gespräch mit der Polizei. […]
   Mit der Festnahme des 31jährigen B. endete das Drama um 21.32 Uhr. Zwei Angestellte haben einen Schock erlitten und wurden sofort vom am Ort befindlichen Notarzt versorgt.

(B) NEUSS (rtr) - Unblutig endete in der Nacht zum Samstag eine Geiselnahme für sieben Angestellte eines Kaufhauses in Neuß. Nach Angaben der Polizei konnte der 31 Jahre alte Täter, der die Angestellten unter Drohung mit der Waffe zur Herausgabe von rund 85 000 Mark gezwungen hatte, festgenommen werden. Die Geiseln blieben unverletzt, zwei Angestellte erlitten jedoch einen Schock. Die Beute konnte sichergestellt werden.
   Der 31jährige hatte nach Angaben der Polizei am Freitagabend gegen 19.15 Uhr einige Angestellte des Neußer Jumbo-Marktes nach Verlassen des Gebäudes mit einem Revolver bedroht und zur Rückkehr ins Haus gezwungen. […]

5 ZITATENBERICHT

5.1 Kernsatz-Auswahl

Journalismus besteht zu einem erheblichen Teil aus der Bearbeitung und Wiedergabe von Aussagen unterschiedlicher Personen und Organisationen. Oft sind es gar nicht die Journalisten selbst, die die Ankündigungen und Stellungnahmen aufnehmen. Sie werden ihnen vielmehr - entsprechend aufbereitet - von Presse- und Informationsstellen zur Verfügung gestellt. Dies ist nicht unproblematisch. Die Berichterstattung kann dadurch zum "Verlautbarungsjournalismus" verkümmern, d. h. zur unkritischen Übernahme von Aussagen offizieller oder offiziöser Quellen. Insbesondere bei der bundes- und landespolitischen Berichterstattung drohen Journalisten zu Mitfahrern in einem Zitatenkarussell und zum Sprachrohr z.B. von Politikern zu werden.

Aus Zeitgründen ist es aber oft nicht möglich, die zugelieferten Informationen und Meinungen durch eigene Recherchen zu überprüfen und ggf. zu korrigieren oder zu ergänzen. Die Redaktionen können häufig nicht mehr sein als Durchgangsstationen für Informationen. Das heißt aber nicht, daß die Redakteure völlig passiv sein müssen. Sie können vielmehr durch die Anwendung bestimmter Prinzipien im Zitatenbericht, bei dem die Wiedergabe von Äußerungen im Mittelpunkt steht, die Vermittlungsprobleme begrenzen (→ dazu auch Kapitel 14.3 und 20.3).

Auch beim Zitatenbericht gilt grundsätzlich, daß der Informationskern herausgestellt wird. Die zentrale Aussage gehört an den Anfang; nicht aber die Tatsache, daß eine Rede gehalten wurde oder daß sich jemand äußerte.

Der Journalist muß dabei selbst entscheiden, ob er die Meinung des Zitierten zusammenfaßt und so an den Anfang stellt oder ob er eine wichtige Aussage herausgreift. Dies kann auf formal unterschiedliche Weise geschehen:

• durch **direkte Rede** (Beispiel A)

(A) **KARLSRUHE** - "Die Menschen sterben zunehmend an einer kleinen Gruppe von fünf Krankheiten, die sie selbst durch falsche Ernährung, mangelnde Bewegung sowie erhöhten Alkohol- und Tabakkonsum auslösen." Mit diesen Worten wandte sich Professor Gerok, Kongreß-präsident der am Wochenende eröffneten Karlsruher Therapiewoche, eindringlich an seine Kollegen. [...].

(**DW**)

• durch **indirekte Rede** (Beispiel B)

(B) **ESSEN** - Es liege zum wenigsten an der mangelnden Bereitschaft der Vermieter, wenn nicht genügend Wohnraum für Studenten zur Verfü-gung stehe. Diese Ansicht äußert "Haus und Grund" als Vertretung der etwa 15.000 privaten Vermieter. [...]

(**WAZ**)

• durch **Quellenzuordnung** mit "nach den Worten" oder "nach Ansicht" (Beispiel C)

(C) **KOPENHAGEN** (rtr) - Ein voller Erfolg ist das erste gemeinsame Gefängnis für Männer und Frauen in Europa nach den Worten seines Direktors Erik Andersen. Der Direktor der Haftanstalt Ringe auf der Ostseeinsel Fünen zog fünf Jahre nach ihrer Entstehung Bilanz und kam zu dem Schluß, daß es durch die normaleren und natürlicheren Le-bensbedingungen weniger Neurotiker in seinem Gefängnis gebe. [...]

Diese direkte Quellenzuordnung einer Aussage im ersten Satz (Beispiel C) ist insbesondere in vielen Hörfunk-Redaktionen Vorschrift (→ auch Kapitel 14.3) .

5.2 Direkte und indirekte Rede

Direkte Rede wird im Zitatenbericht generell immer dann verwendet, wenn die wörtlich zitierten Passagen von großer Aussagekraft sind ("Schlüsselaussagen"). Zitate können die Lesbarkeit eines Berichts erhöhen; sie sollten aber sparsam verwendet werden (Beispiel A). Außerdem muß - auch aus rechtlichen Gründen - beachtet werden, daß

Äußerungen möglichst wortgetreu und im korrekten Zusammenhang wiedergegeben werden.

(A) **BERLIN (dpa)** - Um der Verfahrensdauer vor bundesdeutschen Verwaltungsgerichten von bis zu acht Jahren ein Ende zu bereiten, hat der Präsident des Bundesverwaltungsgerichtes, Horst Sendler, vorgeschlagen, die Berufung gegen erstinstanzliche Urteile gesetzlich einzuschränken. Es sei ein "Krebsgeschwür des Rechtsstaates", sagte Sendler in einem Gespräch mit der Deutschen Presseagentur, wenn der Bürger so lange auf sein Recht warten müsse. Nicht in der Einstellung von mehr Richtern liege die Lösung des Problems, sondern in einer Abkürzung des Verfahrens, sagte Sendler. [...]

Die Umschreibung durch **indirekte Rede** *(paraphrase)* erlaubt eine knappere Zusammenfassung von Aussagen. Sie wird vor allem auch für Äußerungen verwendet, die nicht so wichtig oder bemerkenswert sind, daß sie wörtlich wiedergegeben werden müssen. Bei der Verwendung der indirekten Rede sind die Konjunktivregeln zu beachten:

direkte Rede	**indirekte Rede**
Er sagte: "Ich bin verzweifelt."	Er sagte, er sei verzweifelt.
Sie sagte: "Ich arbeite."	Sie sagte, sie arbeite.
Er sagte: "Ich habe gearbeitet."	Er sagte, er habe (hätte) gearbeitet.
Sie sagte: "Ich werde arbeiten."	Sie sagte, sie werde (würde) arbeiten.

Die Ausnahme von der Konjunktivregel für die indirekte Rede bilden Passagen, die Tatsachen enthalten (Das Lokal, das gestern abgebrannt ist, sei hoch versichert.).

Im Zitatenbericht wird oft die **Kombination aus direkter und indirekter Rede** *(partial quote)* eingesetzt. Sie ist das angemessene Mittel, um die Wiedergabe längerer Äußerungen so zu organisieren, daß sie lesbar und verständlich wird (Beispiel B).

(B) **BERLIN (AP)** - Westliche Fernseh- und Rundfunkstationen haben nach Darstellung der Ostberliner Soldatenzeitung "Volksarmee" einen "Ätherkrieg" gegen die DDR entfacht. Die elektronischen Medien der Bundesrepublik versuchten, "möglichst viel von ihrem geistigen Müll hier herüberzuschleppen", schrieb das Blatt in einem vom Berliner Informationsbüro West am Wochenende veröffentlichten Bericht. Ein "gesundes Mißtrauen" gegenüber ihrer Berichterstattung sei daher angebracht. Musik und Kriminalfilme stellten bei den westlichen Sendern nur "das Einwickelpapier für die Wortsendungen" dar, "denn Arsen in Himbeerwasser verkauft sich besser". Die Zeitung wandte sich nachdrücklich gegen die Auffassung, daß es besser sei, beide Seiten zu hören und beiden zu glauben, da die Wahrheit immer in der Mitte liege. Wer das meine, sei "nicht besonders schlau, sondern besonders dumm". Alle wichtigen Informationen über den "Hauptinhalt unserer Epoche kommen zuerst über die Medien des Sozialismus", schrieb das Blatt.

Der Aufbau des Zitatenberichts unterscheidet sich also im Prinzip nicht von dem anderer Nachrichten. Am Anfang steht der Kern dessen, was eine Person gesagt hat. Ist diese Person besonders bekannt, sollte ihr Name besonders früh erscheinen.

Nach dem Einstieg (→ Kapitel 9) werden die weniger wichtigen Informationen zusammengefaßt: Bei welcher Gelegenheit eine Rede gehalten wurde, wann, wo und vor wem. Der Rest des Zitatenberichts enthält dann die Wiedergabe weiterer Äußerungen. Dabei wird dann möglichst zwischen direkter und indirekter Rede gewechselt.

6 NACHRICHTEN-AUFBAU

6.1 Pyramiden-Prinzip

Der Aufbau von Nachrichten (Meldungen, Berichten) folgt im allgemeinen dem Prinzip der "umgekehrten Pyramide" *(inverted pyramid)*. Dieses Bild soll anschaulich machen, daß das (Ge-) Wichtige, der Informationskern, an den Anfang gehört. Informationen zur Erläuterung (z. B. ältere Informationen) sowie Einzelheiten folgen später (Beispiel A).

(A) CAEN (dpa) - Mit schweren Erfrierungen an Beinen und Füßen ist am Mittwoch der achtjährige Alain aus Boissey bei Caen (Normandie) in einem Heuschober entdeckt worden. Er war fünf Tage und vier Nächte lang bei bis zu 15 Grad Kälte herumgeirrt. Seine Körpertemperatur betrug nur noch 35 Grad.
   Ein großes Aufgebot von Polizisten und Gendarmen hatte tagelang mit Hubschraubern und Suchhunden nach dem Jungen gesucht. Er war am Samstag im Schulbus zusammen mit seinem fünfjährigen Bruder nach Hause gefahren. Nachdem er an der Bushaltestelle etwa 200 Meter vom Elterhaus entfernt ausgestiegen war, wollte er seinen Bruder überreden, mit ihm "abzuhauen", vermutlich, weil er schlechte Noten hatte. Der Kleine weigerte sich aber und ging alleine heim. Von dem Zeitpunkt an fehlte von dem Achtjährigen jede Spur.

Das Wichtigste steht in der Nachricht also an der Spitze. Dies bedeutet: An den Anfang gehören keine allgemeinen Informationen ("Eine Versammlung findet statt") und keine chronologischen Schilderungen eines Ablaufs, wie in den beiden folgenden Beispielen (B: Tatsachenbericht, C: Handlungsbericht).

(B) **DORTMUND** - Im Hörsaal der Universitätsbibliothek am Vogelpothsweg findet am 12. März ab 17 Uhr die Jahresmitgliederversammlung des Westfälischen Bezirksvereins im Verein Deutscher Ingenieure statt. Auf der Tagesordnung stehen u.a. ein Vortrag über "Angewandte Forschung in der Bundesrepublik Deutschland" vom Präsidenten der Fraunhofer-Gesellschaft, Dr. Heinz Keller, sowie eine Begehung des künftigen Dortmunder Fraunhofer-Instituts.

(WAZ)

(C) **DÜSSELDORF** - Um ein Zimmer zu mieten, betrat der 33jährige Martin H. gestern morgen gegen 5.45 Uhr ein Hotel an der Graf-Adolf-Straße. Während er an der Rezeption den Meldezettel ausfüllte, bemerkte er in der Vorhalle einen Mann, schenkte ihm jedoch keine sonderliche Beachtung. Als Martin H. dann wenig später eine Toilette in der ersten Etage des Hotels aufsuchte und kurz darauf wieder verließ, stand plötzlich der Unbekannte mit einer Pistole in der Hand vor ihm. Er wolle Geld, so forderte der Mann, und unterstrich seine Drohung mit der Waffe. In der Annahme, lediglich mit einer Gaspistole bedroht zu werden, schlug der Hotelgast dem Unbekannten gegen die Hand und gegen den Körper. Dabei lösten sich zwei Schüsse, einer streifte Martin H. am rechten Oberschenkel. Während der Täter flüchtete, verständigte der Hotelportier die Polizei. Die Beamten fanden in der ersten Etage einen Lederhut und eine Brille, die der Unbekannte verloren hatte.

(RP)

6.2 Aufbauregeln

Nach dem Pyramiden-Prinzip steht die wichtigste Tatsache oder der Höhepunkt eines Geschehens am Anfang *(climax first)*. Dann folgen wichtige unterstützende Fakten, dann interessante Details und schließlich weniger bedeutende Einzelheiten (Beispiel A).

(A) **DÜSSELDORF (rtr)** - Jugendliche, die eine Ausbildung in einem anerkannten Ausbildungsberuf voraussichtlich nicht erfolgreich absolvieren können, sollen in Betrieben der Stahlindustrie besonders gefördert werden. Dies sieht ein Tarifvertrag vor, auf den sich der Arbeitgeberverband Eisen- und Stahlindustrie und die IG Metall am Donnerstag in Düsseldorf geeinigt haben. Die Vertragsparteien erklärten dazu nach ihrer Einigung, mit dem Tarifvertrag solle ein Beitrag zur Verringerung der Jugendarbeitslosigkeit geleistet werden.

In dem Tarifvertrag wurde im einzelnen vereinbart, daß arbeitslose Jugendliche ein Jahr lang in Stahlunternehmen eine Ausbildung erhalten
sollen. Während der Zeit wird ihnen eine Ausbildungsvergütung ge-
zahlt. Sie werden außerdem sozialpädagogisch betreut. [...]

Beim Nachrichtenschreiben wird eine formalisierte Einführung an den Anfang gestellt: der **Vorspann** (→ dazu Kapitel 7 und 8). Auch der weitere
Aufbau der Nachricht folgt dem Pyramiden-Prinzip. Dabei ist insbesondere
auf Folgendes zu achten (→ auch Kapitel 16):

• den Einstiegssatz nicht überladen;

• nicht zu viele Fakten in einem Satz;

• Variation in der Satzlänge (generell möglichst kurze Sätze);

• keine zu langen Absätze;

• Vermeidung alles Weitschweifigen, Überflüssigen;

• hierarchische Folge der Informationen (Anordnung nach ihrer Wichtigkeit).

Dieser Nachrichtenaufbau unterscheidet sich erheblich vom Aufbau litera-
rischer Texte. Das Drama z.B. beginnt mit der Einführung, dann folgen
Fakten und Entwicklungen von wachsender Bedeutung, die schließlich
zum Höhepunkt führen.

6.3 Harte/weiche Nachrichten

Das Prinzip der "umgekehrten Pyramide" wird in strenger Form bei "**harten
Nachrichten**" *(hard news)* verwendet. Das sind Nachrichten, in denen der
Nachrichtenfaktor "Bedeutung" im Vordergrund steht (z.B. politische
Informationen). "**Weiche Nachrichten**" *(soft news)*, bei denen der
Nachrichtenfaktor "Publikumsinteresse" (→ Kapitel 1.2) dominiert, werden
hingegen oft wie Features aufgebaut (→ Kapitel 17.2).
    Vor allem Boulevardzeitungen setzen diese freiere Form ein, um den
Informationen "mehr Farbe" zu geben (Beispiel A).

(A) BREMERHAVEN - "Komm! Du sollst genau wie ich 'ne Glatze
      haben". Als Ralf Glinsmann (21) standhaft ablehnte, sich kahlscheren
      zu lassen, brachte ihn sein Freund und Zechkumpan Uwe B. (22) um.
      Dann packte er die Leiche und versteckte sie in einem Wald, wo ein
      Spaziergänger sie fand. Bei seiner Vernehmung gestand Kahlkopf Uwe
      B., daß ihm die "Kojak-Idee" nach einer gemeinsamen Zechtour ge-
      kommen sei. Zunächst sei alles auch wie besprochen gelaufen, doch
      dann habe sich Glinsmann gewehrt, und da habe er solange zugeschla-
      gen, bis sich der 21jährige nicht mehr rührte. Haftbefehl.

                                                                    (exp)

Der Umgang mit diesem freieren Nachrichtenaufbau verlangt nicht nur
Geschmack, sondern auch Übung. Denn eine "weich aufgebaute" Nachricht wirkt amateurhaft geschrieben, wenn der Informationskern eines Ereignisses versteckt wird. Im folgenden Beispiel (B) hätte der mysteriöse
Tod des Schulmädchens am Anfang dargestellt werden müssen:

(B) PARIS (dpa) - Der Ausflug nach Paris sollte das Ereignis des Jahres
      sein. Die Klasse der 14jährigen aus der Provinz war zum ersten Mal in
      die französische Hauptstadt gereist. Man zeigte ihnen die Sehenswür-
      digkeiten der Stadt, natürlich stand auch ein Besuch im weltberühmten
      Bois de Boulogne auf dem Programm. Da geschah es: Aus einem Auto
      heraus erschoß ein Unbekannter eines der Mädchen. Es starb sofort. In
      der allgemeinen Verwirrung konnte der Täter flüchten. Ein Motiv für
      die Tat ist nicht erkennbar.

6.4 Information und Interpretation

Das Pyramiden-Prinzip für den Nachrichtenaufbau ist Mitte des 19.
Jahrhunderts in den USA entstanden. Vor allem technische Gründe
(wenige, unsichere Telegraphenleitungen) waren damals dafür ausschlag-
gebend, Informationen in möglichst knapper, zugespitzter Form zu
übermitteln. Diese Gründe bestehen im Zeitalter der elektronischen Nach-
richtenvermittlung nicht mehr. Doch hat sich das aus technischen Zwängen
entwickelte Aufbauprinzip für Nachrichten bewährt. Es zwingt den
Journalisten, seine Informationen zu ordnen und "auf den Punkt" zu bringen; gerade für Anfänger ist dies eine Hilfe. Der Informationskern wird dabei durch die Plazierung deutlich hervorgehoben, so daß der Leser sofort

erfährt: Dies ist die zentrale Information, dies ist das Thema - oder auch: dies ist die These.

Das Aufbauprinzip hat jedoch auch Nachteile. So tauchen die zentralen Informationen oft dreimal auf: in der Überschrift, im Vorspann und im Hauptteil der Nachricht. Gravierender ist, daß eine bloße Aufzählung von Fakten den heutigen Informationsansprüchen oft nicht mehr genügt. Insbesondere Tageszeitungen, die gegenüber dem Rundfunk Aktualitätsnachteile haben, sind deshalb zum Teil dazu übergegangen, anstelle der Faktenzusammenfassung eine Interpretation an den Anfang zu stellen. Einige Nachrichtenagenturen haben sich dem angepaßt.

(A) **KÖLN (ddp)** - Ein 19jähriger nackter Jugendlicher hat im Kölner Dom einen Eklat provoziert. Wie die Kölner Polizei mitteilte, war der junge Mann während der allgemeinen Besuchszeiten über die Absperrung des Chorgestühls geklettert. Danach habe er sich nackt ausgezogen, die Kleider um sich geworfen, ein Altarkreuz umklammert und unverständliche Schreie ausgestoßen. Als zwei Dom-Wächter gekommen seien, habe er sich mit diesen geprügelt, sagte der Polizeisprecher. Erst zwei Polizisten der Dom-Streife hätten ihn schließlich überwältigen können. Der junge Mann muß sich jetzt wegen Störung der Religionsausübung, Körperverletzung und Widerstands gegen die Staatsgewalt verantworten. Wie Dompropst Bernhard Henrichs in Köln mitteilte, wird die Kirche jedoch vorerst keine Strafanzeige gegen ihn erstatten. Erst wolle man die Motive des jungen Mannes herausfinden.

Die Interpretation im ersten Satz (Beispiel A), daß der Jugendliche "einen Eklat provoziert" habe, wird sofort durch Fakten belegt. Eine solche Einordnung von Ereignissen ist insbesondere dann notwendig, wenn die Wiedergabe von Einzelinformationen dem Leser kein verständliches Bild vermitteln würde (Beispiel B).

(B) **PARIS (AFP)** - Am 16. Tag des Eisenbahner-Streikes in Frankreich haben sich Regierung und Streikende am Freitag auf eine Kraftprobe eingelassen. Mehrere Streikkomitees hatten einen "Tag ohne Züge" beschlossen und Gleise, Rangierbahnhöfe und Weichenschaltzentralen besetzt, um "ernsthafte Verhandlungen" über alle ihre Forderungen zu erzwingen. Die SNCF forderte Sicherheitskräfte an, um die Gleise räumen zu lassen, und drohte den Besetzern mit Anzeigen.

In Paris ließ die SNCF-Leitung mehrere Bahnhöfe von Mitgliedern der Bereitschaftspolizei CRS räumen. Nennenswerte Zwischenfälle wurden nicht gemeldet. Nach der Räumung fuhren einige vereinzelte Züge ab. Insgesamt hatte die Bahndirektion für Freitag 36 Fernzüge ab Paris vorgesehen. In mehreren Fällen mußten die Züge vor Paris halten, weil Streikende die Rangierbahnhöfe besetzt hatten. Der einzige geplante Zug Saarbrücken-Paris kam am Morgen nur bis Metz - dort war der Verkehr nach einer Gleisbesetzung am Freitag wie schon am Neujahrsabend völlig blockiert.

Trotz des ersten Einlenkens der Regierung hatte sich der längste Eisenbahnerstreik in Frankreich seit den Maiunruhen von 1968 so weiter verschärft. Zugleich zeichnete sich ein Ausweiten des Konfliktes auf andere Bereiche des öffentlichen Dienstes ab. Die prokommunistische Gewerkschaft CGT kündigte an, sie werde die Aktion auf "eine höhere Ebene" tragen. Für kommende Woche hat sie bereits zu Arbeitsniederlegungen bei den Pariser Verkehrsbetrieben RATP und den staatlichen Elektrizitätswerken EDF aufgerufen. Die "Unnachgiebigkeit" der Regierung erfordere "eine solche Ausweitung der Aktionen", hieß es in einer am Freitag von der Gewerkschaftszentrale und zahlreichen CGT-Vertretungen des öffentlichen Dienstes - unter anderem Post, Gesundheitswesen, Energiewirtschaft - veröffentlichten Erklärung. [...]

TEST B (KAPITEL 3-6)

1. **Berichte** können nach ihrem Inhalt in_ _ _ _ _ _ _ _ _ _ _ _ _ _ _ _ _ _,
_ _ _ _ _ _ _ _ _ _ _ _ _ _ _ _ und _ _ _ _ _ _ _ _ _ _ _ _ _ _
unterteilt werden.

2. **Tatsachenberichte**, die Ereignisse in der Vergangenheit zum Inhalt haben, werden _ _ _ _ _ _ _ _ _ _ _ _ _ _ _ _ _ genannt.

3. **Tatsachenberichte**, die Ausblicke auf künftige Ereignisse zum Inhalt haben, werden _ _ _ _ _ _ _ _ _ _ _ genannt.

4. Was ist richtig?

   (A) Beim Tatsachenbericht wird die Tatsache, daß es eine Veranstaltung gegeben hat oder geben wird, an den Anfang gestellt.

   (B) Beim Tatsachenbericht wird an den Anfang gestellt, was sich ereignet hat oder ereignen wird.

5. Welche der beiden folgenden Versionen ist besser?

   (A) Die Kreisgruppe Borken im DJV (Deutscher Jagdschutzverband) veranstaltet am Samstag, 13. März, um 16 Uhr in der neuen Stadthalle im Vennehof Borken ihre diesjährige Jahreshauptversammlung. Neben den üblichen Regularien spricht Dr. Spittler von der Forschungsstelle für Jagdkunde und Wildschadensverhütung des Landes NRW, Forsthaus Hardt, Bonn, über "Gründe für den Rückgang des Niederwildes".

(B) Ein Vortrag über "Gründe für den Rückgang des Niederwildes" steht auf dem Programm der Jahreshauptversammlung der Kreisgruppe Borken des Deutschen Jagdschutzverbandes. Gastredner ist Dr. Spittler von der Forschungsstelle für Jagdkunde und Wildschadensverhütung des Landes Nordrhein-Westfalen in Bonn. Die Versammlung beginnt am Samstag, dem 13. März, um 16 Uhr in der Stadthalle im Vennehof.

6.   Schreiben Sie eine Zusammenfassung von Kapitel 3 in drei Sätzen, in denen die wichtigsten Informationen des Textes enthalten sind.

7.   Was ist richtig?

(A) Beim **Handlungsbericht** wird die Chronologie durchbrochen und der Höhepunkt/Endpunkt oder das Ergebnis hervorgehoben.

(B) Beim **Handlungsbericht** wird die Chronologie des Ereignisablaufs strikt eingehalten.

8.   In Beispiel 4.1 (C) wird - abgesehen von sprachlichen Fehlern - gegen die Aufbauregeln beim Handlungsbericht verstoßen:

ESSEN - Gegen 22 Uhr kam gestern abend eine 21jährige Friseuse in ihre Wohnung an der Söllingstraße. Als sie die Toilette auf dem Flur aufsuchen wollte, stand plötzlich ein junger Mann vor ihr, der sie mit einer Pistole bedrohte und in die Wohnung zurückdrängen wollte. Die Frau konnte allerdings noch in ihre Zimmer flüchten und die Tür vor dem Mann abschließen. Einige Zeit später hörte sie einen Knall vor dem Wohnungsfenster. Sie lief auf den Flur zurück, um bei Nachbarn Schutz zu suchen. Der Täter war jedoch ebenfalls in den Flur zurückgekehrt und drängte die Friseuse unter Vorhalt der Pistole in die Wohnung. Dort zwang er sie, sich auszuziehen; dann vergewaltigte er die junge Frau. Aus ihrer Geldbörse raubte er 70 DM. Aufgrund der präzisen Personenbeschreibung konnte der 19jährige Täter im Rahmen einer großräumigen Fahndung in einer Gaststätte am Porscheplatz gestellt werden. Nach Auskunft der Polizei war er volltrunken. An seinen Stiefeln klebte noch Lehm und Gras vom Hinterhof der überfallenen Frau. Auch ein Abdruck seines Schuhabsatzes wurde dort gefunden.

(WAZ)

Schreiben Sie den Anfang des Beispiels so um, daß der Informationskern hervorgehoben wird. Drei Sätze genügen.

9. Schreiben Sie eine Zusammenfassung von Kapitel 4 in drei Sätzen, in denen die wichtigsten Informationen des Textes enthalten sind.

10. Was ist richtig?

    (A) Beim **Zitatenbericht** wird zunächst mitgeteilt, wer sich geäußert hat bzw. eine Rede gehalten hat.

    (B) Beim **Zitatenbericht** werden Kernaussagen an den Anfang gestellt.

11. Schreiben Sie eine Zusammenfassung von Kapitel 5 in drei Sätzen, in denen die wichtigsten Informationen des Textes enthalten sind.

12. Das Bild der **"umgekehrten Pyramide"** soll deutlich machen,

    (A) daß in der Nachricht möglichst viele Informationen am Anfang stehen sollen;

(B) daß in der Nachricht der Informationskern am Anfang stehen soll.

Was ist richtig?

13. Bei **"harten Nachrichten"** steht der _ _ _ _ _ _ _ _ _ _ _ _ _ _ _ _ _
im Vordergrund. Bei **"weichen Nachrichten"** steht der
_ _ _ _ _ _ _ _ _ _ _ _ _ _ _ _ im Vordergrund.

14. Beispiel 4.1 (A) ist die Agentur-Version des Berichts über ein Eifer-suchtsdrama. Zum selben Ereignis erschienen außerdem u.a. fol-gende Darstellungen von Nachrichtenagenturen und Zeitungen:

(A) GESEKE (rtr) - Bei einem Amoklauf hat in der Nacht zum Samstag ein Handelsvertreter im westfälischen Geseke-Stormede bei Paderborn mit einer Schrotflinte zwei Menschen erschossen und drei verletzt. Wie die Staatsanwaltschaft am Samstag vor Journalisten mitteilte, tötete der 35jährige Anton Küting nach einem Wirtshausstreit erst den 24jährigen Polizeiobermeister Heinrich Oel und anschließend den 26jährigen Gastwirt Karl-Georg Rossdeutscher. Küting selber wurde bei der nächtlichen Schießerei durch einen Steckschuß in den Rücken verletzt und gegen 7 Uhr morgens festgenommen. [...]

(B) GESEKE - Karl-Georg Rossdeutscher, 26, pachtete vor drei Wochen das Lokal "Maas" in Geseke bei Paderborn. Sein erster Gast war ein Freund: Anton Küting, 28, ein Handelsvertreter. Er schenkte dem jungen Geschäftsmann zwei Autoreifen und vertraute ihm vor drei Tagen, am Donnerstag dieser Woche, ein Geheimnis an: "Meine Frau betrügt mich. Wir leben in Scheidung." Am Freitagabend erschien Küting mit seiner Ehefrau Heidi, 26. Die Ehefrau flirtete in dem Lokal mit Männern - ihr Mann tobte vor Wut. Mehrmals verließ er das Lokal um sich zu beruhigen, mehrmals kam er zurück - zum letzten Mal um vier Uhr morgens - mit einem Schrotgewehr. Es kam zum Streit zwischen den Eheleuten. Gastwirt Rossdeutscher versuchte zu schlichten. Doch der Handelsvertreter war nicht zu beruhigen. Da wollte des Gastwirts Frau Helga, 20, die Polizei anrufen. Küting nahm ihr den Hörer aus der Hand und riß das Kabel aus der Wand. Die Frau des Gastwirts verließ das Lokal und lief zu ihrem in der Nähe

wohnenden Schwiegervater Manfred. Von dort rief sie die Polizei an.
Später kehrte die junge Frau zum Lokal zurück: In der Eingangstür der
Gastwirtschaft fand sie ihren Ehemann: tot; unmittelbar hinter ihm lag
der von ihr herbeitelefonierte Polizist; auch er war tot. Küting hatte
beide mit seinem Schrotgewehr erschossen.

(WamS)

(C) GESEKE - Ein Amokschütze hat in den frühen Morgenstunden
des Samstags in Geseke (Kreis Soest) einen Polizisten und einen
Gastwirt erschossen. Seine Frau und drei weitere Polizisten verletzte er
schwer. Der 35jährige Anton Küting ergab sich später in seinem
Haus, in dem er sich zunächst bewaffnet verbarrikadiert hatte, und das
von insgesamt 42 Polizisten umstellt worden war.

"Nach einem Festgelage", so der ermittelnde Oberstaatsanwalt,
"spielten sich in der Gastwirtschaft Szenen fast wie im Wilden Westen
ab." Bis in den frühen Morgen hatten einige Gäste in dem kleinen Saal
miteinander gefeiert. Dann war es mit dem Handelsvertreter plötzlich
zu heftigem Streit gekommen. [...]

(KStA)

(D) GESEKE - Schüsse reißen die Bewohner in der Siedlung am
Störmeder Weg in Geseke, Kreis Soest, Samstagmorgen kurz vor sieben Uhr aus dem Schlaf. In der Eckkneipe Maas liegt der 24jährige
Polizeiobermeister Heinrich Oel leblos auf dem Boden, nur Schritte
weiter vor den Stufen des Eingangs blutüberströmt der 25jährige
Gastwirt Karl-Georg Rossdeutscher. Beide sind tot. Erschossen aus
nächster Nähe von dem 35jährigen Anton Küting, der sich wenig
später in seinem Haus 200 Meter Luftlinie entfernt, widerstandslos
festnehmen läßt. Auf das Konto des Amokschützen gehen drei weitere
schwer verletzte Polizisten, die ebenfalls aus der Schrotflinte des
passionierten Tontaubenschützen getroffen, nach Hilfe schreien.

(WP)

(E) GESEKE - Am frühen Samstagmorgen zwischen 6.45 und 8.00
Uhr richtete der Handelsvertreter Anton Küting (35) in seiner
Heimatstadt Geseke mit seiner 12-mm-Schrotflinte ein Blutbad an,
dem zwei Menschen zum Opfer fielen. Drei weitere wurden schwer
verletzt.

Küting hatte zusammen mit seiner Frau Heidi (25) eine Gaststätte
besucht. Dort kam es am frühen Morgen zu einer Auseinandersetzung.
[...]   **(WR)**

In welchen Versionen wird das Ereignis als "harte Nachricht" präsentiert und deshalb nach dem Pyramidenprinzip dargestellt ? In welchen Versionen wird das Ereignis als "weiche Nachricht" präsentiert?

15. In Beispiel 6.3 (B) ist der Informationskern versteckt worden.

> PARIS (dpa) - Der Ausflug nach Paris sollte das Ereignis des Jahres sein. Die Klasse der 14jährigen aus der Provinz war zum ersten Mal in die französische Hauptstadt gereist. Man zeigte ihnen die Sehenswürdigkeiten der Stadt, natürlich stand auch ein Besuch im weltberühmten Bois de Boulogne auf dem Programm. Da geschah es: Aus einem Auto heraus erschoß ein Unbekannter eines der Mädchen. Es starb sofort. In der allgemeinen Verwirrung konnte der Täter flüchten. Ein Motiv für die Tat ist nicht erkennbar.

Schreiben Sie die Nachricht so um, daß der Tod des Mädchens im ersten Satz mitgeteilt wird.

16. Das folgende Beispiel enthält im ersten Satz eine **Interpretation**. Warum ist sie hier zulässig?

> KÖLN (AP) - Die Einbruchsserie, bei der in den vergangenen Monaten in Kölner Krankenhäusern über tausend Ampullen der hochwirksamen Betäubungsmittel Fentanyl und Rapifen gestohlen worden waren, ist aufgeklärt. Wie die Kölner Polizei mitteilte, gestanden ein 23jähriger Kölner und seine 18jährige italienische Freundin, die Betäubungsmittel zum Eigengebrauch entwendet zu haben. Sie waren am Montag festgenommen worden.
> Insgesamt erbeuteten und verbrauchten die beiden Drogenabhängigen 1029 Ampullen Fentanyl und 190 Ampullen Rapifen, deren Konsum laut Polizei schon in kleinsten Mengen tödlich sein kann. Sie spritzten sich den Angaben zufolge die Medikamente in Dosierungen bis zu 20 Milliliter pro Tag.

17. Schreiben Sie zum folgenden Beispiel einen neuen Anfang in drei Sätzen. Berücksichtigen Sie dabei die Regel, daß nicht die Tatsache, daß es eine Veranstaltung gegeben hat, das Wichtigste ist, sondern das, was sich ereignet hat.

BORKEN - Der Stadtverband der Jungen Union Borken hatte am Donnerstag zur Jahreshauptversammlung in den kleinen Saal der Stadthalle eingeladen. Als wichtigster Tagesordnungspunkt stand die Neuwahl des JU-Vorstandes auf dem Programm. Gespannt waren die anwesenden JU-Mitglieder auf die Wahl eines neuen Vorsitzenden, denn der bisherige Stadtverbandsvorsitzende Edmund Huvers stand für diese Position nach sechsjähriger Amtszeit wegen seines Studiums nicht mehr zur Verfügung.

In seinem Rechenschaftsbericht ging Edmund Huvers auf die Arbeit der letzten zwei Jahre ein. [...]

Abschließend bedankte sich der scheidende Vorsitzende Huvers bei dem anwesenden CDU-Chef, Gerd Hebinck, für die gute Zusammenarbeit. [...]

In der Wahl, die vom Stadtloher JU-Kreisvorstandsmitglied Alfred Langweh geleitet wurde, ging als neue Vorsitzende Mechthild Oenning, Schülerin, hervor. Ihr zur Seite stehen als Stellvertreter Edmund Huvers, Student, und Christel Thesing, Lehrerin. Weiter wurden gewählt: Schriftführer Martin Althaus, Schüler; Referent für Organisation und Öffentlichkeitsarbeit Norbert Kipp, Auszubildender; Finanzreferent Johannes Heidemann, Schüler; Referent für Schülerarbeit Armin Burkamp; Referent für Lehrlingsarbeit Frank Neugebauer, Auszubildender; und für Kommunalpolitik Irene Wevers, Hausfrau.

In einem kurzen Statement nahm dann die neugewählte JU-Vorsitzende Mechthild Oenning zu ihrem Programm für die kommenden zwei Jahre Stellung. Neben der Weiterführung der verschiedenen Diskussionsforen wolle sie unter anderem Kontakt zu den Jugendlichen der Friedlandsiedlung aufnehmen, ebenfalls sei die Beschäftigung mit der Ausländerproblematik notwendig. [...]

(WN)

18. Schreiben Sie eine Zusammenfassung von Kapitel 6 in drei Sätzen, in denen die wichtigsten Informationen des Textes enthalten sind.

7 NACHRICHTEN-VORSPANN

7.1 Funktion

Auf die Formulierung des Vorspanns *(lead)* richtet der Journalist gewöhnlich seine besondere Aufmerksamkeit. Denn der Vorspann muß mehrere wichtige Funktionen erfüllen: Er soll den Leser in die Nachricht einführen, er soll in knapper Form die wichtigsten Informationen zusammenfassen, und er soll Anreize zum Weiterlesen bieten. Für "harte" und "weiche Nachrichten" (→ Kapitel 6.3) werden dabei unterschiedliche Schwerpunkte gesetzt.

Im Vorspann von "harten Nachrichten" sollen alle wesentlichen Informationen in so wenig Wörtern wie nötig enthalten sein. Diese Zusammenfassung ist je nach Länge der Nachricht einen Absatz oder auch nur einen Satz lang (→ auch Kapitel 8.1).

(A) **PARIS** (AP) - Bei einer Gasexplosion in einem Wohnhaus im Pariser Vorort Malakoff sind in der Nacht zum Montag nach Mitteilung der Behörden zwei Personen ums Leben gekommen und vierzehn weitere zum Teil schwer verletzt worden. Die Explosion gehe auf einen Selbstmordversuch zurück, sagte ein Polizeisprecher. […]

(B) **KÖLN (dpa)** - Durch einen 25 Meter langen Erdtunnel, den er sich in wochenlanger nächtlicher Wühlarbeit unter der Gefängnismauer gegraben hatte, ist ein 31jähriger Häftling gestern am frühen Morgen aus dem Gefängnis in Köln-Ossendorf entkommen. Schon 80 Minuten später befand sich der wegen zweifachen Raubes zu zwölf Jahren Freiheitsentzug verurteilte Jugoslawe wieder in festem Gewahrsam.

Eine Fußstreife der Polizei hatte den verdächtig erscheinenden Mann in der Kölner Innenstadt auf seine Personalien kontrolliert. Dabei gestand der "Maulwurf" den Ausbruch, den auch die Direktion der Haftanstalt als "genial" bezeichnete.

Nach Angaben der Verwaltung war der Häftling im ersten Stock in einer Einzelzelle untergebracht. Ohne daß die Wachen es merkten, hatte er zunächst ein Loch in das Fenstergitter gesägt. […]

In jeweils zwei Sätzen sind bei diesen beiden Beispielen die zentralen Informationen im Vorspann zusammengefaßt worden: Ausmaß und Ursache der Gasexplosion (Beispiel A) und Umstände und Ergebnis des Ausbruchversuchs (Beispiel B). Bei diesem Beispiel folgt der Zusammenfassung des Ereignisses im Vorspann dann vom zweiten Absatz an die ausführlichere Beschreibung der Einzelheiten ("Eine Fußstreife der Polizei hatte...").

7.2 "W"-Fragen

Im Nachrichten-Vorspann werden möglichst viele der Fragen beantwortet, die eine Person stellen würde, wenn sie von einem Ereignis erfährt:

• Wer? Was? Wann? Wo? Wie? Warum?

Das sind die **sechs "W-Fragen"** für den Nachrichten-Vorspann (wobei die Reihenfolge der Beantwortung variieren kann). Nicht immer können alle diese Fragen im Vorspann beantwortet werden; stets sollten aber die wichtigsten "W" beantwortet werden.

Der Vorspann ist bei längeren Nachrichten (Berichten) maximal drei bis vier Sätze lang. Die zentralen Informationen stehen am Anfang, und es werden nur so viele Details dargestellt, wie zum Verständnis des Nachrichten-Zusammenhangs notwendig sind. Nach einem solchen mehrsätzigen Vorspann wird ein Absatz gemacht. Dadurch wird der Vorspann vom Hauptteil auch optisch (typographisch) abgesetzt (Beispiel A).

(A)   **MIDLAND (AP)** - In Midland im US-Staat Texas ist am Wochenende die Rettung eines anderthalbjährigen Kindes gelungen, das fast zweieinhalb Tage in einem engen Brunnenschacht in sieben Meter Tiefe eingeklemmt gewesen war. Jessica McClure wurde am Freitag abend aus dem Brunnen geholt und in ein Krankenhaus gebracht, wo ihr wegen einer schweren Quetschung der rechte Fuß operiert werden mußte. Das rechte Bein des Kindes war in dem Brunnen angewinkelt eingeklemmt und deshalb kaum durchblutet gewesen.

     In einer dramatischen Aktion, die von Fernsehanstalten direkt übertragen wurde, waren Retter über einen Parallelschacht bis zu dem eingeklemmten Mädchen vorgedrungen. Ein Sanitäter band das Kind mit Mullbinden auf ein Brett und bestrich es dick mit Ölsalbe, bevor es, die nackten Füße voran, von Helfern an einem Seil nach oben gezogen wurde.

Das Mädchen war am Mittwoch beim Spielen in die nur 20 Zentimeter große Brunnenöffnung gefallen. Es rief immer wieder nach seiner Mutter. Mehrmals war zu hören, wie es sang oder Lieder summte.

Die Rettung hatte sich hingezogen, weil die Helfer beim Bohren des Verbindungsstollens zwischen dem Brunnen und dem Parallelschacht auf ungewöhnlich hartes Gestein gestoßen waren. Ein Polizeisprecher sagte, selbst Diamantbohrer und "überhaupt alles, was in der Ölindustrie verwendet wird", sei kaputtgegangen.

Als Jessica aus dem Brunnenschacht gehoben wurde, jubelten die Helfer und die Zuschauer. Im Memorial-Krankenhaus der Stadt sammelten sich noch vor der glücklichen Rettung so viele Geschenke für das Kind, daß dafür eigens ein Raum bereitgestellt werden mußte. Viele Menschen boten Geld zur Bezahlung der Krankenhausrechnung an, da die Familie Jessicas nicht versichert ist.

Hier werden im ersten Absatz die wichtigsten und aktuellsten Informationen zusammengefaßt und dadurch alle wesentlichen "W"-Fragen beantwortet. Dies ist der Vorspann. Dann folgen im zweiten Absatz Ergänzungen. Im dritten und vierten Absatz werden frühere Informationen referiert. Im letzten Absatz folgen weitere aktuelle Informationen.

Vor allem Nachrichtenagenturen legen Wert auf ein **siebtes "W"**, das - z.B. bei der Agentur Reuters - spätestens im dritten Satz zu erscheinen hat: **Welche Quelle ?** (→ dazu Kapitel 14.4).

(B) BERLIN (rtr) - "Tempo 30" in Wohngebieten, moderne Technik, niedertouriges Autofahren und mobile Kontrollstationen für "frisierte" Mofas und Kleinkrafträder sind nach Auffassung des Umweltbundesamtes geeignet, den Verkehrslärm zu verringern. Belegt wird dies nach Angaben der Behörde vom Montag durch mehrere Forschungs- und Entwicklungsarbeiten des Amtes.

"Tempo 30" werde befürwortet, da bei dieser Geschwindigkeit erheblich weniger Geräusche entstünden. [...]

Hier (Beispiel B) steht die Quelle bereits im ersten Satz; im zweiten Satz wird die Quellenangabe noch ergänzt. So erhalten die im ersten Satz zusammengefaßten Aussagen über die vier Lärmursachen sofort eine Zuordnung. Nach dem Vorspann folgen detailliertere Informationen zu den Lärmursachen (" 'Tempo 30' werde...").

7.3 Reihenfolge

Welche W-Fragen in welcher Reihenfolge im Vorspann beantwortet werden, ist auch abhängig vom jeweiligen Medium. Viele Nachrichten der tagesaktuellen Medien enthalten, wie Kritiker bemängeln, keine Antworten auf die Fragen nach dem "Warum?" und dem "Wie?" von Ereignissen. Dagegen konzentrieren sich politische Wochenzeitungen gerade auf diese beiden Fragen. Ein Blatt der Regenbogenpresse wiederum wird sich in seiner Berichterstattung vor allem um das "Wer?" (Prominenz) kümmern. Für eine Regionalzeitung mag, wenn der Ort zum Verbreitungsgebiet gehört, das "Wo?" von besonderer Bedeutung sein, während für eine überregionale Nachrichtenagentur wiederum die Orte, in denen Nachrichten entstehen, innerhalb des Verbreitungsgebiets der Agentur prinzipiell gleichrangig sind.

Grundsätzlich sollte es immer vom einzelnen Ereignis abhängen, welches "W" an den Anfang gestellt wird. Dabei spielt auch eine Rolle, was bisher über einen Vorgang bekannt ist. So wird nach einer Explosion in einem Chemiewerk zunächst der Sachverhalt gemeldet: Was?, Wo?, Wann?, Wer? (Beispiel A). In der nächsten Fassung gibt es nähere Informationen zum "Was?" (Beispiel B). Schließlich folgen Informationen zur Explosionsursache: Dann steht also das "Warum?" an erster Stelle. Frühere Informationen werden nachrangig behandelt (Beispiel C); sie erscheinen erst nach dem Vorspann im zweiten Absatz.

(A) **LEVERKUSEN (rtr)** - Bei einer schweren Explosion auf der Müllverbrennungsanlage der Bayer Werke AG in Leverkusen ist am Dienstagabend ein 32 Jahre alter Betriebsangehöriger getötet worden. Acht weitere Mitarbeiter wurden verletzt. Ersten Schätzungen der Unternehmensleitung zufolge ist ein Schaden in Millionenhöhe entstanden. Die Ursache für die Explosion, die nach Augenzeugenberichten kilometerweit zu hören gewesen war und bei der zahlreiche Fensterscheiben der umliegenden Häuser zertrümmert wurden, ist nach Auskunft der Werksleitung ungeklärt. [...]

(B) **LEVERKUSEN (rtr)** - Die Explosion in der Müllverbrennungsanlage der Bayer AG in Leverkusen, bei der am 15. Juli ein Arbeiter getötet und acht weitere Beschäftigte verletzt worden waren, hat nach Angaben der Werksleitung einen Sachschaden von 15 Millionen Mark verursacht. Wie das Unternehmen am Mittwoch mitteilte, ist die Ursache der Explosion nach wie vor ungeklärt. Nähere Aufschlüsse darüber

werden nach Abschluß der Untersuchungen der zuständigen Staatsanwaltschaft Düsseldorf und des Gewerbeaufsichtsamtes Köln in den
nächsten Tagen erwartet. (...)

(C) LEVERKUSEN (rtr) - Die Explosion in der Müllverbrennungsanlage der Bayer AG Leverkusen ist nach Angaben des Unternehmens
möglicherweise durch eine chemische Nachreaktion in Behältern mit
flüssigen Chemieabfällen entstanden. Dies geht aus den vorläufigen
Untersuchungsergebnissen hervor, die am Donnerstag von der Werksleitung veröffentlicht wurden.

Bei der Explosion waren am 15. Juli ein Arbeiter getötet und acht
weitere Beschäftigte verletzt worden. Im Umkreis des Unternehmens
waren in mehr als 250 Wohnungen die Fensterscheiben zersprungen.
Allein der Sachschaden der zweiteiligen Verbrennungsanlage der Bayer
Werke betrug 15 Millionen Mark. In der Anlage sollen den Untersuchungsergebnissen zufolge Gase freigesetzt worden sein, die sich nach
der chemischen Reaktion gebildet hatten. Sie entwickelten, so die
Werksleitung, mit der Luft in kurzer Zeit ein explosives Gemisch, das
dann vom Verbrennungsofen gezündet wurde.

8 VORSPANN-FORMEN

8.1 Summarischer Vorspann

Insbesondere Nachrichtenagenturen stellen "harten Nachrichten" einen summarischen Vorspann *(summary lead)* voran, der die wichtigsten Informationen in komprimierter Form enthält. Dabei soll schon im ersten Satz (*"Lead"*-Satz) durch die Beantwortung der wichtigsten "W"-Fragen das Wesentliche mitgeteilt werden. In Beispiel (A) sind das die Fragen "Wie?", "Wo?", "Wann?", "Wer?" und "Was?".

(A) **DARMSTADT (dpa)** - Bei einem Raubüberfall auf eine Tankstelle in Darmstadt-Eberstadt ist am Freitagabend der 49jährige Besitzer mit drei Bauchschüssen lebensgefährlich verletzt worden. Der Täter, ein 35jähriger US-Soldat, wurde nach einer dramatischen Verfolgungsjagd von beherzten Zeugen überwältigt und bis zum Eintreffen der Polizei festgehalten. Nach Darstellung der Darmstädter Polizei vom Samstag hatte der 35jährige den Tankstelleninhaber angeschossen, als dieser die Tageseinnahmen zur Bank bringen wollte. [...]

(B) **GELSENKIRCHEN (rtr)** - Der Reichsbund der Kriegsopfer, Behinderten, Sozialrentner und Hinterbliebenen hat am Samstag in Gelsenkirchen die Bundesanstalt für Arbeit in Nürnberg aufgefordert, unnachsichtig mit Geldbußen gegen solche Arbeitgeber vorzugehen, die ihre gesetzliche Verpflichtung zur Beschäftigung von mindestens sechs Prozent Schwerbehinderter vorsätzlich oder fahrlässig nicht erfüllen. Präsidiumsmitglied Fritz Stiller nannte es vor mehr als 500 Delegierten des Reichsbundes aus der gesamten Bundesrepublik einen moralischen Skandal, daß einerseits im Bundesgebiet mehr als 70.000, allein in Nordrhein-Westfalen mehr als 30.000 Schwerbehinderte arbeitslos sind, andererseits von mehr als einer Million der gesetzlichen Pflichtarbeitsplätze für diesen Personenkreis mehr als 200.000 unbesetzt sind. [...]

Vor allem mit der Folge "Wer?" - "Was?" ergibt der summarische Vorspann einen logischen, geordneten Aufbau. Dieses formale Prinzip kann aber, wie Beispiel (B) zeigt, dazu führen, daß der erste Satz mit zu vielen Informationen überladen und dadurch unverständlich wird. Insbesondere Regionalzeitungen, die sich durch kompakte Darstellung um Lesefreundlichkeit bemühen, verwenden deshalb häufig eine andere Form des Vorspanns.

8.2 Modifizierter Vorspann

Die Alternative zum summarischen Vorspann ist der modifizierte Vorspann *(modified summary lead)*. Er ist weniger formalisiert als der summarische Vorspann, der schon im ersten Satz möglichst viele "W" enthält.

Bei dieser Vorspannform wird die Nachricht in knapper Form "auf den Punkt gebracht". Der erste Satz gibt Antwort auf die "Was?"-Frage. Er enthält gewöhnlich keine nähere Quellenzuordnung. Die Überleitung zum zweiten Satz erfolgt häufig mit "Das" oder "Dies" (Beispiel A).

(A) HAMBURG - Immer mehr Kinder und Kleinkinder leiden unter Heuschnupfen und Hautallergien. Dies ergab eine Umfrage unter 631 Kinderärzten, deren Ergebnis die "Stiftung Deutscher Polleninformationsdienst" (PID) auf einer Pressekonferenz mitteilte. [...]

(MOPO)

Der modifizierte Vorspann ist meistens besser zu verstehen als der summarische Vorspann. Es wird vermieden, daß der Anfangssatz mit vielen "W" bzw. mit Einzelheiten überfrachtet ist. Auf der anderen Seite können durch die Verkürzung des Anfangs in den ersten Satz Wertungen hineinrutschen. Diese Gefahr besteht vor allem dann, wenn Meinungsäußerungen im ersten Satz erscheinen, die erst im zweiten Satz zugeordnet werden können - was z.B. beim Hörfunk unzulässig ist (Beispiel B).

(B) MÜNCHEN - Die Kollegstufe des Gymnasiums mindert die Studierfähigkeit ganz erheblich. Das ist die übereinstimmende Aussage Münchner Universitätsprofessoren. Nach ihrer Darstellung ist die Allgemeinbildung mit der Reform der Oberstufe so heruntergekommen, daß Medizinstudenten nicht mehr wissen, was H_2O bedeutet, daß Mathematikstudenten keine Ahnung haben, was eine Ellipse ist, und Studenten (auch) in geisteswissenschaftlichen Fächern nicht mehr "das" und "daß" unterscheiden können. [...]   (SZ)

Beim modifizierten Vorspann wird eine genauere Rangordnung der "W"
vorgenommen als beim summarischen Vorspann. Nur die besonders wichtigen "W" sind im ersten Satz bzw. Absatz enthalten und werden dort ggf.
ausführlicher erläutert. Die weniger wichtigen folgen später.

(C) **BONN** - Der TÜV darf im nächsten Jahr für seine Leistungen voraus-
     sichtlich zehn Prozent mehr kassieren. Für den Autofahrer schlägt die
     Erhöhung jedoch mit rund 17 Prozent zu Buche. Dieser Unterschied
     ergibt sich aus einer höheren Mehrwertsteuerbelastung. Statt dem
     halben Steuersatz (6,5 Prozent) muß der TÜV von Anfang nächsten
     Jahres an volle 13 Prozent an den Fiskus abführen. Das wurde im Rah-
     men des zweiten Haushaltsstrukturgesetzes vom Bundesrat beschlossen.
     [...]

                                                              (KStA)

Häufig, wie im vorangegangenen (C) und im folgenden Beispiel (D), wird
beim modifizierten Vorspann zunächst die "Was?"-Frage in mehreren Sätzen beantwortet, ehe weitere Informationen folgen.

(D) **KAISERSLAUTERN (dpa)** - Die Bürger der nordpfälzischen 5000-
     Einwohner-Gemeinde Rockenhausen können künftig wieder ruhiger
     schlafen: Die Zivilkammer des Landgerichts Kaiserslautern hat ent-
     schieden, daß eine der beiden Glocken des Dorfes nachts nicht mehr
     läuten darf. Wie am Freitag bekannt wurde, endete damit der Rechts-
     streit zwischen der katholischen Kirche und einem Hotelier des Ortes
     mit einem Vergleich.
          Der Gastwirt, der wegen der nächtlichen Glockenschläge um den
     Schlaf seiner Gäste fürchtete, hatte zunächst [...]

Der modifizierte Vorspann ist also vor allem dann sinnvoll, wenn zum Verständnis der zentralen Information eine ausführliche Erläuterung notwendig erscheint (Beispiel E).

(E) **BONN** - Die Lohnsteuer eines Arbeitnehmers kann künftig nur dann
     noch auf zehn Prozent des Entgelts verkürzt und pauschaliert werden,
     wenn der Steuerpflichtige lediglich ein Beschäftigungsverhältnis einge-
     gangen ist. Er muß dem Arbeitgeber darüber eine Bescheinigung der
     Gemeinde vorlegen. Die Gemeindebehörden werden verpflichtet, je
     Arbeitnehmer nur eine Bescheinigung auszustellen. Werden weitere Tä-
     tigkeiten aufgenommen, müssen Lohnsteuerkarten vorgelegt und der

Arbeitslohn normal besteuert werden. So sieht es ein Gesetz vor, das zwischen Bundestag und Bundesrat im Vermittlungsverfahren vereinbart worden ist.

(RP)

Welche Art des Vorspanns ist nun für welche Art von Nachrichten besonders geeignet ? Generell lassen sich folgende Empfehlungen geben:

• Für Nachrichten mit einem leicht verständlichen Informationskern wird der summarische Vorspann gewählt, in dem alle zentralen Informationen enthalten sind.

• Für kompliziertere Nachrichten mit vielen Sachinformationen oder Zitaten wird der modifizierte Vorspann gewählt, in dem die "Was?"-Information ausreichend erläutert werden kann.

Die Entscheidung ist aber auch abhängig von der Art des Mediums. Vor allem Boulevardzeitungen verwenden heute grundsätzlich den modifizierten Vorspann, oft mit einem schlagzeilenartigen Anfangssatz (→ Kapitel 9.6).

8.3 Anonymer Vorspann

Manchmal hat der Vorspann auch folgende Struktur:

• Am Anfang wird die "Wer?"-Frage - zusammen mit der Darstellung eines Ereignisses - nur durch Nennung eines einzelnen Merkmals beantwortet (Zahl/Heimat/Beruf/Alter usw. handelnder Personen).

• Namen und weitere Informationen zu den Personen folgen dann erst im zweiten oder dritten Absatz.

Bei dieser Form des Vorspanns erscheinen die Personen also zunächst ohne Namen und genaue Identifikation; die Namensnennung wird verschleppt. Dies nennen wir den "anonymen Vorspann" *(blind lead)*.
      Von dieser Vorspann-Form wird gewöhnlich in folgenden Fällen Gebrauch gemacht:

• Die Person ist weniger wichtig als das Ereignis/die Information - oder so unwichtig, daß eine Namensnennung und/oder nähere Identifikation gar nicht für notwendig gehalten wird (Beispiel A).

(A) **ATHEN (dpa)** - Seine Hochzeitsnacht im Schnee verbrachte ein jungvermähltes Paar in der Provinz Fthiotis in Mittelgriechenland. Als das Paar und seine 25 Gäste nach der Trauung auf zehn Traktoren vom Dorf der Braut, Mesorachi, zum Dorf des Bräutigams, Periwoli, unterwegs waren, wurden sie von einem Schneesturm überrascht. [...]

• Eine Häufung von Namen beteiligter Personen würde den Anfang (zumindest den ersten Satz) unverständlich werden lassen (Beispiel B).

(B) **BERLIN (OST) (rtr)** - Drei Westberliner sind nach Angaben der DDR-Nachrichtenagentur ADN am Wochenende auf den Transitstrecken festgenommen worden. Wie die Agentur am Montag meldete, wird den am Grenzkontrollpunkt Drewitz festgenommenen Dieter-Manfred Friedrich und Hannelore Roehl "bandenmäßig organisierter Menschenhandel" vorgeworfen. Sie hätten versucht, mehrere ausländische Bürger unter Mißbrauch der Transitwege von Westberlin in die Bundesrepublik zu schmuggeln. Es sei Haftbefehl erlassen und ein Ermittlungsverfahren eingeleitet worden. Der von ihnen benutzte Kleintransporter sei beschlagnahmt worden.

Der Westberliner Harry Nitschkei habe sich am vergangenen Samstag im Transitzug D 340 an der Grenzübergangsstelle Griebnitzsee der Grenzkontrolle widersetzt und randaliert. Auch gegen ihn sei ein Haftbefehl erlassen und ein Ermittlungsverfahren eingeleitet worden. [...]

• Der Anfang soll einen besonderen Leseanreiz enthalten (häufig "Er"- oder "Sie"-Anfänge).

(C) **ESSEN** - Er brummt wie ein "Scooter" auf der Kirmes, bietet Platz für zwei Erwachsene samt Einkaufstüten, läuft 120 Kilometer Spitze und im dichten Stadtverkehr mindestens 60 Kilometer weit. Dann muß er zum Aufladen an eine Steckdose, der vom Rheinisch-Westfälischen Elektrizitätswerk (RWE) und dem Ingenieurbüro Pöhlmann, Kulmbach, entwickelte Elektro-Personenwagen. Am Mittwoch wurde er bei der Aktionärsversammlung des RWE der Öffentlichkeit vorgestellt. [...]

(SZ)

Hier (Beispiel C) wird keine Person, sondern eine Sache "anonym behandelt". Das dabei eingesetzte Darstellungsmittel ist typisch für den Feature-Vorspann (→ dazu Kapitel 19.6). Bei "harten Nachrichten" (→ Kapitel 6.3) verwenden Tageszeitungen und Agenturen den anonymen Vorspann meistens nur dann, wenn die Namen handelnder Personen vermutlich dem Leser nicht bekannt sind, oder wenn der Vorspann durch die Verzögerung der Namensnennung lesbarer werden soll.

9 VORSPANN-EINSTIEG

9.1 "Wer?"-"Was?"-Einstieg

Die Information, mit der eine Nachricht "aufgemacht" wird, nennen wir Einstieg; sie steht am Anfang des Vorspanns. Als Einstieg in den Vorspann wird möglichst das wichtigste "W" gewählt. Meistens ist dies die Antwort auf die "Wer?"-Frage (Beispiel A) und/oder auf die "Was?"-Frage (Beispiel B).

(A) DÜSSELDORF (rtr) - Der Deutsche Gewerkschaftsbund hat in einem Appell private und öffentliche Arbeitgeber aufgefordert, echte Berufschancen für Mädchen anzubieten. [...]

(B) BONN (rtr) - Zu Beratungen über Fragen der Sicherheitspolitik und insbesondere zur Haltung der Sozialdemokraten zum Nato-Doppelbeschluß über Mittelstreckenraketen ist am Dienstag in Bonn der SPD-Parteirat zusammengetroffen. [...]

Der Einstieg in den Vorspann beantwortet also meistens die Frage:

- Wer hat was getan (gesagt) ?
  oder
- Was hat wer getan (gesagt) ?

Der "Was?"-"Wer?"-Einstieg kann jedoch zu einem unlogischen oder unbeholfenen Satzbau führen (Beispiel C).

(C) BERLIN (AP) - Eine scharfe Rüge haben Parteifunktionäre der Landwirtschaftlichen Produktionsgenossenschaft Reinholdshain im Bezirk Dresden den Bäuerinnen und Bauern auf den Feldern der DDR erteilt. In dem Ost-Berliner Blatt "Unser Dorf" monierten sie nach einem Bericht des Berliner Informationsbüros West vom Mittwoch, daß den Bäuerinnen und Bauern beim Bücken auf den Feldern die Hosen so weit herunterrutschten, "daß der Hintern herausguckt". Hier höre auch der bäuerliche Spaß auf. Das Gesäßteil der Arbeitsanzüge sei zu kurz gearbeitet. Der Bund sitze statt in der Taille auf den Hüften. Daß demnach beim Bücken das Gesäß bloßliege, lasse sich "auch bei den schlankesten Personen" nicht vermeiden. Gegen diese Art der Materialeinsparung müsse entschieden Einspruch eingelegt werden.

Die Aussage im Einstiegssatz ("Eine scharfe Rüge haben ... erteilt") wird hier durch 18 Wörter unterbrochen. Eine solche "Klemm-Konstruktion" ist kaum verständlich. Doch auch der "Wer?"-"Was?"-Einstieg "klemmt" (Beispiel D), wenn die "Was?"-Frage zu ausführlich beantwortet wird (16 Wörter zwischen "hat" und "beklagt").

(D)　MOSKAU (rtr) - Die Parteizeitung der zentralasiatischen Sowjetrepublik Usbekistan hat den illegalen Bau von Moscheen und den mangelnden Einsatz von Parteifunktionären im Kampf gegen die Religion beklagt. [...]

Meist ist aber der "Wer?"-"Was?"-Einstieg nicht nur sprachlich korrekter. Er wird insbesondere auch dann bevorzugt, wenn die Person in der Nachricht für den Leser interessant ist (Prominenz/gut bekannt) oder wenn Organisationen einer Aussage besondere Autorität verleihen ("Der Deutsche Gewerkschaftsbund hat in einem Appell...").
Der "Was?"-Einstieg hingegen kommt direkt zur Sache. Dies entspricht in den meisten Fällen auch dem Leserinteresse (Beispiel E).

(E)　MAILAND (dpa) - Edelsteine im Wert von 1,5 Milliarden Lire (2,1 Millionen Mark) - 10.999 Diamanten und 217 Smaragde - hatte eine Belgierin im Magen, die auf dem Flughafen Mailand-Linate wegen Schmuggels verhaftet wurde. [...]

9.2 "Wann?" und "Wo?"

Während "Wer?" und "Was?" oft die wichtigsten "W" sind, werden "Wann?" und "Wo?" eher nachrangig behandelt. Die Ortsangabe in der Nachricht wird von einigen Medien sogar weggelassen, wenn sie bereits (als "Spitzmarke") der Nachricht vorangestellt ist. "Wann?" und "Wo?" als Einstieg zu verwenden, kann vor allem dann unsinnig wirken, wenn die darauf bezogene Einstiegsinformation ungenau ist (Beispiel A).

(A) ZÜRICH - In diesen Tagen beginnt das bisher größte Geophysik-
     Projekt in der Schweiz: Die Alpen werden reflexionsseismisch bis unter
     ihre "Wurzeln" ausgelotet, mit Sprengschüssen und Bodenvibratoren.
     Ein "geophysikalischer Heerwurm" - eine Autokolonne mit mehr als
     8.000 Klein-Seismometern und vielen Kilometern Kabel - wird quer
     über die Alpen kriechen, um die Daten für die Aufklärung der
     "Untergrundarchitektur" zu sammeln. [...]

                                                                    (FAZ)

Die frühe Beantwortung der "Wann?"-Frage ist hingegen notwendig, wenn
es um den Zeitpunkt des Berichterstattungsanlasses oder, bei Vorberich-
ten, den Termin eines künftigen Ereignisses geht.
     In bestimmten Fällen wird die "Wann?"-Frage in Nachrichten aber
bewußt ungenau oder gar nicht beantwortet. Dies erlaubt den Redak-
teuren (z.B. bei Polizei-Meldungen im Lokalteil), weniger spektakuläre Informationen über mehrere Tage als Füllstoff parat zu halten. Einzelne
Ressorts wie der Wirtschafts- und der Kulturteil verzichten in ihren Nachrichten oft ganz auf genaue Zeitangaben.
     Der "Wo?"-Einstieg wird nur dann gewählt, wenn der Ort besondere
Bedeutung für den Inhalt einer Nachricht hat (Beispiel B).

(B) DUISBURG (dpa) - Auf einer Toilette des Intercity Köln-Hamburg
     hat ein Räuber bei Duisburg einen 58jährigen Reisenden überfallen und
     schwer verletzt. Nach Angaben der Polizei hatte der etwa 30 Jahre alte
     Täter in der Nähe der Toilette in der ersten Klasse auf sein Opfer
     gewartet. Als der ahnungslose Mann sich einschloß, brach der Räuber
     von außen die Tür auf, bedrohte ihn mit einer Pistole und nahm ihm
     Portemonnaie und Brieftasche ab. [...]

Beim "Wo?"-Einstieg kann besondere Genauigkeit geboten sein, wenn es
um die Aufklärung eines Verbrechens geht (Beispiel C).

(C) MÜNCHEN - Auf einem unbebauten Grundstück an der Neubiberger
     Straße, etwa 300 Meter westlich des U- und S-Bahnhofs Neuperlach-
     Süd, ist am Freitag früh die 27 Jahre alte Prostituierte Kornelia Träg
     ermordet aufgefunden worden. Sie war am Strichplatz an der Zamdorfer
     Straße, Steinhausen, in das Auto eines unbekannten Mannes eingestie-
     gen, der sie erwürgte und ihre Leiche auf dem Areal in Neuperlach
     zurückließ. [...]

                                                                    (SZ)

9.3 "Wie?"-Einstieg

Wenn die Umstände eines Ereignisses von besonderer Bedeutung sind, dann sollte ein "Wie?"-Einstieg gewählt werden. Dadurch wird hervorgehoben, auf welche Weise etwas zustandegekommen ist (Beispiel A).

(A) SAPPORO (AFP) - Durch Augenzwinkern hat eine vollständig gelähmte Japanerin in mehr als zwei Jahren ein 200 Seiten starkes Buch verfaßt. Wie ein Arzt am Sapporo-Minami-Krankenhaus sagte, arbeitete die seit acht Jahren an einer seltenen Muskelkrankheit leidende Hana Yamabata mit einem von ihrem Arzt entwickelten "Zwinker-Kommunikator", der die Augenlid-Signale per Heimcomputer in eine japanische Silbenschrift übersetzte. Die 55 Jahre alte Patientin, die weder reden noch ihre Glieder bewegen kann, "schrieb" auf diese Weise ein Buch mit dem Titel: "Ich möchte sprechen. Ich möchte gehen."

Beim Handlungsbericht ist der "Wie?"-Einstieg zur Kennzeichnung der Besonderheiten einer Situation oft besonders angebracht (Beispiele B und C).

(B) FRANKFURT - Mit einem Trick erleichterten Betrüger den Inhaber eines Zeitungskiosks am Eschenheimer Turm um 250 Mark. Ein junger Mann hatte nach den Schilderungen des Geschädigten zusammen mit drei Frauen und einem Kind das kleine Geschäft betreten und beharrlich nach einer Automobilzeitschrift mit Berichten über einen bestimmten Wagentyp gefragt. Der Kioskinhaber ging schließlich selbst zum Regal mit den Zeitschriften, um dem Kunden zu helfen. Dabei ließ er die Kasse offenstehen.

Erst als die fünf den Laden schon einige Zeit verlassen hatten, bemerkte er, daß in der Kasse sämtliche Fünfzig-Mark-Scheine fehlten. Die Polizei vermutet, daß das Geld hinter dem Rücken des hilfsbereiten Kioskbetreibers von einem Mitglied der Gruppe aus der Kasse genommen wurde.

(FR)

(C) **MÜNCHEN** - Durch gutes Zureden gelang es einem 51jährigen Taxifahrer, einen etwa 21jährigen Mann zum Rücktritt von der versuchten räuberischen Erpressung zu bewegen. Der mit grauer Hose und grauem Anorak bekleidete verhinderte Räuber hatte am Freitag gegen 22 Uhr am Hauptbahnhof das Taxi bestiegen, ein Fahrtziel am Harthof genannt und den 51jährigen dort in einer unbelebten Seitenstraße anhalten lassen.

(SZ)

9.4 "Bei"-Einstieg

Nachrichten über Unglücke bzw. Polizei- und Feuerwehreinsätze werden oft mit dem Wort "Bei" und einer Kurzdarstellung des "Wie?" eingeleitet (Beispiele A, B, C, D).

(A) **PARIS (rtr)** - Bei einer Großrazzia hat die französische Staatssicherheitspolizei (DST) am Mittwoch früh im Zusammenhang mit der jüngsten Serie von Bombenanschlägen in Paris etwa 50 Personen aus dem Nahen Osten festgenommen. […]

(B) **SHIMODA (rtr)** - Bei einem Brand in einem Hotel in Japan sind vermutlich 24 Menschen getötet worden. […]

(C) **KARATSCHI (rtr)** - Bei neuen Unruhen zwischen Paschtunen und Mohajirs sind in Karatschi ein Mann getötet und acht Personen verletzt worden. […]

(D) **FRANKFURT (rtr)** - Bei einem Chlorgas-Unfall in Frankfurt sind am Montag morgen nach Angaben der Staatsanwaltschaft 15 Personen verletzt worden. Der Unfall geschah auf dem Gelände einer Schrottfirma im Frankfurter Osthafen. Aus zunächst ungeklärter Ursache sei aus einem Faß Chlorgas ausgetreten. […]

Im letzten Beispiel (D) werden in den drei Sätzen des Vorspanns alle "W"-Fragen beantwortet. Nach dem "Wie?"-Einstieg folgen "Wo?", "Wann?", "Welche Quelle?", "Wer?" und "Was?" sowie nähere Angaben zum "Wo?". Der dritte Satz enthält eine Aussage über die Ursache ("Warum?"), die zunächst noch ungeklärt war.

9.5 "Warum?"-Einstieg

Im Nachrichtenjournalismus geht es meistens eher um "Was?"-Fragen als um "Warum?"-Fragen. Dargestellt wird vor allem das, was sich ereignet hat. Doch wenn die Ursachen von Ereignissen bekannt und wichtig sind, können sie als Einstieg in den Vorspann dienen.

(A) BRESCIA (AP) - Wegen eines Schnarchers im Publikum ist, italienischen Zeitungsberichten zufolge, auf der Bühne des Teatro Grande im italienischen Brescia eine Aufführung von Shakespeares Drama "Macbeth" noch vor der Schlußszene abgebrochen worden. Vor allem das Gelächter im Publikum über den Schnarcher hatte Gabriele Lavia, Regisseur und Darsteller des Macbeth, derart in Rage gebracht, daß er sich während der Sterbeszene der Lady Macbeth wütend umdrehte und die Bühne verließ. Lady Macbeth, gespielt von Monica Guerritore, blieb daraufhin am Leben; der Vorhang fiel und hob sich trotz des sofort einsetzenden Applauses nicht wieder.

(B) HAGEN (AP) - Aus Furcht vor einem Bombenanschlag hat die Polizei in Hagen einen ausgedienten Staubsauger in die Luft sprengen lassen. Nach Mitteilung eines Sprechers entdeckte eine Polizeistreife den Staubsauger in der Nacht zum Sonntag vor dem Hauptportal des Hagener Landgerichts. Aufgeschreckt durch die zahlreichen Bombenanschläge der jüngsten Zeit, schlugen die Beamten Alarm. Zunächst sei der Hausmeister geweckt und über den Staubsauger befragt worden. Da er keine Angaben über dessen Herkunft machen konnte, "sind die Polizisten erst einmal auf Distanz zu dem Staubsauger gegangen, haben die Straße gesperrt und einen Feuerwerker in Münster alarmiert", berichtete der Sprecher. Dieser sprengte das Reinigungsgerät dann gegen 2.30 Uhr morgens an Ort und Stelle. "Dabei stellte sich heraus, daß das Innenleben des Geräts das Innenleben eines ganz normalen Staubsaugers war", sagte der Polizeisprecher.

Unbedingt notwendig ist es, einen "Warum?"-Einstieg zu wählen, wenn die Ursache für ein Ereignis gegenüber allen anderen Fragen dominiert (Beispiele A,B).

In den folgenden Beispielen haben die Nachrichtenagentur (C) und die Tageszeitungen (D, E) - bei Unterschieden im Detail - dem "Warum?"-Einstieg den Vorzug gegeben. Damit ist die zentrale Information so früh wie möglich präsentiert worden.

(C) FRANKFURT (dpa) - Die Geistesgegenwart eines Lufthansa-
Kapitäns hat auf dem Frankfurter Flughafen ein schweres Unglück
verhindert. [...]

(D) FRANKFURT - Glückliche Umstände haben auf dem Frankfurter
Rhein-Main-Flughafen bewirkt, daß die Kollision eines startenden
Großraumflugzeugs mit einem Vorfeldfahrzeug glimpflich abgelaufen
ist. [...]

(FAZ)

(E) FRANKFURT - Die Reaktionsschnelligkeit eines Lufthansakapitäns
hat auf dem Frankfurter Rhein-Main-Flughafen ein möglicherweise
schweres Unglück verhindert. [...]

(SZ)

Ein anderer Einstieg hingegen wird in diesem Fall dem Charakter dieses
Ereignisses nicht gerecht (Beispiel F); die zentrale Information - Flugkapitän
verhindert Katastrophe - kommt zu spät.

(F) FRANKFURT - Während des Startvorgangs auf der Nordbahn des
Frankfurter Flughafens ist am Sonntagnachmittag eine Boeing 747 der
Lufthansa mit einem Vorfeld-Kleinbus zusammengestoßen. [...]

(FR)

Wenn hingegen die Ursache nicht bekannt ist, sollte kein "Warum?"-Ein-
stieg wie in Beispiel (G) gewählt werden. Hier wäre es besser, die Formulierung "aus ungeklärter Ursache" weiter nach hinten zu nehmen; als Einstiegsinformation ist sie überbewertet.

(G) BERLIN (AP) - Aus ungeklärter Ursache ist am Mittwochvormittag
im DDR-Braunkohlenkraftwerk Boxberg der Maschinenraum des Blocks
13 explodiert. Das Feuer konnte nach Angaben der regierungsamtlichen
Nachrichtenagentur ADN bis zum frühen Nachmittag noch nicht unter
Kontrolle gebracht werden. Mindestens 10 Mitarbeiter des Kraftwerks
wurden den Angaben zufolge verletzt. Sie wurden im Kreiskrankenhaus
Weißwasser stationär behandelt. Durch den Unfall gingen der Strom-
versorgung der DDR nach eigenen Angaben 1000 Megawatt verloren.
Das Kraftwerk hat eine Kapazität von 3500 Megawatt und ist westlichen Angaben zufolge das größte seiner Art in Europa. Es besteht aus

zwölf neuentwickelten Blöcken zu je 210 Megawatt, die erstmals 1970 zum Einsatz kamen, und aus zwei weiteren Superblöcken zu je 500 Megawatt.

9.6 Schlagzeilen-Einstieg

Als besonderen Leseanreiz verwenden vor allem Boulevardzeitungen eine Form des Einstiegs, die wir "Schlagzeilen-Einstieg" nennen. Dabei wird die Antwort auf die "Was?"-Frage auf eine kurze Formel gebracht und einem modifizierten Vorspann (→ Kapitel 8.2) vorangestellt (Beispiel A).

(A) **TAUFKIRCHEN** - Unbekannte Täter hatten offensichtlich den Durchblick: Sie ließen aus dem Lager einer Vertriebsfirma aus Taufkirchen 10.000 Brillengestelle mitgehen. Einkaufswert: 300.000 Mark. Die weitsichtigen Ganoven waren nachts durch ein Kellerfenster eingestiegen. **(exp)**

Dies ist die knappste Form des Einstiegs, wobei nach der einleitenden Schlagzeile gewöhnlich ein Doppelpunkt steht (→ dazu Kapitel 16.2). Dann folgt eine nähere Erläuterung der Einstiegsinformation (Beispiel B).

(B) **MÜNCHEN (dpa)** - Wechsel an der Spitze des Bayerischen Obersten Landesgerichts: Das bayerische Kabinett ernannte am Dienstag den Ministerialdirigenten Gerhard Herbst (59) zum Präsidenten der in der Bundesrepublik einmaligen Einrichtung. [...]

Der "Schlagzeilen"-Einstieg ist nicht nur medien-, sondern auch themenabhängig. Für den Handlungsbericht eignet er sich besonders gut, wobei darauf zu achten ist, daß die weitere sprachliche Darstellung der Schlagzeilen-Form des Anfangs entspricht (Beispiel C).

(C) **ST. LOUIS** - Tödlicher Streit zwischen zwei Brüdern um acht Rollen Klopapier: Der Arbeiter Nathan Hicks (35) erschoß seinen Bruder Herbert (33), weil der seiner Ansicht nach innerhalb kurzer Zeit zuviel von den "kostbaren" Rollen verbraucht hatte!
Am Samstag hatte Nathan Hicks, der sich seit acht Jahren mit seinem arbeitslosen Bruder ein kleines Appartement in St. Louis im US-Bundesstaat Missouri teilt, im Supermarkt groß eingekauft. Unter anderem auch acht Rollen Toilettenpapier. Und stellte Montag früh wut-

entbrannt fest: Bereits sechs Rollen waren aufgebraucht. Nathan Hicks, außer sich vor Zorn, schnappte sich sein 22-Kaliber-Gewehr und tötete seinen Bruder mit zwei Schüssen in die Brust.

Unmittelbar nach der Tat alarmierte er zwar den Notarzt - doch zu spät. Herbert Hicks starb drei Stunden später im Krankenhaus von St. Louis.

Montagmorgen stellte sich der Todesschütze selbst der Polizei. Die Anklage ist bereits raus: wegen Totschlag. Die Todesstrafe hat er deshalb keinesfalls zu befürchten. Die Polizei: "Die zwei hatten seit Jahren wegen Klopapier Streit."   (exp)

10 VORSPANN-BRÜCKE

10.1 Funktion

Nachrichten werden so kurz und knapp wie möglich geschrieben. Das bedeutet aber nicht, daß sie abgehackt formuliert werden sollen, in einem "Asthma-Stil"; Informationen in Stenogramm-Form bleiben unverständlich. Notwendig ist es deshalb, die einzelnen Sätze und Absätze sinnvoll miteinander zu verbinden.

Vor allem nach dem Einstieg - beim summarischen Vorspann (→ Kapitel 8.1) also gewöhnlich im zweiten Satz - darf kein Bruch entstehen. Dazu wird ein Übergang von der zentralen Information zu den weiteren Informationen geschaffen (Beispiele A, B). Diesen Übergang nennen wir "Vorspann-Brücke". Sie ist von besonderer Bedeutung für den inhaltlichen und sprachlichen Zusammenhang einer Nachricht.

(A) **MAILAND** (AP) - Ein Gericht in Mailand hat 32 Personen als linksgerichtete Terroristen zu unterschiedlichen Strafen verurteilt. Die Angeklagten, die der "Brigade 28. März" und den "Kämpfenden Kommunistischen Zellen" angehörten, wurden für schuldig befunden, eine Serie von Anschlägen ausgeführt zu haben. [...]

(B) **KASSEL** (AP) - Schon ein privater Umweg von zwei- bis dreihundert Metern auf Betriebs- und Geschäftswegen führt zum Verlust des gesetzlichen Unfallversicherungsschutzes und damit der Hinterbliebenenrente, wenn der Versicherte auf dem Umweg tödlich verunglückt. Das hat das Bundessozialgericht entschieden. Der Spruch gilt etwa, wenn der Umweg dazu benutzt wird, einen privaten Besuch abzustatten oder eine Gastwirtschaft aufzusuchen.

In beiden Fällen wird hier eine Brücke zwischen dem ersten und dem zweiten Satz geschlagen. Dazu bieten sich verschiedene Konstruktionen an.

10.2 "W"-Fragen als Brücke

In der Vorspann-Brücke, die für den inhaltlichen und sprachlichen Zusammenhang zwischen dem Einstieg und den weiteren Informationen sorgt, werden häufig die Antworten auf folgende Fragen untergebracht:

- Wann und wo hat sich etwas ereignet?

- Wann und wo hat jemand etwas gesagt?

- Wie/bei welcher Gelegenheit/in welchem Zusammenhang ist etwas zustandegekommen?

Die Antworten auf die im allgemeinen weniger wichtigen "W"-Fragen ("Wann?", "Wo?", manchmal "Wie?") eignen sich besonders gut dazu, als Vorspann-Brücke genutzt zu werden. Übergeleitet wird dann oft am Anfang des zweiten Satzes mit "Auf einer..." (Beispiel A), "In einer..." oder "Bei einer..." (Veranstaltung).

(A) **FRANKFURT** - Einen stärkeren Einsatz für die zwei Millionen Rußlanddeutschen hat der Vorsitzende der Internationalen Gesellschaft für Menschenrechte (IGfM), Reinhard Gnauck, von der Bundesregierung verlangt. Auf einer Gedenkveranstaltung der IGfM zum Tag der Rußlanddeutschen am Wochenende in Frankfurt verwies Gnauck auf das beispielhafte Engagement Israels für die Juden in der Sowjetunion. [...]
(DW)

10.3 Quelle als Brücke

Auch die Quelle einer Nachricht wird oft als Vorspann-Brücke verwendet. Die Brücke enthält dann Angaben darüber, wer bestimmte Aussagen gemacht oder Informationen gegeben hat, oder woher der Journalist seine Informationen erhalten hat. Die Nennung der Quelle steht meistens im zweiten oder dritten Satz (→ dazu auch Kapitel 14.4).

(A) **BREMEN (rtr)** - Auf einfache Weise wollten zwei 15 und 16 Jahre alte Bremer Jungen an Geld kommen: Ein 19jähriges Mädchen sollte für sie arbeiten - als Animierdame in einer Nachtbar. Die Polizei machte dem Treiben der Jungen ein Ende, als die 19jährige die beiden anzeigte. Nach Mitteilung eines Polizeisprechers vom Freitag hatten sich die Jungen und die 19jährige in einem Cafe kennengelernt. [...]

Hier (Beispiel A) ist die Quelle mit der Formulierung "Nach Mitteilung" eingeführt worden. "Nach Mitteilung", "Nach Auskunft", "Nach den Worten" oder "Nach Angaben" wird oft als Vorspann-Brücke im Zusammenhang mit der Quelle verwendet (Beispiele B, C).

(B) **SYDNEY (rtr)** - Ein Räuber in Sidney hat sich gestern (Dienstag) abend die Angst vor der bisher unheilbaren AIDS-Krankheit zunutze gemacht. Nach Auskunft der australischen Polizei kam der etwa 20jährige Mann in einen Eisenwarenladen, zeigte der Besitzerin eine Spritze mit blanker Kanüle und forderte die Tageseinnahmen. "Ich habe AIDS", rief er der Frau zu. "Kasse auf, oder ich steche zu !" Der Räuber entkam mit umgerechnet 115 Mark.

(C) **MANILA (rtr)** - Das amerikanische Kriegsschiff "Sealift Arctic" hat gestern (Montag) im Südchinesischen Meer über 300 Flüchtlinge aus Vietnam an Bord genommen. Nach Angaben eines US-Marinesprechers in Manila trieben die Vietnamesen rund acht Tage lang ohne Nahrungsmittel und Trinkwasser in der See.

Bei der Nutzung der Quelle als Vorspann-Brücke werden häufig auch "Wie"-Konstruktionen gewählt (Beispiele D, E); einige Nachrichtenagenturen und Tageszeitungen lehnen sie freilich aus sprachlichen Gründen ab.

(D) **HAMBURG (dpa)** - Immer mehr Bundesbürger verbringen ihre Freizeit an elektronischen Unterhaltungsautomaten. Wie der Verband der deutschen Automatenindustrie am Mittwoch in Hamburg mitteilte, hat sich beispielsweise die Zahl der von Mikroprozessoren gesteuerten Video-Spiele innerhalb eines einzigen Jahres vervierfacht. [...]

(E) **PARIS (rtr)** - Bei den Ermittlungen im Zusammenhang mit den Bombenanschlägen der vergangenen Woche in Paris ist die französische Polizei auf neun Personen aus dem Mittleren Osten gestoßen, nachdem entsprechende Hinweise aus deutschen und schweizerischen Behörden eingegangen waren. Wie heute aus Polizeikreisen verlautete, waren am Freitag sieben Männer, überwiegend Syrer und Libanesen, nach einem schweizer Hinweis festgenommen und im Zusammenhang mit der dritten Bombenexplosion verhört worden. [...]

Die Nutzung der Quelle als Vorspann-Brücke im Zusammenhang mit einer "Wie"-Konstruktion erlaubt häufig auch, direkt zu weiteren "Was?"-Informationen überzuleiten.

(F) HELSINKI (dpa) - Die finnische Polizei hat einen sowjetischen Soldaten festgenommen, der sich zusammen mit einem Kameraden von seiner Einheit in der Nähe der finnischen Grenze entfernt hatte. Wie die Polizei in Helsinki mitteilte, hatte sich der zweite Soldat inzwischen bei der sowjetischen Botschaft in der finnischen Hauptstadt gemeldet und war in die Sowjetunion zurückgeschickt worden. Nach Polizeiangaben hat der in der Nähe von Lahti in Südfinnland festgenommene Sowjetbürger noch nicht um politisches Asyl gebeten. [...]

Hier (Beispiel F) werden mit Hilfe der Brücke zwei Informationen (Festnahme des einen Soldaten, Rückkehr des anderen Soldaten) miteinander verbunden. Eine Variante ist die Überleitung mit "Wie?" im dritten Satz, nachdem im zweiten Satz zunächst die Quelle genannt worden ist (Beispiel G).

(G) NEU DELHI (dpa) - Wilderer haben allein in den vergangenen zwei Monaten im ostindischen Nationalpark Kaziranga 30 Nashörner erlegt, um mit dem Horn der geschützten Tiere Geschäfte zu machen. Das teilten Angestellte des Wildschutzes am Sonntag mit. Wie es weiter hieß, ist die Nachfrage nach dem vor allem wegen seiner angeblich aphrodisiakischen Wirkung begehrten Horn groß: Der Preis auf dem Schwarzmarkt sei von rund 14.000 Mark pro Kilo auf 16.000 Mark gestiegen.

Manchmal wird die Quelle ohne weitere sprachliche Verbindung direkt an den Anfang des zweiten Satzes gestellt; dann folgen Einzelheiten zu der zentralen Information im ersten Satz (Beispiele H, I).

(H) LONDON (AP) - Zwei arbeitslose britische Schildermaler, die im Rahmen eines Arbeitsbeschaffungsprogramms eine historische Kirche in Wales renovieren sollten, haben dabei auch Wandmalereien mit frischer Farbe übermalt und ihr Werk anschließend stolz signiert. Ein Sprecher der Königlichen Kommission für Altertümer und historische Monumente zollte dem Werk jedoch keine Anerkennung und bezeichnete es schlicht als "historische Katastrophe". [...]

(I) **PARIS (rtr)** - In einem Pariser Restaurant ist am Mittwoch früh eine Bombe explodiert. Die Polizei teilte mit, niemand sei verletzt worden, der Sachschaden sei gering. [...]

Nachrichtenagenturen schreiben ihren Mitarbeitern vor, spätestens im dritten Satz anzugeben, woher ihre Informationen stammen (Ausnahme: Der Reporter berichtet als Augenzeuge). Deshalb ist die Quelle als Vorspann-Brücke oft eine besonders gute Lösung.

10.4 Trennung Organisation/Person

Eine weitere Variante der Vorspann-Brücke ist die Trennung von Organisation und Person.

(A) **NEW YORK (rtr)** - Die Schweizerische Bankgesellschaft (SBG) macht sich für den Einstieg in das Emissionsgeschäft mit US-Regierungsanleihen bereit. Der Vizedirektor der SBG-Tochter UBS Securities Inc., Paul Devlin, sagte am Mittwoch abend, er rechne damit, innerhalb eines Jahres die Zulassungen zu erhalten. [...]

Bei dieser Vorspann-Brücke (Beispiel A) wird im ersten Satz die Organisation mit der allgemeinen Information ("Was?") präsentiert; dann wird im zweiten Satz der Faden mit Hilfe der Person wieder aufgenommen, die im Namen der Organisation etwas Konkretes getan oder gesagt hat, das mit der zentralen Information in Beziehung steht. Meistens handelt es sich dabei um eine Führungsperson, die mit der Organsation gleichgesetzt werden kann.

10.5 "Wer?"-Wiederholung

Zweckmäßig ist auch ein ähnliches Mittel für die Vorspann-Brücke: die Wiederholung des "Wer?". Dabei wird z.b. zu Beginn des zweiten Satzes der Name wiederholt (Beispiel A).

(A) **SAN FRANCISCO (dpa)** - Der ehemalige Funker der US-Marine, Jerry Whitworth, ist von einem Richter in San Francisco wegen Spionage zu lebenslanger Haft verurteilt worden. Whitworth, der zum Spionagering der Walker-Familie gehörte, war am 24. Juli von den Geschworenen für schuldig befunden worden, der UdSSR unter anderem hochgeheime Verschlüsselungssysteme für die Kommunikation der US-Marine-Einheiten im Pazifischen und Indischen Ozean verkauft zu haben. Whitworth soll dafür 332.000 Dollar von den Sowjets erhalten haben. [...]

Für das "Wer?" kann bei der Wiederholung aber auch ein Synonym gewählt werden (B).

(B) **TURIN (dpa)** - Der 34 Jahre alte Lastwagenfahrer Giancarlo Giudice hat gestanden, in Turin und Umgebung acht Prostituierte ermordet zu haben. Der Mann legte das Geständnis nach Angaben der Justizbehörden der norditalienischen Industriestadt im Verlauf eines achtstündigen Verhörs ab. [...]

Eine "Wer?"-Wiederholung ist auch bei Organisationen möglich (Beispiel C).

(C) **BERLIN (rtr)** - Das Umweltbundesamt hat vor Wasserenthärtungsanlagen für private Haushalte gewarnt. Die Behörde teilte am Mittwoch in Berlin mit, diese Anlagen, die das gesamte Haushaltswasser unabhängig vom Verwendungszweck enthärten, seien "umweltbelastend und gesundheitlich unerwünscht". [...]

10.6 Identifizierung als Brücke

Auch die nähere Identifizierung der handelnden Person (Alter, Beruf/ Funktion, Wohnort) kann als Vorspann-Brücke genutzt werden.

(A) **PARIS (dpa)** - Der Rat der Europäischen Weltraumagentur (ESA) hat den deutschen Diplom-Ingenieur Jörg Feustel-Büechl zum neuen Direktor für Raumtransportsysteme ernannt. Der 46jährige aus München wird Nachfolger des in den Ruhestand getretenen Franzosen Michel Bignier. Feustel-Büechl leitete bisher bei der MAN die Abteilung für Entwicklung, Produktion und Qualität. Er ist auch Mitglied im Aufsichtsrat der für die Vermarktung der Europarakete Ariane zuständigen Gesellschaft Arianespace. Er wird seine Arbeit bei der ESA im Herbst aufnehmen.

Die Person ist in dieser Nachricht (Beispiel A) durch eine Fülle von Informationen identifiziert worden (→ dazu auch Kapitel 15.3). Das Alter diente dabei als Vorspann-Brücke.

10.7 "Was?"-Aufteilung

Eine weitere Variation der Vorspann-Brücke ergibt sich aus der Aufteilung der "Was?"-Antwort auf zwei Sätze.

(A) **KIEL (dpa)** - Vor einer Klimakatastrophe nach einem weltweiten Atomwaffenkrieg haben Geophysiker gewarnt. Die Temperaturen würden monatelang etwa 15 Grad niedriger sein als nomalerweise, sagte der belgische Wissenschaftler Andre Berger in Kiel bei der Abschlußpressekonferenz der gemeinsamen Tagung der Europäischen Geophysikalischen Gesellschaft (EGS) und der Europäischen Seismologischen Kommission (ESC). [...]

Hier (Beispiel A) wird das "Was?" im ersten Satz zusammengefaßt; eine wichtige Konkretisierung des "Was?" folgt dann als Brücke zu Beginn des zweiten Satzes.

(B) **ROM (dpa)** - Italiens Gewerkschaften wollen in der Urlaubszeit auf
Streiks bei der Eisenbahn, im Flugverkehr, im Fährverkehr und bei den
öffentlichen Nahverkehrsmitteln verzichten. Eine entsprechende Selbst-
verpflichtung ist am Samstag in Kraft getreten. [...]

In diesem Beispiel (B) folgt dem "Was?" (Anfangssatz) eine Zusatzinforma-
tion als Vorspann-Brücke, die die "Wann?"-Antwort gleich mit einschließt.
   Die Aufteilung des "Was?" als Vorspann-Brücke wird also sowohl im Zitatenbericht (→ Kapitel 5) als auch im Tatsachenbericht (→ Kapitel 3) eingesetzt. Im ersten Satz steht dann z.B. das Resümee einer Rede oder das
Ergebnis eines Ereignisses. Im zweiten Satz folgen Ergänzungen.

10.8 Formelhafter Übergang

Wenig Probleme bereitet insbesondere der formelhafte Übergang, der
beim modifizierten Vorspann Verwendung findet (→ Kapitel 8.2). Der Inhalt wird dabei im ersten Satz kurz thematisiert; die Brücke wird mit einer
Formulierung wie "Das sagte", "Dies ist das Ergebnis" oder "Dies empfiehlt"
eingeleitet (Beispiel A).

(A) **DÜSSELDORF** - Mehrere Millionen Gläser mit Babykost, in der im
vorigen Jahr synthetisches Östrogen festgestellt wurde, sind vernichtet
worden. Das teilten gestern betroffene Firmen mit. [...]   **(NRZ)**

(B) **DÜSSELDORF (rtr)** - Nur knapp die Hälfte der Autofahrer legt bei
Ortsfahrten den Sicherheitsgurt an. Dies geht aus einer Überprüfung
von mehr als 288.000 Fahrzeugführern hervor, die die nordrhein-
westfälische Polizei im August durchgeführt hat. Ein Sprecher des
nordrhein-westfälischen Innenministeriums teilte dazu am Dienstag in
Düsseldorf mit, daß insbesondere innerhalb geschlossener Ortschaften
von vielen Autofahrern der Gurt nicht angelegt werde. [...]

Bei diesem Beispiel (B) ist die zentrale Information ("Was?") im ersten Satz
enthalten. Weitere Informationen ("Wer?", "Wann?", "Wo?") sowie zusätzliche Details ("Was?") folgen im zweiten und dritten Satz. Sie bilden, eingeleitet durch "Dies", die Vorspann-Brücke, die den Einstieg mit den folgenden Sätzen verbindet.

Ein solcher formelhafter Einstieg und Übergang hat aber nur Sinn, wenn knapp und verständlich formuliert wird. Im folgenden Beispiel (C) ist der erste Satz zu kompliziert, so daß eine andere Form hier besser wäre.

(C) MÜNCHEN (dpa) - Eine Novellierung des 1972 vom Deutschen Bundestag einstimmig verabschiedeten Tierschutzgesetzes könnte allenfalls die Forschung behindern und auf Teilgebieten sogar unmöglich machen, zum Tierschutz selbst jedoch kaum beitragen. Dies ist das Ergebnis einer umfangreichen Stellungnahme der Max-Planck-Gesellschaft (MPG) zu dem Änderungsantrag, der derzeit dem Bundestag vorliegt, sowie zu einer angekündigten Initiative der Interparlamentarischen Arbeitsgemeinschaft, die ebenfalls Tierversuche erschweren will.

TEST C (Kapitel 7-10)

1. Im **Nachrichten-Vorspann** sollten möglichst viele der "W"-**Fragen** beantwortet werden. Wie lauten diese Fragen?

2. Bitte ergänzen Sie:

   Bei Berichten ist der **Vorspann** maximal _ _ _ _ bis _ _ _ _
   _ _ _ _ _ (bzw. _ _ _ _ _ _ _ _ _ _ _) lang.

3. Was ist richtig?

   (A) Im Nachrichten-Vorspann werden möglichst viele Detailinformationen dargestellt.

   (B) Im Nachrichten-Vorspann werden nur so viele Detailinformationen dargestellt, wie zum Verständnis des Zusammenhangs notwendig sind.

4. Die Agenturfassung zum Eifersuchts-Drama in Geseke (Beispiel 4.1 (A)) ist korrekturbedürftig: Es fehlt ein wichtiges "W"; ein Verb ist fehl am Platze.

   (A) GESEKE/SOEST (dpa) - Der Streit zwischen Gästen um eine 23jährige Frau eskalierte am Samstag in einer Gastwirtschaft in Geseke bei Soest zu einem Blutbad. Ein eifersüchtiger Ehemann erschoß mit einer Schrotflinte einen Polizisten, den Gastwirt und

verletzte drei weitere Beamte. Dann verbarrikadierte sich der Amok-
Schütze in seiner Wohnung. 40 Beamte belagerten das Haus. Erst
nach zwei Stunden gab der Mann auf.

(A)   Welches wichtige "W" fehlt?
(B)   Welches Verb ist schlecht gewählt?

5.   Benennen Sie die "W" im folgenden Nachrichten-Vorspann:

MARBURG (dpa) - Bei einem Bombenanschlag auf eine Filiale
der Dresdner Bank in Marburg ist am Dienstagmorgen erheblicher
Sachschaden angerichtet worden. Die Explosion zerstörte Teile der
Fassade an der Rückseite des Gebäudes und Einrichtungsgegenstände
in der Schalterhalle. Menschen wurden nicht verletzt. Die Polizei geht
von einer politisch motivierten Tat aus. [...]

6.   Schreiben Sie eine Zusammenfassung von Kapitel 7, in der die wichtigsten Informationen des Textes enthalten sind. Die Länge soll
maximal fünf Zeilen mit je 50 Anschlägen betragen.

7.   Benennen Sie die **Vorspann-Formen** in den folgenden beiden
Beispielen:

(A) MOSKAU (AFP) - Wegen "sexueller Belästigung" einer
jungen Kollegin am Rande einer Sitzung des Obersten Sowjet im De-
zember in Moskau ist der russische Abgeordnete Wladimir Nesterow
aus Tambow in Südrußland aus der Partei ausgeschlossen worden.
Nach Berichten der sowjetischen Zeitung "Sowjetskaia Rossia" ließen
die belastenden Zeugenaussagen des Opfers, dessen Identität nicht be-
kanntgegeben wurde, keinen Zweifel an der Tat aufkommen.

(B) BONN (dpa) - Die Bundesregierung will das Monopol der
Technischen Überwachungsvereine (TÜV) bei der Prüfung von Kraftfahrzeugen weiter lockern. Neben den bereits bestehenden Organisationen TÜV und dem privaten Deutschen Kraftfahrzeug-Überwa-

chungsverein (DEKRA) sollen künftig auch Organisationen von freien Sachverständigen bei den Ländern die Zulassung für Sicherheitsüberprüfungen von Kraftfahrzeugen beantragen können. Darauf verständigten sich die Bundesministerien für Wirtschaft und Verkehr. [...]

8. Ergänzen Sie bitte die folgenden Aussagen zu den Merkmalen des **modifizierten Vorspanns**:

Sein Vorteil ist bei komplizierteren Sachverhalten die
_ _ _ _ _ _ _ _ _ _ _ _ _ _ _ _. Ohne direkte Quellenangabe besteht aber die Gefahr von _ _ _ _ _ _ _ _ _.

9. In welchen Fällen sollte man einen **anonymen** Nachrichten-**Vorspann** verwenden ?

(A) Wenn die Person weniger wichtig ist als das Ereignis.

(B) Wenn man die Namen der beteiligten Personen nicht kennt.

(C) Wenn zuviele Namen den Vorspann überladen würden.

10. In welchem der beiden folgenden Beispiele ist der **Vorspann** verständlicher?

(A) MÜNCHEN (AP) - Frauen, die häufig Diät halten, drohen Zyklusstörungen bis hin zur Unfruchtbarkeit. Das ist das Ergebnis von Untersuchungen des Max-Planck-Instituts für Psychiatrie in München, die am Donnerstag veröffentlicht wurden. Danach können Hungerkuren unter anderem dazu führen, daß keine Eizelle im Körper der Frau heranwächst und somit der Eisprung ausbleibt. Selbst geringe Gewichtsverluste, wie sie nach vielen Reduktionsdiäten aufträten, könnten schon zu Zyklusstörungen führen. Das gelte auch, wenn das Idealgewicht nicht unterschritten werde. [...]

(B) **DEN HAAG** - Bei dem Anhörungsverfahren im Streit zwischen den Vereinigten Staaten und den Vereinten Nationen über eine Schließung der UN-Vertretung der Palästinensischen Befreiungsorganisation (PLO) in New York hat der UN-Vertreter am zweiten Verhandlungstag die Ansicht vertreten, Washington verletze den zwischen den Vereinigten Staaten und der Weltorganisation bestehenden Vertrag über den Sitz der Vereinten Nationen. Gleichzeitig beharrte der UN-Vertreter darauf, daß eine Konfliktbeilegung nur durch einen Schiedsspruch herbeigeführt werden sollte. [...]

(FAZ)

1 1 . In Beispiel 8.1 (B) ist, wie wir gesehen haben, der **Vorspann** durch zuviele "W" und zuviele Details überladen:

GELSENKIRCHEN (rtr) - Der Reichsbund der Kriegsopfer, Behinderten, Sozialrentner und Hinterbliebenen hat am Samstag in Gelsenkirchen die Bundesanstalt für Arbeit in Nürnberg aufgefordert, unnachsichtig mit Geldbußen gegen solche Arbeitgeber vorzugehen, die ihre gesetzliche Verpflichtung zur Beschäftigung von mindestens sechs Prozent Schwerbehinderter vorsätzlich oder fahrlässig nicht erfüllen. Präsidiumsmitglied Fritz Stiller nannte es vor mehr als 500 Delegierten des Reichsbundes aus der gesamten Bundesrepublik einen moralischen Skandal, daß einerseits im Bundesgebiet mehr als 70.000, allein in Nordrhein-Westfalen mehr als 30.000 Schwerbehinderte arbeitslos sind, andererseits von mehr als einer Million der gesetzlichen Pflichtarbeitsplätze für diesen Personenkreis mehr als 200.000 unbesetzt sind. [...]

Schreiben Sie bitte die Nachricht so um, daß insbesondere der *"Lead"*-Satz verständlicher wird.

1 2 . Schreiben Sie eine Zusammenfassung von Kapitel 8, in der die wichtigsten Informationen des Textes enthalten sind. Die Länge soll maximal fünf Zeilen mit je 50 Anschlägen betragen.

13. Bitte ergänzen Sie:

Als Vorspann-Einstieg wird möglichst das _ _ _ _ _ _ _ _ _ _ _ _ _
gewählt. Beim "Schlagzeilen-Einstieg" wird die Antwort auf die
_ _ _ _ _ _ -Frage in eine kurze Formel gefaßt.

14. Der **Vorspann-Einstieg** beantwortet meistens die Frage,

(A) wer etwas getan (gesagt) hat;
(B) was wer getan (gesagt) hat;
(C) wo sich etwas ereignet hat;
(D) wie sich etwas ereignet hat;
(E) warum sich etwas ereignet hat.

Zwei dieser Aussagen sind richtig. Welche sind das?

15. Welcher **Vorspann-Einstieg** ist besser?

(A) KARLSFELD - "Unsere Umwelt ruft um Hilfe"
lautet einer der Leitsätze, mit denen die FDP in
den nächsten bayerischen Kommunalwahlkampf ziehen
will.

(B) KARLSFELD - Der Bezirksausschuß Kommunalpolitik des FDP-Bezirksverbandes Oberbayern hat den
Entwurf eines liberalen Kommunalwahlprogrammes
vorgelegt.

16. Welcher **Vorspann-Einstieg** ist bei den beiden folgenden
Beispielen gewählt worden?

(A) PEKING (dpa) - Aus Protest gegen die nach ihrer Ansicht
"unfaire und verzerrte Berichterstattung" der offiziellen chinesischen
Medien über ihre Demonstrationen haben mehrere hundert Studenten

der Peking-Universität gestern auf dem Campus stapelweise Zeitungen verbrannt. [...]

(B) **SCHWALMSTADT (dpa)** - Frierend, aber unversehrt hat der dreijährige Denis Martin aus Schwalmstadt (Schwalm-Eder-Kreis) am Donnerstagabend den Diebstahl des Autos seiner Eltern überstanden, in dessen Fond er gerade ein Nickerchen machte. Nach Auskunft der Kriminalpolizei hatte der Vater den Kombiwagen mit dem schlafenden Jungen gegen 17.30 Uhr vor einem Geschäft abgestellt und den Schlüssel nicht abgezogen. Kurz darauf war ein Dieb mit Auto und Kind verschwunden. Gegen 23.00 Uhr waren Fahrzeug und Junge unversehrt von einer Polizeistreife entdeckt worden. Der Dieb hatte das Fahrzeug verlassen, nachdem es im Morast steckengeblieben war. Von dem Täter fehlt noch jede Spur.

17. Bitte ergänzen Sie:

Wenn die Umstände eines Ereignisses besonders wichtig sind, sollte ein _ _ _ _ _ _ -Einstieg gewählt werden. Wenn die Ursache eines Ereignisses besonders wichtig und wenn sie bekannt ist, sollte ein _ _ _ _ _ _ _ _ -Einstieg gewählt werden.

18. Bitte analysieren Sie den folgenden Agenturbericht. Welche "W" sind in welchem Absatz beantwortet worden? (A)

WASHINGTON - Der amerikanische Präsident X.Y. hat am Samstag die Beseitigung aller Elendsviertel in den Vereinigen Staaten innerhalb der nächsten zwei Jahre angekündigt.

X.Y. sagte auf einer Kundgebung in Washington, "nur mit einem solchen Radikalprogramm" könne eine der wichtigsten Ursachen der sozialen Unzufriedenheit und Unruhe vor allem unter den farbigen Amerikanern aus der Welt geschafft werden.

Der amerikanische Präsident sprach zu den mehr als 200.000 Teilnehmern einer Demonstration der Bürgerrechtsbewegung vor dem Capitol, dem Sitz des amerikanischen Parlaments. Er wurde mehrfach von

minutenlangem Beifall unterbrochen. Nach seiner
Rede nahmen ihn jubelnde Demonstranten auf ihre
Schultern.

Schreiben Sie zu dieser Nachricht drei verschiedene neue
Einstiegs-Sätze mit dem
• "Was?" als Einstieg (B);
• "Warum?" als Einstieg (C);
• "Wie?" als Einstieg (D).

Setzen Sie dabei für X.Y. den Namen des gegenwärtigen amerikanischen Präsidenten ein.

19. Schreiben Sie eine Zusammenfassung von Kapitel 9, in der die
wichtigsten Informationen des Textes enthalten sind. Die Länge soll
maximal fünf Zeilen mit je 50 Anschlägen betragen.

20. Der Übergang vom Nachrichten-_ _ _ _ _ _ _ _ _ zu den weiteren Informationen wird _ _ _ _ _ _ _ _ _-_ _ _ _ _ _ genannt. Sie stellt den
inhaltlichen und sprachlichen _ _ _ _ _ _ _ _ _ _ _ _ _ im Vorspann her.
Als Vorspann-Brücke eignen sich besonders die Antworten auf die
weniger wichtigen _ _ _ -_ _ _ _ _ _ und die _ _ _ _ _ _ _ _ _ _ _ _ _.

21. Welche drei **"W"-Fragen** werden besonders oft in der **Vorspann-
Brücke** beantwortet?

(A)   Wer hat was getan?
(B)   Wer hat was gesagt?
(C)   Wann und wo hat sich etwas ereignet?
(D)   Wann und wo hat jemand etwas gesagt?
(E)   Wie ist etwas zustandegekommen?
(F)   Warum ist etwas zustandegekommen?

22. Welche Formen der **Vorspann-Brücke** liegen bei den folgenden Beispielen vor ?

(A) **FRANKFURT (AP)** - Mit höheren Steuern und strengen Bauauflagen wollen die Behörden in der Bundesrepublik gegen die explosionsartige Vermehrung der Spielhallen vorgehen. Wie eine Umfrage der Nachrichtenagentur AP am Dienstag ergab, hat sich in den vergangenen Jahren die Zahl dieser Spielstätten in zahlreichen Städten mehr als verdoppelt: Im Saarland verzehnfachte sie sich sogar seit 1980, in Hamburg kommen nach Angaben der Behörden jährlich 30 hinzu, in Westberlin wurden in fünf Jahren aus etwa 600 rund 1200 Spielhallen. […]

(B) **BONN (AP)** - Die Bonner Politiker in Regierung, Regierungs-parteien und Opposition handeln und argumentieren in vielen Bereichen an den Bedürfnissen der Bevölkerung vorbei. Diese Erkenntnis ergibt sich aus einer internen Studie aus dem Bundes-forschungsministerium, in der die Themen von Regierungsberichten und Parlamentarier-Anfragen aus der vergangenen Legislaturperiode den Problemen gegenübergestellt werden, die (laut Umfrage-Ergebnissen und anderen Daten) von der Bevölkerung als besonders wichtig angesehen werden. […]

23. Nennen Sie mindestens vier der sieben Formen der **Vorspann-Brücke**.

24. Analysieren Sie bitte den folgenden Vorspann eines längeren Berichts:

MÜNCHEN - Trendwende in Sachen Scheidung: Immer mehr baye-rische Familiengerichte sprechen das Sorgerecht dem Mann zu. Die Mütter, vor Gericht immer noch erste Wahl bei der Kindererziehung, verzichten von sich aus. Das stellte sich am Wochenende bei einer Tagung Unterhaltspflichtiger in München heraus. Die Betroffenen ha-ben gute Erfahrungen gemacht. Dazu Psychologe Wasilos E. Fthena-kis: "Die Väter sind genauso gute Mütter." [...]

(AZ)

(A)   Welches "W" ist als Einstieg genutzt worden?
(B)   In wievielen Sätzen wird die **"Was?"-Frage** beantwortet?
(C)   Welche **Vorspann-Brücke** liegt hier vor?
(D)   Welche **Vorspann-Form** liegt hier vor?

25. Der folgende **Handlungsbericht** ist falsch aufgebaut. Der Informationskern wurde versteckt; die Darstellung ist nicht nachrichtlich, sondern chronologisch.

Ein tragisches Unglück ereignete sich gestern abend auf dem A-Platz, wo der Zirkus X seit einigen Tagen seine Zelte aufgeschlagen hat. Während der Abendvorstellung stolperte die 39jährige Dompteuse Elvira Dobermann, als sie ihre Elefantentruppe vorführte. Die Dompteuse stürzte. Einer der Elefanten trampelte über die am Boden liegende Frau hinweg und verletzte sie schwer. Die Zuschauer gerieten in Panik und rannten schreiend aus dem Zelt. Ein zweiter Elefant wurde von der Panik angesteckt und lief weg. Der Elefant, der die stürzende Dompteuse tödlich verletzt hatte, blieb über ihr stehen. Er stieß sie vorsichtig mit dem Rüssel an, als wollte er sie zum Aufstehen bewegen. Versuche, an Elvira Dobermann heranzukommen, um die Verletzte in ein Krankenhaus zu bringen, scheiterten an dem Elefanten, der seine Herrin verteidigte und niemanden an sie heranließ. Zirkusarbeiter, die helfen wollten, wurden mit drohend erhobenem Rüssel und Trompetenstößen von dem Elefanten zurückgetrieben. Ein Tierarzt versuchte, den wütenden Elefanten mit Betäubungsschüssen zu beruhigen. Daraufhin drehte das Tier völlig durch, lief Amok und riß alles, was ihm im Weg war, um. Die Zirkusmasten blieben davon auch nicht verschont. Ein Scharfschütze der Polizei tötete schließlich das wütende Tier mit vier Schüssen aus einem großkalibrigen Gewehr. Die Dompteuse starb eine halbe Stunde später an ihren schweren Verletzungen. Der zweite Elefant, der in der allgemeinen Panik davongelaufen war, blieb zunächst verschwunden. Nach Stunden wurde er in Y eingekreist. Der Tierdompteur, der den Elefanten aufgezogen hatte und gut kannte, wurde eigens aus Belgien mit einem Polizeihubschrauber eingeflogen. Er bat die Polizei, das zehn Jahre alte Tier nicht auch noch zu erschießen. Daraufhin wurde er mit dem Polizeihubschrauber nach Y geflogen und in der Nähe des Elefanten abgesetzt. Der Elefant erkannte ihn sofort und ließ sich willig von ihm in den Zirkus auf dem A-Platz zurückführen. Das alles teilte die Polizei mit.

Verfassen Sie zu diesem Bericht einen neuen **Vorspann**, der die wichtigsten Informationen enthält und maximal drei Sätze lang ist. Setzen Sie für "A-Platz" den Namen eines großen Platzes in Ihrer Stadt ein, für "X" den Namen eines bekannten Zirkus und, falls nötig, für "Y" den Namen eines Stadtteils in Ihrer Stadt.

2 6. Schreiben Sie eine Zusammenfassung von Kapitel 10, in der die wichtigsten Informationen des Textes enthalten sind. Die Länge soll maximal fünf Zeilen mit je 50 Anschlägen betragen.

11 ORGANISATION

11.1 Funktion

Nachrichten haben einen **Vorspann** *(lead)* und einen **Hauptteil** *(body)*. Tageszeitungen machen dies bei Berichten (→ Kapitel 2.1) oft auch typographisch deutlich ("zweispaltiger" und/oder "fetter" Vorspann; der Hauptteil dann einspaltig in Normalschrift gesetzt). Im Vorspann wird das Wichtigste/Aktuellste zusammengefaßt oder zumindest thematisiert (→ Kapitel 7), wobei unterschiedliche Formen möglich sind (→ Kapitel 8). Im **Vorspann-Einstieg** (→ Kapitel 9) wird meistens die Frage nach dem "Wer?" und "Was?" beantwortet. Dann folgt die **Vorspann-Brücke** (→ Kapitel 10), die Antworten auf weitere "W"-Fragen enthält und zu Details überleitet. Im Hauptteil werden dann die einzelnen wichtigen Informationen im Zusammenhang dargestellt.

Dieser Nachrichtenaufbau ist so zu organisieren, daß der Leser von einer Information zur nächsten geführt wird. Die Zusammenhänge müssen deutlich werden; einzelne Sätze sollten dabei nicht zuviele Details enthalten. Ziel ist es, in der gesamten Nachricht inhaltlichen Zusammenhang, sprachliche Klarheit und formale Ordnung herzustellen.

Freie Mitarbeiter von Lokalzeitungen, denen die professionellen Prinzipien nicht bekannt sind, legen oft Manuskripte ohne jede Organisation der Informationen vor. Aufgabe des Redakteurs ist es dann, das Chaos von Einzelinformationen durch die Anwendung der Aufbauregeln zu beheben. Zwei (extreme) Beispiele (A, B) aus dem Alltag einer Lokalredaktion:

(A) Mit Empörung und Abscheu vernahmen am Samstagmorgen die Bürger unserer Stadt die Nachricht von einem Einbruch in das Büro auf dem Friedhof an der Ehrenhainstraße. Durch Einschlagen einer Fensterscheibe drangen die Täter in das Innere des Gebäudes ein. Eine dem Friedhof gegenüber wohnende Frau entdeckte das Loch in einer Fensterscheibe und machte Frühbesucher darauf aufmerksam. Die Friedhofsverwaltung wurde benachrichtigt. Die Kriminalpolizei schaltete sich ein. Im Inneren des Hauses wurde Sachschaden angerichtet. Wahrscheinlich aus Wut darüber, daß hier nicht viel zu holen war, wurden auf dem Friedhof Zerstörungen angerichtet, Blumen von den Gräbern gerissen. Diese lagen weitverstreut auf den Wegen und auf der Ehrenhainstraße. Sie wurden von den Nachbarn und Friedhofsbesuchern aufgelesen. Die Empörung in der Bevölkerung ist verständlich. Spontan eilten viele Angehörige der Toten zu den Gräbern.

Der einhellige Tenor der Bürger: empörend, unbegreiflich usw. Hoffentlich gelingt es, die Täter zu ermitteln und sie ihrer gerechten Strafe für ihr frevelhaftes Tun zuzuführen.

(B)   85 Jahre besteht jetzt der MGV "Liederfreund" 1883. Ein Anlaß, im Gemeindehaus an der Westkotterstraße ein Frühjahrs-Jubiläumskonzert zu geben. Es war sehr gut besucht. Erfreulich waren auch viele Jugendliche unter ihnen. Dies mag besonders auf die Mitwirkung des Kinderchors zurückzuführen sein, der auch durch sein Auftreten im Rundfunk und Fernsehen weithin bekannt wurde.

Unter der Leitung von Paul Volkmann sangen die Mädels und Jungen mit herzerfrischender Offenheit und klarer Tonreinheit Kinderlieder und europäische Volkslieder aus Dänemark, Rußland, Frankreich und Finnland. Die glockenreinen, gut ausgewogenen Stimmen wußte der Leiter zu schönster Harmonie zu vereinen.

Es wurde zuviel des Guten geboten. 19 Auftritte in kurzer Zeitfolge wie hier können auch auf die Besucher ermüdend wirken. Auf Einzelheiten besonders einzugehen, dürfte sich bei dem Mammutprogramm, auch wegen Platzmangel, erübrigen.

Solche Nachrichten, bei denen keine Organisation der Informationen zu erkennen ist, sind für den Leser wertlos. Sie haben keinen erkennbaren

Vorspann. Die Anordnung der Informationen ist beliebig. Zusammenhänge bleiben unklar. Sprachliche Ungenauigkeiten verzerren den Inhalt, wobei Fakten und Bewertungen ständig vermischt werden (→ dazu auch Kapitel 20.1).

Es ist also beim Nachrichtenschreiben besonders wichtig, den Aufbau so zu organisieren, daß alle Informationen in einem logischen Zusammenhang stehen. Dies gilt nicht nur für den Vorspann, sondern auch für den Hauptteil einer Nachricht. Dabei muß der Leser jeweils von einer Information zur anderen geführt werden (Beispiel C).

(C) **WASHINGTON (rtr)** - Die USA haben Sonderzölle auf eine Reihe von Eisen- und Stahleinfuhren aus Kanada, der Türkei und Thailand eingeführt. Nach Ansicht der US-Wettbewerbsbehörde (ITC) verstießen die Einfuhren dieser Produkte zu Dumpingpreisen gegen den fairen Wettbewerb und fügten der US-Industrie somit Schaden zu. Die Sonderzölle gelten nach einer abschließenden Entscheidung der ITC ab sofort. Die Behörde überwacht die Einhaltung der US-Handelsgesetze.

Das US-Handelsministerium hatte Sonderzölle auf Eisenbaugußteile aus Kanada mit der Begründung gefordert, diese Produkte seien in den USA um zehn Prozent unter ihrem Marktwert eingeführt worden. Die Sonderzölle auf Stahlrohr aus der Türkei und aus Thailand wurden verhängt, da die Rohre aus der Türkei zu 15 Prozent unter ihrem Wert angeboten und die Preise für Rohre aus Thailand um 18 Prozent heruntersubventioniert worden seien.

11.2 Verbindungssätze

Eine genau überlegte Organisation der Informationen im Hauptteil empfiehlt sich vor allem bei komplizierteren Berichten mit vielen Fakten oder vielen unterschiedlichen Zitaten. Dazu kann die Formulierung von Überleitungssätzen notwendig sein. Solche Sätze gruppieren jeweils neue Gesichtspunkte und bereiten den Leser auf die folgenden Informationen vor.

(A) **DÜSSELDORF (rtr)** - Die Düsseldorfer Aktienbörse hat am Dienstag uneinheitlich geschlossen. Nach Händlerangaben lagen die Kurse der meisten Standardwerte nach dem durch Rosenmontag verlängerten Wochenende über den Schlußkursen vom Freitag. [...]

Auch die Großbanken verhielten sich eher uneinheitlich. Während die Dresdner Bank mit 401 Mark nahezu unverändert schloß, stiegen Commerzbank auf 305 Mark und Deutsche Bank auf 798 Mark. [...]

Hier (Beispiel A) wird im zweiten Absatz mit dem interpretierenden Satz (→ Kapitel 6.4) "Auch die Großbanken verhielten sich eher uneinheitlich" auf eine neue Gruppe von Informationen übergeleitet.

Eine genaue Planung ist vor allem auch dann erforderlich, wenn zu einem Thema verschiedene Personen/Quellen zitiert werden. Falsch wäre es, zunächst die erste Quelle ausführlich zu zitieren, dann die nächste, dann wieder die nächste usw. Dadurch würde es für den Leser außerordentlich schwer, die Aspekte der einzelnen Quellen miteinander zu vergleichen und einen Zusammenhang zu erkennen. Stattdessen ist es notwendig, die Stellungnahmen nach Gesichtspunkten zu ordnen, z.B., wenn sich zwei Quellen zum selben Thema geäußert haben.

(B)   MÜNCHEN - Leichtsinn, Selbstüberschätzung und mangelnde Erfahrung sind nach Ansicht des Deutschen Alpenvereins (DAV) die Hauptgründe für die wachsende Zahl von tödlichen Unfällen im Gebirge. Dies hat nach den Worten von Kurt Kettner von der alpinen Auskunft des DAV der Todessturz eines 48jährigen Bergsteigers und dessen Sohnes aus Kirchheim-Unterteck am Wochenende wieder besonders deutlich gemacht. Die beiden waren trotz schlechter Wetterprognosen zum Watzmanngipfel aufgebrochen. Kettner: "Eigentlich ist diese Route nicht so schwierig. Der Abstieg ist sogar mit den Händen in der Hosentasche zu machen. Wenn allerdings der Fels naß und eisig ist, rutscht man sehr leicht ab."

Daß die Bergwanderer oft kopflos und wenig vorbereitet losmarschieren, kritisiert auch Pit Schubert, Sicherheitsreferent beim DAV. "Wenn die dann in der Wand hängen, mit ihren Kräften nicht haushalten können und plötzlich mit Regen, Schnee und Eis fertig werden müssen, drehen sie durch oder verfallen in Apathie und vertrauen auf die Rettung durch die Bergwacht." [...]

(SZ)

In diesem Beispiel (B) ist die Verbindung durch die übereinstimmende Ansicht der beiden Zitierten hergestellt worden, daß "die Bergwanderer oft kopflos und wenig vorbereitet losmarschieren". Dann folgt ein Zitat, das diese Überleitung stützt. Zusammenfassende Passagen oder indirekte

Rede als Übergang zu nutzen und dann durch ein Zitat zu stützen, ist eine
wichtige Organisationsform beim Zitatenbericht (→ Kapitel 5 und 14.2).

11.3 Auflistung

Die Informationen im Hauptteil von Nachrichten lassen sich auch durch eine
Auflistung nach Obergesichtspunkten ordnen. Dies ist ein Verfahren, das
Regionalzeitungen häufig verwenden.

(A) DÜSSELDORF - Nach einer mehrstündigen Besichtigungsfahrt,
zahlreichen Informationsgesprächen und Beratungen hinter verschlosse-
nen Türen präsentierte der Arbeitskreis Verkehr der CDU-Landtagsfrak-
tion gestern sein Verkehrskonzept für die Haushaltsberatungen. Eck-
pfeiler dieses Konzepts:
• Ausbau der A 44 zwischen Nordstern und Reichswaldallee
• Bau der B 8 N (Umgehungsstraße im Norden)
• Bau der Parallelbahn am Flughafen [...]

(RP)

Hier folgt nach dem Einstiegs-Satz eine kurze Brücke hin zur Auflistung der
einzelnen Vorschläge, die jeweils eine eigene Zeile erhalten. Davor steht
jeweils ein graphisches Zeichen (dicker Punkt) als Orientierungshilfe für
den Leser.

Bei einer solchen Anordnung der Informationen ist zu beachten, daß
die Liste formal einheitlich ist: also z.B. entweder alles vollständige Hauptsätze oder Um-zu-Konstruktionen oder Substantiv-Konstruktionen (Beispiel A). Uneinheitlichkeit wäre bei einer Stichwort-Liste irritierend.

Solche Auflistungen werden, insbesondere von Boulevardzeitungen,
auch eingesetzt, um mehrere verschiedene Nachrichten, die ein gemein-
sames Thema haben, knapp zusammenzufassen (Beispiel B):

(B) HANNOVER - Die Polizei hat drei Frauen verhaftet, weil sie je
einen Mann umgebracht haben sollen. Immer ging es um Geld:
• Georg J. H. (50), Redaktionsleiter der "Gelben Seiten" der Telefon-
bücher für den Bereich Mittelfranken, mußte nach einem Streit mit seiner Tochter Evi (21) sterben. Evi wollte nach dem Abitur nicht stu-
dieren. Nach einem lauten Streit um Geld wurde Hofmann tot in seiner
Wohnung in Neunkirchen (bei Nürnberg) gefunden. Evi wurde verhaf-

tet. Ein Polizeibeamter: "Wir haben den Verdacht, daß sie ihren Vater vergiftet hat."
• Frieda S. (75) erschlug ihren Mann Willi (87) mit einem Beil, als er mittags auf der Couch schlief. Sie hatte den Millionär erst vor vier Wochen geheiratet. Er habe ihr versprochen, daß sie sein Vermögen (drei Einfamilienhäuser) erben sollte. Doch dann wollte der ehemalige Landrat von Düren alles ihrem Sohn und Enkel aus erster Ehe vermachen: "Da beschloß ich, ihn zu töten."
• Bäuerin Margret G. (33) aus Wessobrunn (Oberbayern) erwürgte ihren Schwiegervater Georg H. (80). Die Witwe hatte vier Jahre lang den Bauernhof bewirtschaftet, bekam aber vom Schwiegervater keine Bankvollmacht, auch kein Geld. "Ich habe es nicht mehr ausgehalten", gestand sie der Kripo.

(Bild)

11.4 Planungsschritte

Für die Organisation von Nachrichten lassen sich einige allgemeine Regeln formulieren, die jedoch nicht immer vollständig angewandt werden müssen. Sie zu kennen, kann aber vor allem dann nützlich sein, wenn die Informationszusammenhänge kompliziert und schwer vermittelbar sind. Grundsätzlich sind folgende sechs Planungsschritte zu empfehlen:

• Zuerst sollte der **Informationskern** erkannt und festgelegt werden: das wichtigste "W". Damit ist die Entscheidung über den Vorspann-Einstieg gefallen (→ Kapitel 9). Generell ist dabei der Einstieg mit "Wer?" oder "Was?" besser als mit "Wann?" oder "Wo?". Es muß jedoch jeweils - auch abhängig vom Medium - im konkreten Fall entschieden werden, mit welchem "W" begonnen wird.

• Werden Nachrichten auf der Grundlage von Vorlagen (z.B. Pressedienste, Redenmanuskripte) geschrieben, sollten die wichtigen Passagen in der Vorlage markiert werden. Dabei kann der Nachrichten-Aufbau (→ Kapitel 6) bereits durch farbige **Kennzeichnung**, Unterstreichung, Durchnumerierung usw. vorgeplant werden.

• Für alle ausgewählten Informationen, die Teil der Nachricht sein sollen, wird die **Reihenfolge** festgelegt. Dabei werden auch die Kriterien des "Nachrichtenwerts" zugrundegelegt (→ Kapitel 1).

• Beim Nachrichtenschreiben werden grundsätzlich **kurze Sätze und Absätze** formuliert (→ Kapitel 6.2 und 16.2). Wenn der Vorspann durch zu viele "W" überladen würde, sollte eine Aufteilung nach den Prinzipien des modifizierten Vorspanns vorgenommen werden (→ Kapitel 8.2): Das Wichtigste wird dann zunächst erläutert; weniger wichtige "W" folgen erst im zweiten Absatz.

• Vorspann und Hauptteil müssen formal in einem vernünftigen Verhältnis zueinander stehen. Die **Länge des Vorspanns** hängt also von der Länge der gesamten Nachricht ab. Kurze Nachrichten ("Meldungen", → Kapitel 2.1) haben nur einen *"Lead*-Satz". Für Berichte gilt, daß die zentralen Informationen in maximal drei bis vier Sätzen zusammengefaßt werden (→ Kapitel 7.2).

• Im Hauptteil werden die weiteren Informationen sinnvoll angeordnet und ggf. durch **Überleitungssätze** miteinander verbunden. Dies gilt auch für den Zusammenhang zwischen aktuellen und weiter zurückliegenden Informationen (→ dazu Kapitel 12).

Besonders schwierig ist die Organisation von Nachrichten, die aus unterschiedlichen Einzelinformationen bestehen. Nachrichtenagenturen liefern solche **Zusammenfassungen** mehrmals täglich, wenn zu einem größeren Informationskomplex schon zahlreiche Einzelstücke übermittelt worden sind.

Um diese Nachrichten in einen inhaltlichen und sprachlichen Zusammenhang zu bringen, ist zunächst eine Entscheidung darüber nötig, welche Information an den Anfang kommt. Denkbar ist aber auch, im Vorspann mehrere Informationen zusammenzufassen. Nach dem Vorspann müssen dann die weiteren Details logisch verbunden werden. Übereinstimmungen zwischen den Einzelinformationen, die z.B. aus verschiedenen Reden stammen können, sind ebenso deutlich zu machen wie die Unterschiede.

Das folgende Beispiel (A) besteht aus sechs einzelnen Darstellungen zur
Situation der Arbeitszeitverkürzung für Beamte in den verschiedenen
Bundesländern. Zwei davon werden im Vorspann zusammengefügt; die
restlichen werden dann über Bindewörter ("indes", "ebenfalls", "auch", →
Kapitel 13) verknüpft.

(A)   **KIEL (ddp)** - Schleswig-Holstein und Niedersachsen werden im Ge-
      gensatz zu Hessen den für Arbeiter und Angestellte des Öffentlichen
      Dienstes am 23. März ausgehandelten Tarifabschluß ohne Veränderung
      für die Beamten übernehmen. Die geschäftsführende CDU-Landesre-
      gierung billigte am Dienstag in Kiel eine entsprechende Kabinettsvor-
      lage. [...]
      Die in Hamburg zusammen mit der SPD regierende FDP wandte
      sich indes gegen ein Übernahme der Arbeitszeitverkürzungen für die
      Beamten der Hansestadt. In einem Beschluß des FDP-Landesvorstands
      heißt es, die von den Tarifparteien des Öffentlichen Dienstes vereinbarte
      Verkürzung der Wochenarbeitszeit sollte auf die Arbeiter und Ange-
      stellten beschränkt bleiben. Dafür müßten der Hamburger Senat und die
      FDP-Fraktion in der Bürgerschaft Sorge tragen. Der bayerische FDP-
      Landesvorsitzende Manfred Brunner, der dem Präsidium der Partei ange-
      hört, rief die Bundesländer ebenfalls auf, dem Beispiel Hessen zu fol-
      gen. [...]
      Auch in Rheinland-Pfalz beriet die CDU/FDP-Landesregierung die
      Übernahme des Tarifabschlusses im Öffentlichen Dienst für Beamte.
      Ein Beschluß wurde allerdings nicht gefaßt. [...]
      Das saarländische Kabinett hat eine Entscheidung vertagt. [...]

12 TEMPUS UND ANBINDUNG

12.1 Einstiegs-Perfekt

Die meisten Nachrichten handeln von vergangenen Ereignissen. Deshalb ist grundsätzlich das **Imperfekt** (Vergangenheitsform) die richtige Zeitform. Dies gilt beim Nachrichtenschreiben jedoch nicht für den ersten Satz. Wenn über vergangene Ereignisse berichtet wird, steht der Einstiegssatz gewöhnlich im **Perfekt** (vollendete Gegenwart).

Das Perfekt ist die übergreifende Zeitform, die ein vergangenes Ereignis in die Gegenwart (der Berichterstattung) führt. Damit wird der Einstiegssatz zur zeitlichen Klammer zwischen Ereignis und Nachricht. Dies entspricht der umgangssprachlichen Ausdrucksweise. Man sagt nicht: "Hörtest Du von den neuen Steuererhöhungen?" Sondern: "Hast Du von den neuen Steuererhöhungen gehört?"

> **(A)** **LIMA (rtr)** - Ein peruanischer Polizeipsychologe hat einen mutmaßlichen Massenmörder, den er untersuchen sollte, in seiner Zelle im Gefängnis erdrosselt. Der Psychologe Mario Poggi berichtete gestern (Dienstag) abend im Polizeihauptquartier, er habe Angel Diaz Balbin am Sonntag mit seinem Gürtel getötet, weil er die Geständnisse des Mannes nicht mehr länger habe ertragen können. "Ich wollte nur die Gesellschaft vor einem Mörder bewahren", sagte Poggi unter Tränen. Sein Opfer war nach Auskunft eines Sprechers der Mordkommission verdächtig, seit Dezember in Lima bis zu acht Menschen zerhackt und verscharrt zu haben.

Im Imperfekt ("Ein peruanischer Polizeipsychologe erdrosselte...") würde der Einstieg hier (Beispiel A) ganz unvermittelt wirken. Nach dem Anfangssatz (Perfekt) folgen die Einzelheiten dann aber im Imperfekt. Sie sind als Teile in der Vergangenheit abgeschlossen, während das Gesamtereignis nun (durch die Berichterstattung) in die Gegenwart transportiert wird.

Die Perfektregel für den ersten Satz gilt in strenger Form nur für das Schreiben von "harten Nachrichten" (→ Kapitel 6.2) und auch da nicht ohne Ausnahme: Blätter wie die Frankfurter Allgemeine Zeitung, die sich eher als Zweitzeitungen verstehen, setzen oft schon den ersten Satz ins Imperfekt, wenn sie das Ereignis bei ihren Lesern als bekannt voraussetzen.

Vor allem sprachliche Gründe veranlassen auch Nachrichtenredakteure beim Hörfunk dazu, Einstiegssätze im Imperfekt zu formulieren. Denn "Klemm-Konstruktionen" im Perfekt (→ die Beispiele (C) und (D) in Kapitel 9.1) können dazu führen, daß zwischen Hilfsverb ("ist" oder "hat") und Verb zuviele Wörter eingeschoben sind. So bleibt lange Zeit unklar, worum es in der Nachricht geht.

12.2 Einstiegs-Präsens

Ankündigungen von Ereignissen stehen grundsätzlich im **Futur** (Zukunftsform). Doch beim Nachrichtenrichtenschreiben siegt auch hier im Zweifelsfall die Verständlichkeit über die Exaktheit: der Einstiegssatz steht dann im **Präsens** (Gegenwartsform), das sprachlich einfacher ist (Beispiel A).

(A) HAMBURG (rtr) - Die Industriegewerkschaft Metall strebt bei den anstehenden Tarifverhandlungen für die rund 81.000 Beschäftigten der Metallindustrie in Hamburg eine Einkommensanhebung um sieben Prozent an. Diese Forderung beschloß die Tarifkommission der IG Metall nach Angaben eines Gewerkschaftssprechers am Dienstag in Hamburg. [...]

Notwendig ist das Präsens im ersten Satz bei Vorgängen, die zum Zeitpunkt der Berichterstattung weiter andauern (Beispiel B).

(B) HAMBURG (rtr) - Der anhaltende Frost behindert in zunehmendem Maße den Schiffsverkehr in Norddeutschland. Die Wasser- und Schiffahrtdirektionen in Hannover und Kiel teilten am Montag mit, die Binnenschiffahrt sei nahezu lahmgelegt.

12.3 Konjunktiv und Indikativ

Indirekte Rede steht (auch beim Nachrichtenschreiben) grundsätzlich im **Konjunktiv** (→ Kapitel 5.2). Der direkte Quellenbezug ("nach Angaben", "nach den Worten", "nach Mitteilung") hebt diese Regel jedoch auf: hier folgt der **Indikativ** (Beispiele A,B).

(A) **ROM** - Der 71jährige italienische Filmregisseur Mario Monicelli ist bei einem Verkehrsunfall in der Nähe von Rom schwer verunglückt. Nach Angaben der Ärzte schwebt er in Lebensgefahr. Monicelli ist vor allem durch komische Filme aus dem Milieu der kleinen Leute bekannt geworden. Zu seinen bekanntesten Arbeiten gehören "Guardi e ladri" ("Räuber und Gendarm") und "Padri e figli" ("Väter und Söhne").

(HA)

(B) **HAMBURG (dpa)** - Die Hamburger Lottozentrale sucht eine Spielgemeinschaft, die bei der Ziehung am Samstag sechs Richtige getippt und dabei 1.461.413, 50 Mark gewonnen hat. Die Glückspilze haben nach Mitteilung des Nordwest Lotto und Toto Hamburg keine Adresse auf dem Spielschein eingesetzt und können daher nicht benachrichtigt werden. Die Spielgemeinschaft hatte für zehn Spiele auf einem Lotto-Normalschein 10,35 Mark eingesetzt. Auf Feld sieben waren die Gewinnzahlen angekreuzt.

Diese Indikativ-Regel gilt auch für den Quellenbezug mit einer "Wie"-Konstruktion.

(C) **ZÜRICH (rtr)** - Die Giroguthaben der Banken bei der Schweizerischen Nationalbank sind in der ersten Ausweisperiode des Monats Februar um 3,1 Milliarden auf 7,1 Milliarden sfr gesunken. Wie die Nationalbank am Dienstag mitteilte, war dies die Folge der Rückzahlung von über den Ultimo benutzten traditionellen Notenbankkrediten in Höhe von 5,4 Milliarden sfr. [...]

Der Anfangssatz steht hier (Beispiel C) im Perfekt. Es folgt nach der "Wie"-Brücke mit der Quelle die Beantwortung der "Warum?"-Frage im Imperfekt (Indikativ).

12.4 Zeitlicher Zusammenhang

Im Hauptteil von Nachrichten ist es oft nicht nur notwendig, inhaltliche und sprachliche Zusammenhänge deutlich zu machen (→ Kapitel 11), sondern auch, das aktuelle Ereignis zeitlich mit bereits berichteten Vorgängen zu verbinden.

(A) **LOS ANGELES (rtr)** - Die Kollision eines Verkehrsflugzeuges mit einer kleinen Privatmaschine ist möglicherweise auf einen Herzanfall eines der Piloten zurückzuführen. Gerichtsmediziner in Los Angeles erklärten dazu, der Pilot der Privatmaschine habe vermutlich einen Herzinfarkt erlitten. Nach ersten Ermittlungen der Experten flog er außerdem offenbar ohne Genehmigung des Kontrollturms. Unklar blieb zunächst aber, warum die Fluglotsen den Piloten des mexikanischen Verkehrsflugzeuges trotz Radars nicht warnten.

Bei dem Unfall am Sonntag waren die 58 Passagiere der DC-9 der "Aero Mexico", die sechs Besatzungsmitglieder und die drei Insassen der Privatmaschine ums Leben gekommen. [...]

Oft sind Informationen nur dann zu verstehen, wenn in der richtigen zeitlichen Zuordnung erläutert wird, was bereits vor dem aktuellen Ereignis geschehen ist. In Beispiel (A) macht schon der Einstieg ("Die Kollision...") deutlich, daß auf einen bereits gemeldeten Vorgang Bezug genommen wird. Im zweiten Absatz werden dann die zum Verständnis notwendigen älteren Informationen wiederholt und eingeordnet. Diese Herstellung des zeitlichen und inhaltlichen Zusammenhangs nennen wir **Anbindung**.

(B) **LAUSANNE (rtr)** - Ein Schweizer Leichenpräparator ist wegen Störung des Totenfriedens verurteilt worden. Das eidgenössische Bundesgericht bestätigte in einem am Donnerstag veröffentlichten Urteil eine entsprechende Buße von dreihundert Franken. Der Präparator hatte bei der Herrichtung einer Leiche die Goldzahnbrücke ohne Zustimmung der Berechtigten herausgenommen und - angeblich aus wissenschaftlichem Interesse - im Büro aufbewahrt.

Unbestrittenermaßen untersteht nach Auffassung des Bundesgerichts auch ein künstlicher Teil einer Leiche dem strafrechtlichen Schutz des Totenfriedens. Die Strafwürdigkeit sei auch dann gegeben, wenn der Täter weder sich bereichern noch die Leiche verunehren wolle. [...]

In diesem Beispiel (B) folgt nach dem Einstiegssatz im Perfekt und weiteren Einzelheiten im Imperfekt im dritten Satz die Anbindung an zurückliegende Ereignisse, die die Grundlage für die aktuelle Information bilden. Diese Anbindung steht im **Plusquamperfekt** (Vorvergangenheit). Nach dem Vorspann wird die Urteilsbegründung referiert. Dies geschieht wegen der Formel "nach Auffassung von" zunächst im Indikativ (hier Indikativ Präsens, weil diese Auffassung Bestand hat). Schließlich folgt im Konjunktiv indirekte Rede.

Nachrichten, deren aktueller Aufhänger auf weiter zurückliegenden Ereignissen beruht, sind ohne Anbindung nicht zu verstehen.

(C) **ESSEN** - "Dem Rektor unserer Hochschule ist mit seiner Rede anläßlich der Amtseinführung ein Fehler unterlaufen, dessen Gewicht in der ganzen Hochschule einhellig beurteilt wird," schreiben neun Professoren in einer gemeinsamen Erklärung, die sie gestern dem Rektorat, den Senatoren und den Dekanen übergaben. Nach ebenfalls allgemeiner Auffassung unter Professoren, Mitarbeitern und Studenten sei für das öffentliche Ansehen der Hochschule beträchtlicher Schaden angerichtet worden. Den Unterzeichnern sei kein Professor bekannt, der nicht mit schmerzlicher Betroffenheit auf den Vorgang reagiert habe. "Wir sind tief im Selbstverständnis und der Selbstachtung verletzt, wenn unser oberster Repräsentant eine feierliche öffentliche Rede hält, die zu großen Teilen einem nicht genannten fremden Text entlehnt ist."

Der Fehler sei rechtlich ohne Belang, kein Gesetz und keine Satzung seien gebrochen. [...]

Der von vielen geforderte Rücktritt des Rektors sei eine einfache, einwandfreie und respektable Konsequenz, aber nicht die einzige. "Solange wir für die obersten akademischen Führungs- und Repräsentationsaufgaben einen Rektor aus dem Kreis der Professoren wählen, stehen wir prinzipiell in einem Dilemma." [...]

Die Professoren, die nicht in den Rücktrittsruf mit einstimmen, aber auch nicht für den unbedingten Verbleib von Gentsch im Amt plädieren, verlangen jedoch vom Rektor "ein klares, vernehmliches und abschließendes Eingeständnis des Fehlers."

(**WAZ**)

Hier (Beispiel C) bleibt bis zum Schluß des Berichts unklar, warum die Rede des Rektors solches Aufsehen erregt hat. Es wäre notwendig gewesen, auch solche Leser zu informieren, die keine Vorkenntnisse über den Vorgang besaßen.

Manchmal kann es sogar notwendig sein, schon im Einstiegssatz die Anbindung zu einem Ereignis herzustellen, über das bereits berichtet worden ist. Dies kann durch einen Relativsatz geschehen (Beispiel D).

(D) MOSKAU (dpa) - Nach dem schweren Schiffsunglück auf dem Schwarzen Meer, bei dem das sowjetische Passagierschiff "Admiral Nachimow" gesunken ist, sind 79 Personen tot geborgen worden. 836 wurden gerettet. 1.234 Personen hatten sich an Bord befunden. 319 werden noch vermißt. Dies teilte die amtliche Nachrichtenagentur TASS mit.

Im folgenden Beispiel (E) wird die Anbindung schon im Einstiegssatz verdeutlicht und dann im zweiten und dritten Satz weiter ausgeführt. Erst im vierten Satz folgen dann Einzelheiten zum aktuellen Aufhänger der Nachricht.

(E) ZÜRICH (rtr) - Der Mörder des Chefs der liechtensteinischen Kriminalpolizei ist auf der Flucht von einem Schweizer Polizisten angeschossen worden und später seinen Verletzungen erlegen. Der 32jährige Deutsche hatte den Liechtensteiner Kripochef erschossen, als dieser in Begleitung eines Beamten eine Wohnung durchsuchen wollte, in der der Deutsche die Freundin seines Gastgebers vergewaltigt hatte. Nach dem Mann war unmittelbar nach der Tat eine internationale Großfahndung eingeleitet worden. Als ihn die Polizei bei Bad Ragaz aufgespürt hatte und er nach Angaben der Behörden auf den Aufruf, sich zu ergeben, nicht reagierte, machte ein Polizist von der Schußwaffe Gebrauch und traf den 32jährigen tödlich. Zuvor hatte es bereits ein kurzes Feuergefecht zwischen der Polizei und dem Deutschen gegeben, dem dabei die Flucht gelang.

Für die gesamte Reihenfolge der aktuellen Informationen und der Anbindung zurückliegender Informationen gilt wieder das Pyramidenschema: Das Aktuellste gehört an den Anfang; danach wird der Zusammenhang mit der Vergangenheit verdeutlicht und schließlich das aktuelle Ereignis im Detail dargestellt.

12.5 Ereignis-Serien

Bei der Berichterstattung über Ereignis-Serien *(running stories)* muß die jeweils letzte Information deutlich hervorgehoben und an den Anfang gestellt werden. Zusätzlich ist aber eine Anbindung zu den vorhergegangenen Ereignissen herzustellen, und zwar üblicherweise im zweiten oder dritten Absatz.

In den folgenden Beispielen rücken im Ablauf von rund einem Monat jeweils andere Ereignisse an den Anfang. Bei jeder Nachricht gibt es aber eine Anbindung, die jeweils unterschiedlich weit zurückreicht. Am 31. Juli (Beispiel A) wird der Entführungsfall im dritten Absatz noch einmal ausführlicher dargestellt. Am 9. August (Beispiel B) und am 3. September (Beispiel C) wird die Entführung eher beiläufig erwähnt; hier bezieht sich die Anbindung auf näher zurückliegende Ereignisse.

(A) MÜNSTER, 31. Juli (rtr) - Der Entführungsfall Snoek ist nach Angaben der zuständigen Staatsanwaltschaft Münster vollständig aufgeklärt. Die Polizei fahndet jetzt nach dem 33jährigen Architekten Norbert Wingerath, der seit dem 22. Juni dieses Jahres mit etwa 2 Millionen Mark aus der Lösegeldsumme von 5 Millionen Mark flüchtig sein soll. Einen Hinweis darauf gab, wie die Staatsanwaltschaft am Donnerstag vor der Presse mitteilte, der 36jährige Arbeiter Peter Graef im Gefängnis. [...]

    Graef saß mit Wingerath, der jetzt zusammen mit seiner Ehefrau und einem 15jährigen Jungen gesucht wird, im Gefängnis Willich. Nach eigenen Angaben hat er Wingerath, der wegen Bankraub einsaß, das Versteck seines Beuteanteils von 2,5 Millionen Mark verraten. [...]

    Die Entführung des Springreiters Henrik Snoek war vor drei Jahren nach 93 Tagen aufgeklärt worden. Damals nahm die Kriminalpolizei in Düsseldorf neben Graef den 38jährigen Anstreicher Reinhard Szameitat fest, der sich später in der Untersuchungshaft das Leben nahm. Von dem Lösegeld fehlte danach, abgesehen von einer halben Million Mark, jede Spur.

(B) MÜNSTER, 9. August (rtr) - Der nach Aussagen des Snoek-Entführers Peter Graef mit 2,5 Millionen Mark aus dem Lösegeld geflohene Architekt Norbert Wingerath will sich angeblich den deutschen Behörden stellen. Wie die Kriminalpolizei Münster am Samstag auf Anfrage mitteilte, hat sich Wingerath telefonisch aus dem Ausland gemeldet und seine freiwillige Rückkehr angeboten. Als Motiv für sein

Aufgeben soll der 33jährige genannt haben, daß er nicht im Ausland verhaftet werden wolle.

Eine internationale Fahndung nach Wingerath hatte der wegen Entführung des Kaufmannssohns Henrik Snoek zu 13 Jahren Haft verurteilte Peter Graef ausgelöst, der die Tat erst in der vergangenen Woche gestanden hatte. […]

Nach Angaben der Polizei war Wingerath zuletzt vor einigen Tagen in Cannes an der französischen Riviera erkannt worden. Ein Zeuge will ihn zusammen mit Frau und Sohn in einem Restaurant gesehen und auch sein Auto, einen schwarzen Porsche, identifiziert haben. […]

(C) MÜNSTER, 3. September (rtr) - Vom Lösegeld aus der Entführung des Münsteraner Millionärssohns Henrik Snoek hat möglicherweise eine Gruppe von Personen profitiert. Schlüsselfigur war nach Auffassung der Polizei jedoch der in Zürich festgenommene Norbert Wingerath. Dies ergab nach Angaben der Münsteraner Staatsanwaltschaft vom Dienstag die Vernehmung des 33jährigen Wingerath, der in der vergangenen Woche in die Bundesrepublik ausgeliefert worden war.

Der Kölner Architekt, der verdächtigt wird, mit 2,5 Millionen Mark des Lösegelds aus der Entführung geflohen zu sein, war Ende August gemeinsam mit seiner belgischen Frau Lucienne auf dem Flughafen Zürich festgenommen worden. Die internationale Fahndung nach Wingerath hatte der wegen der Entführung des Kaufmannssohns Snoek zu 13 Jahren Haft verurteilte und inzwischen auch geständige Peter Graef (36) ausgelöst. […]

Bei seiner Festnahme auf dem Züricher Flughafen soll Wingerath nur noch einen Teil des Geldes, 267.000 Mark und 120.000 Schweizer Franken, bei sich gehabt haben. Schon vorher hatte die Polizei auf in- und ausländischen Konten Wingeraths größere Summen beschlagnahmt. Insgesamt sei bisher 1 Million Mark sicher gestellt worden, erklärte der Sprecher der Staatsanwaltschaft in Münster.

Auch bei kontinuierlicher Berichterstattung steht immer die aktuellste Information am Anfang. Diese Information ist dann durch die Wiederholung älterer Informationen einzuordnen, wobei die Anbindung erst dann kommen sollte, wenn sie zum Verständnis der aktuellen Informationen erforderlich ist.

Die jeweilige zeitliche Anbindung ist vor allem auch dann notwendig, wenn schrittweise z.B. über ein Gerichtsverfahren berichtet wird. Vor der Urteilsverkündung (Beispiel D) kann dies so aussehen: Ankündigung der Gerichtsentscheidung im ersten Satz und Informationen über den Gegen-

stand des Prozesses (Präsens), dann im zweiten Absatz Wiederholung der
Anträge von Staatsanwaltschaft und Verteidigung sowie Einzelheiten zum
Prozeßverlauf (Plusquamperfekt).

(D) **DÜSSELDORF (rtr)** - Im Düsseldorfer Majdanek-Prozeß um die
Ermordung von mehr als 250.000 Menschen werden am Dienstag die
Urteile gesprochen. Angeklagt sind sieben Männer und zwei Frauen im
Alter von 60 bis 70 Jahren, die sich als Aufseher im Konzentrationsla-
ger Majdanek nahe der polnischen Stadt Lublin von 1941 bis 1944 der
Tötung von jüdischen, russischen und polnischen Häftlingen schuldig
gemacht haben sollen. Die Staatsanwaltschaft hatte in dem seit fünf
Jahren und sieben Monaten laufenden Prozeß für fünf der Angeklagten
lebenslange Haftstrafen, für drei von ihnen Freiheitsstrafen verlangt.
Ein Angeklagter soll freigesprochen werden.
   Alle 18 Anwälte der neun Angeklagten hatten Freispruch beantragt.
In dem größten Strafverfahren der Geschichte der Bundesrepublik waren
zunächst 15 ehemalige KZ-Aufseher angeklagt worden. [...]

Nach der Urteilsverkündung (Beispiel E) kann dies so aussehen: Zusammenfassung der Gerichtsentscheidung im Vorspann (Perfekt bzw. Imperfekt), dann im zweiten Absatz Wiederholung der Anträge (Plusquamperfekt), dann weitere aktuelle Einzelheiten (Imperfekt), schließlich im fünften
Absatz die Wiederholung der Geschichte des Prozesses (Plusquamperfekt).

(E) **DÜSSELDORF (rtr)** - Im Majdanek-Prozeß um die Ermordung von
mehr als 250.000 Menschen hat das Düsseldorfer Landgericht am
Dienstag gegen einen der neun Angeklagten eine lebenslange Freiheitsstrafe verhängt. Sieben Angeklagte erhielten wegen Beihilfe zum
Mord Freiheitsstrafen von dreieinhalb bis zwölf Jahren. Ein Angeklag-
ter wurde freigesprochen.
   Die Urteile lagen teilweise erheblich unter den Strafanträgen der
Staatsanwaltschaft. Die Anklagevertretung hatte fünfmal Lebensläng-
lich, dreimal Haftstrafen von fünf bis zehn Jahren und einen Freispruch
verlangt. Die 18 Verteidiger hatten für alle Angeklagten Freispruch
verlangt.
   Die ehemalige KZ-Aufseherin Hermine Ryan (61) wurde wegen
Mordes in zwei Fällen zu lebenslanger Freiheitsstrafe verurteilt. [...]
   Der Vorsitzende Richter Günther Bogen erklärte zu Beginn der 300
Seiten umfassenden Urteilsbegründung, daß 36 Jahre nach den zu beur-

teilenden Taten die Grenze für ein Strafverfahren, das auf Zeugenaussagen angewiesen sei, erreicht sei. […]

Der Prozeß hatte vor fünf Jahren gegen ursprünglich 15 Angeklagte begonnen. Vier von ihnen waren bereits während der Verhandlung aus Mangel an Beweisen freigesprochen worden. Ein weiterer Angeklagter war während des Prozesses gestorben. Einer der Angeklagten war verhandlungsunfähig erklärt worden.

13 BINDEWÖRTER

13.1 Funktion

Bindewörter (Konjunktionen) haben beim Nachrichtenschreiben eine doppelte Funktion: Sie dienen zum einen der Präzisierung von Angaben in einer Nachricht; zum anderen bringen sie die einzelnen Informationen in einen sinnvollen Zusammenhang. Ihr jeweils richtiger Einsatz bildet eine wesentliche Voraussetzung für die Verständlichkeit von Nachrichten.

In der Sprachwissenschaft werden nebenordnende Konjunktionen (und, oder), Satzteilkonjunktionen (wie, als), Infinitivkonjunktionen (um - zu) und Teilsatzkonjunktionen (weil, daß, ob) unterschieden. Wir nehmen hier eine andere Aufteilung vor, um die Bindewörter zu erfassen, die beim Nachrichtenschreiben besonders wichtig sind. Sie lassen sich in folgende Gruppen einteilen:

- **zusätzliche Informationen** (auch, und, außerdem, ferner, daneben, zusätzlich, darüber hinaus, dabei)

- **zeitliche Beziehungen** (als, nachdem, vorher - nachher, dann, früher - später, unterdessen, währenddessen, gleichzeitig, schließlich, wenn, sobald, bevor, ehe, seit)

- **Vergleiche/Hervorhebungen** (ähnlich, genauso, besser, schlechter, je - desto, umso, vor allem, besonders, entsprechend)

- **Gegensätze/Einschränkungen** (dagegen, aber, trotzdem, jedoch, dennoch, indessen, freilich, obgleich, obwohl, allerdings, (nun) doch)

- **Ortsbestimmungen** (hier, dort, in der Nähe von, anderswo)

- **kausale/finale Beziehungen** (wegen, deshalb, weil, da, um - zu, (ohne) daß, zumal, nun, damit)

13.2 Beispiele

(A) **LONDON (dpa)** - Eine 21jährige junge Mutter ist jetzt von einem Gericht in der nordenglischen Stadt York zu zwei Jahren Gefängnis mit Bewährung verurteilt worden, weil sie regelmäßig Schuljungen zu Sex-Spielen empfing. Die Kinder zwischen zehn und zwölf Jahren standen nach Zeugenaussagen regelmäßig nach der Schule vor der Tür der Dame, von der sie zunächst mit einem Glas Apfelwein "aufgelockert" wurden. Anschließend bat die liebeslustige, verheiratete Frau manchmal bis zu vier Knaben gleichzeitig zu Bett.

In seiner Urteilsbegründung verdammte der Richter nach Presseberichten vom Mittwoch das "schamlose und erniedrigende Verhalten" der Angeklagten gegenüber den Schülern. Er hoffe allerdings, daß die ungewöhnlichen Eindrücke "keinen dauerhaften Schaden" bei den Jungen hinterlassen würden.

Die Bindewörter haben hier (Beispiel A) die Funktion der Begründung (weil), der Verdeutlichung des zeitlichen Ablaufs (anschließend) und der Einschränkung (allerdings).

(B) **DÜSSELDORF** - Die Städte und Gemeinden werden in diesem Jahr nun doch mehr Geld vom Land erhalten als ursprünglich geplant. [...]

Um das Milliarden-Loch zu stopfen, wird die Regierung, so ihr Beschluß, 300 Millionen Mark neue Schulden machen müssen. Die anderen Gelder wurden in einzelnen Ressorts, darunter besonders auch im Verkehrsministerium (Straßenbau) hereingeholt. Darüber hinaus werden 200 Millionen Mark beim Öffentlichen Dienst eingespart.

(NRZ)

In diesem Beispiel (B) dienen die Bindewörter der Hervorhebung eines Gegensatzes (nun doch), der Darstellung einer finalen Beziehung (um - zu) sowie der zusätzlichen Information (auch, darüber hinaus).

13.3 Probleme

In Nachrichten muß bei der Verwendung von Konjunktionen auch darauf geachtet werden, daß keine unzulässigen Wertungen entstehen (→ Kapitel 20.1). Dies gilt vor allem für Vergleiche/Hervorhebungen und kausale/finale Beziehungen.

Ebenso sind komplizierte sprachliche Konstruktionen zu vermeiden. Vor allem die Konjunktionen "zwar - doch", "obschon - doch", "obgleich - dennoch", "je - desto/umso" können zu verschachteltem Satzbau führen.

Die Bindewörter sollten auch nicht als **"Kohärenzjoker"** mißbraucht werden, um Zusammenhänge künstlich herzustellen. Das ist bei Wendungen wie "im übrigen", "und ferner" oder "was nun X angeht" der Fall.

Bindewörter, die zeitliche Beziehungen ausdrücken, haben zwei Seiten: Einerseits können sie die Nachricht sinnvoll und effektiv zusammenhalten und für einen flüssigen Aufbau sorgen, so daß der Leser den Artikel bis zum Ende liest; andererseits muß beachtet werden, daß keine ungewollte Chronologie in einer Nachricht entsteht. Zeitliche Konjunktionen verführen vor allem beim Handlungsbericht dazu, einen Ablauf so zu schildern, wie er sich abgespielt hat. Dies verstößt gegen die Regel, daß die Informationen nach ihrer Wichtigkeit aufeinander folgen sollen (→ Kapitel 4).

TEST D (Kapitel 11-13)

1. Bitte ergänzen Sie:

Nachrichten haben einen _ _ _ _ _ _ _ _ und einen _ _ _ _ _ _ _ _ _.
Das Wichtigste/Aktuellste wird im _ _ _ _ _ _ _ _ zusammengefaßt.
Im _ _ _ _ _ _ _ _ - _ _ _ _ _ _ _ _ wird meistens die Frage nach dem
"Wer?" und/oder "Was?" beantwortet. Antworten auf weitere "W-Fra-
gen" und die Überleitung zu Details enthält die _ _ _ _ _ _ _ _ -
_ _ _ _ _ _. Die einzelnen Informationen im Zusammenhang
darzustellen, ist die Funktion des _ _ _ _ _ _ _ _ _ _ einer Nachricht.

2. Schreiben Sie die folgende Presseinformation so um, daß insbesondere die Informationen im Hauptteil in einen sinnvollen Zusammenhang gebracht werden (**A**). Fertigen Sie eine zweite Version an (**B**),
in der eine Auflistung der Detailinformationen zur Studienplatzvergabe enthalten ist.

Die Pressestelle der ZVS teilte heute (Freitag)
mit:

22.400 Studienbewerber haben von der Dortmunder
Zentralstelle für die Vergabe von Studienplätzen
(ZVS) ihre Zulassungen für das kommende Sommersemester erhalten. Mehr als jede dritte ZVS-Zulas-
sung erfolgte in den vereinfachten Verteilungsverfahren, ohne daß die Schulnoten eine Rolle
spielten. Mit dieser Bilanz schloß die ZVS heute
die Studienplatzvergabe zum Sommersemester ab,
nachdem am Donnerstag noch 1.500 Zulassungen im
Nachrückverfahren erfolgten (nur bei den Studiengängen Medizin, Pharmazie, Tiermedizin und Zahnmedizin werden Studienplätze, die im Laufe des Se-

mesters wieder verfügbar werden, bis Semesterende weiter von der ZVS vergeben).

Im einzelnen haben sich zum Sommersemester 7.000 Zulassungen mit Hilfe des besonderen Verteilungsverfahrens ergeben, 7.600 Zulassungen für die Numerus-Clausus-Studiengänge, 5.600 Zulassungen bei den Lehramtsstudiengängen, die für vier Länder von der ZVS vergeben werden und 2.200 Zulassungen an Fachhochschulen der Länder Hessen und Nordrhein-Westfalen.

Von den jetzt noch für das kommende Sommersemester zugelassenen 1.500 Studienbewerbern muß die Annahmeerklärung aus dem Zulassungsbescheid der ZVS innerhalb der nächsten zwei Wochen unterschrieben bei der Hochschule eingegangen sein, wenn sie den Studienplatz annehmen wollen.

Das neue ZVS-Kurzinfo mit den Hinweisen auf die ZVS-Bewerbung zum Wintersemester wird in Kürze wieder in den weiterführenden Schulen, den Hochschulen und Arbeitsämtern erhältlich sein.

3.   Welche Aussagen sind richtig ?

(A) Der Nachrichtenaufbau ist so zu organisieren, daß der Leser von einer Information zur nächsten geführt wird.

(B) Im Hauptteil sollten durch Sprünge in der Darstellung besondere Leseanreize geschaffen werden.

(C) Verbindungssätze im Hauptteil gruppieren jeweils neue Gesichtspunkte und bereiten den Leser auf die folgenden Informationen vor.

(D) Aus Gründen der Genauigkeit und Übersichtlichkeit ist es besser, jede zitierte Person zunächst ausführlich zu Wort kommen zu lassen und dann zur nächsten überzugehen.

(E) Stellungnahmen von Personen sollten nach thematischen Gesichtspunkten zusammengefaßt werden, damit der Leser die Aussagen vergleichen kann.

(F) Auflistungen nach Obergesichtspunkten sollten formal uneinheitlich sein, um die Abwechslung beim Lesen zu erhöhen.

4. Fertigen Sie zu den beiden folgenden Mitteilungen aus dem Polizeibericht zwei Fassungen an: (A) zwei getrennte Meldungen, die jeweils nicht länger als 20 Zeilen mit je 50 Anschlägen sind; (B) einen gemeinsamen Bericht, der nicht länger als 40 Zeilen ist.

Pressebericht der Polizeidirektion Neuß vom heutigen Tage (Mittwoch):

(1) Gestern abend gegen 18.53 Uhr ging ein Mitarbeiter einer Lebensmittelkette zum Nachttresor einer Bank auf der Furtherstraße. Bei sich trug er eine Tasche mit einer "Geldbombe". Bevor er dazu kam, den Geldbehälter in den Nachttresor einzuwerfen, erhielt er plötzlich von unbekannter Seite her einen Faustschlag ins Gesicht und ging zu Boden. Gleichzeitig wurde ihm die Tasche entrissen und Tasche samt Geldbombe mit fast 13.000 Mark Inhalt geraubt. Ersten Feststellungen zufolge sollen wenigstens zwei Täter an dem "Ding" beteiligt gewesen sein.
    Beschreibung: Größe ca. 160-168 cm, bekleidet mit gelbem Ölzeug (sogenannten "Ostfriesennerzen") und mit je einem gelben Sturzhelm oder aber auch übergestülpter Kapuzenhaube.
    Sie flüchteten zu Fuß über die Fesserstraße in Richtung Brücke über den Verschiebebahnhof.
    Der Überfallene kam mit leichten Verletzungen davon.

(2) Gestern abend gegen 19.40 Uhr wollte der 40jährige Pächter eines Supermarktes aus Erfttal eine "Geldbombe" in den Nachttresor einer Bank auf der Euskirchener Straße einwerfen. Der Schacht

hatte sich bereits geöffnet, als jemand "Halt!" rief. Reflexartig wurde der Geldcontainer noch in den Schacht des Tresors geworfen, als im gleichen Moment ein Schuß fiel. Der angeschossene 40jährige lief noch einige Meter (4-5m) hinter dem Täter her, der aber flüchten konnte.

Mit einem Unterleibsschuß wurde der Mann in ein Krankenhaus gebracht. Lebensgefahr besteht nicht. Bisher liegt folgende Beschreibung vom bewaffneten Täter vor: etwa 180 cm groß, schlank, trug blauen Trainingsanzug mit weißen Streifen; über den Kopf hatte er eine schwarze Kapuze mit Sehschlitzen gezogen.

Evtl. Hinweise in beiden Fällen erbittet die Neußer Kripo unter Tel. 2911.

Im Falle des Schußwaffengebrauchs hat die Staatsanwaltschaft für Hinweise, die zur Ergreifung des Täters führen, unter Ausschluß des Rechtsweges 3.000 Mark Belohnung ausgesetzt.

5.   Was ist richtig?

(A) Wenn für eine Nachricht unterschiedliche einzelne Informationen vorliegen, wird eine Entscheidung darüber getroffen, welche Information an den Anfang kommt.

(B) Wenn für eine Nachricht unterschiedliche einzelne Informationen vorliegen, werden die wichtigsten dieser Informationen an den Anfang gestellt.

(C) Wenn für eine Nachricht unterschiedliche einzelne Informationen vorliegen, wird grundsätzlich für jede einzelne Information eine neue Nachricht geschrieben.

6.   Die Regierung des A-Landes legt eine Ergänzung zum Haushalts-entwurf für das laufende Jahr vor. Dazu gibt es eine Verlautbarung des Finanzministeriums und eine Regierungserklärung des Minister-

präsidenten X. (Vorname) Y. (Nachname), aus der wörtliche Zitate
vorliegen.
Bringen Sie diese insgesamt sieben Informationskomplexe in einen
inhaltlich korrekten und sprachlich verständlichen Zusammenhang
nach den bisher gelernten Regeln des Nachrichtenschreibens. Der
Bericht soll nicht länger als 60 Zeilen mit je 50 Anschlägen sein.
Setzen Sie für A-Land den Namen Ihres Bundeslandes, für X.Y. den
Namen Ihres Ministerpräsidenten und für B-Stadt den Namen der
Landeshauptstadt ein.

Die Regierung von A-Land legt eine Ergänzung zum
Haushaltsentwurf für das laufende Jahr vor. Dazu
teilt das Finanzministerium mit:
(1.) Das Wirtschaftswachstum wird im kommenden
Jahr geringer ausfallen als nach den Vorhersagen
der Wirtschaftswissenschaftler bisher angenommen
werden konnte. Nachdem ferner bereits im Vollzug
des diesjährigen Haushalts nicht unerhebliche Risi-
ken zu Tage getreten sind, hat die Landesregierung
Korrekturen bei den für dieses Jahr veranschlagten
Einnahmen und Ausgaben für erforderlich gehalten.
Sie hat daher eine Ergänzungsvorlage zum Haushalts-
entwurf beschlossen und dem Landtag inzwischen zu-
geleitet.
Nach dieser Ergänzung ergeben sich für den
Landeshaushalt dieses Jahres nunmehr folgende Eck-
daten: Die Gesamtausgaben betragen 54,4 Milliarden
Mark (Vorjahr: 53,4 Milliarden Mark); der Ausgabenzuwachs beträgt 1 Milliarde Mark (= 1,9%); die Net-
tokreditermächtigung beträgt 7.957,8 Millionen
Mark.
(2.) Die konjunkturbedingten Steuerausfälle
sollen auch durch Ausgabenkürzungen ausgeglichen
werden. An der Spitze der Ausgabenkürzungen stehen
die Personalausgaben mit 387 Millionen Mark. Weitere Ausgabenkürzungen ergeben eine Gesamtsumme von
900 Millionen Mark.
Herr X.Y., der Ministerpräsident des Landes,
gibt zu der Ergänzungsvorlage eine Regierungserklärung vor dem Landtag in B-Stadt ab. Dabei sagt er
u.a. folgendes:

(3.) "Wir sind für eine beschäftigungspolitische Offensive. Deshalb wollen wir, daß die Bundesregierung nach der Vorlage des Jahreswirtschaftsberichts alle Vorschläge prüft, die im Gespräch sind.

Wir wissen, daß die Offensive nicht aus den vorhandenen Haushalten finanziert werden kann. Deshalb werden dann die Vorschläge über die Ergänzungsabgabe und die Arbeitsmarktabgabe neu diskutiert und entschieden werden müssen."

Herr X.Y. führt weiter aus:

(4.) "Die Landesregierung hält noch stärkere Ausgabenkürzungen nicht für verantwortbar.

Der Staat darf sich nicht arm sparen; denn unser Landeshaushalt hat eine wichtige Steuerungsfunktion für Wirtschaft und Gesellschaft.

Die Ergänzungsvorlage sieht deshalb vor, daß 956 Millionen Mark über Kredite finanziert werden.

Es widerspräche auch den Regeln konjunkturgerechter Finanzpolitik, die konjunkturbedingten Steuerausfälle voll durch Ausgabenkürzungen auszugleichen."

Y. sagt weiter: (5.) "Schon im Juli haben wir beschlossen, 7.000 Stellen abzubauen. Jetzt müssen wir die Aufwendungen für die Beschäftigten im Öffentlichen Dienst überprüfen. Nur am Rande will ich bemerken: Alle Kabinettsmitglieder haben dieses Jahr auf jegliche Erhöhung ihrer Bezüge verzichtet.

Die Landesregierung will im Personalbereich rund 400 Millionen Mark sparen.

Wir wollen die Ausgaben für die Sonderzuwendungen für Beamte um ein Drittel kürzen. Das macht 346 Millionen Mark aus. Wir werden im Bundesrat eine entsprechende Initiative einbringen.

Wir werden alles tun, um zu erreichen, daß die Kürzung der Sonderzuwendungen nicht linear erfolgt, sondern sozial gestaffelt wird.

Wir legen Wert auf eine deutliche soziale Komponente. Wir sind uns bewußt, daß die Durchsetzung unserer Vorschläge für die Angestellten und Arbeiter des Öffentlichen Dienstes Tarifvereinbarungen notwendig macht.

Wir wissen, was wir damit den Gewerkschaften und
ihren Mitgliedern zumuten müssen.
Die Landesregierung wird keinesfalls in die Tarifhoheit eingreifen."
Der Herr Ministerpräsident sagt außerdem:
(6.) "Unser Bewegungsspielraum wäre größer,
wenn die besonderen Belastungen unseres Landes endlich im Finanzausgleich mit den anderen Ländern und
bei den Bundesergänzungszuweisungen berücksichtigt
würden.
Seit 30 Jahren gehört das A-Land im Länderfinanzausgleich zu den Geber-Ländern und erhält
nichts von den Bundesergänzungszuweisungen, die inzwischen einen Umfang von 1,5 Milliarden Mark
erreicht haben.
Wir haben immer noch eine überdurchschnittliche
Steuerkraft, aber bei Einbeziehung des Länderfi-
nanzausgleiches und der Bundesergänzungszuweisungen
verbleiben uns schon seit Jahren nur Steuereinnah-
men, die unter Länderdurchschnitt liegen."
Schließlich sagt X.Y.:
(7.) "Wir haben nicht über unsere Verhältnisse
gelebt, sondern die Verhältnisse haben sich geändert.
Wir halten soziale Verbesserungen, bildungspo-
litischen Fortschritt und mehr Lebensqualität für
die richtige Politik, auch wenn wir heute gezwungen
sind, in dem einen oder anderen Bereich quantitati-
ve Abstriche zu machen."

7.   Schreiben Sie eine Zusammenfassung von Kapitel 11, in der die
      wichtigsten Informationen des Textes enthalten sind. Die Länge soll
      ca. fünf Zeilen mit je 50 Anschlägen betragen.

8.   Bitte ergänzen Sie:

      Für den ersten Satz einer Nachricht ist gewöhnlich das _ _ _ _ _ _ _
      die richtige Zeitform; die folgenden Sätze stehen im _ _ _ _ _ _ _ _ _.

Ankündigungen von Ereignissen stehen entweder im _ _ _ _ _ oder im _ _ _ _ _ _ _.

9.   Im folgenden Beispiel wird im ersten Satz die Ursache für ein Flugzeugunglück mitgeteilt und dabei auf den bereits bekannten Absturz der Maschine Bezug genommen.

CERRITOS (AP) - Das Flugzeugunglück von Cerritos bei Los Angeles ist nach Angaben der Behörden möglicherweise auf einen Herzinfarkt des Piloten zurückzuführen, dessen einmotorige Piper am Sonntag eine DC-9 der mexikanischen Fluggesellschaft Aeromexico gerammt hatte. Die Feuerwehr teilte mit, daß neben den insgesamt 67 Personen an Bord der beiden Maschinen auch 18 Menschen aus der Siedlung umgekommen seien, auf die die Trümmer fielen. Eine erste Untersuchung ergab, daß der verantwortliche Fluglotse zum Zeitpunkt des Unglücks von einer dritten Maschine abgelenkt wurde. [...]

(A) Wie wird diese Herstellung des inhaltlichen und zeitlichen Zusammenhangs genannt?

Zum selben Flugunglück hat eine andere Nachrichtenagentur folgende Version verbreitet (→ Beispiel 12.4 (A)):

LOS ANGELES (rtr) - Die Kollision eines Verkehrsflugzeuges mit einer kleinen Privatmaschine ist möglicherweise auf einen Herzanfall eines der Piloten zurückzuführen. Gerichtsmediziner in Los Angeles erklärten dazu, der Pilot der Privatmaschine habe vermutlich einen Herzinfarkt erlitten. Nach ersten Ermittlungen der Experten flog er außerdem offenbar ohne Genehmigung des Kontrollturms. Unklar blieb zunächst aber, warum die Fluglotsen den Piloten des mexikanischen Verkehrsflugzeuges trotz Radars nicht warnten.
    Bei dem Unfall am Sonntag waren die 58 Passagiere der DC-9 der "Aero Mexico", die sechs Besatzungsmitglieder und die drei Insassen der Privatmaschine ums Leben gekommen. [...]

(B) Vergleichen Sie die beiden Versionen: Wie wird der inhaltliche und zeitliche Zusammenhang beim ersten, wie beim zweiten Beispiel hergestellt?

10. Bitte ergänzen Sie:

Bei Ereignis-Serien stehen am Anfang die _ _ _ _ _ _ _ _ _ _ _
_ _ _ _ _ _ _ _ _ _ _ _ _. Dann folgt die _ _ _ _ _ _ _ _ _, für die das
_ _ _ _ _ _ _ _ _ _ _ _ _ _ _ oft die richtige Zeitform ist.

11. In welchen Sätzen muß statt des Konjunktivs der Indikativ stehen?

(A) Wie die Nationalbank mitteilte, sei dies die Folge der
Rückzahlung von Notenbankkrediten gewesen.

(B) Leichtsinn, Selbstüberschätzung und mangelnde Erfahrung
sind nach Ansicht des Deutschen Alpenvereins die Hauptgründe für
die wachsende Zahl von tödlichen Unfällen im Gebirge.

(C) Nach Auffassung des Gerichts unterstehe auch ein künstlicher
Teil der Leiche dem strafrechtlichen Schutz des Totenfriedens.

(D) Nach eigenen Angaben habe er Wingerath, der wegen
Bankraub einsaß, das Versteck seines Beuteanteils von 2,5
Millionen Mark verraten.

(E) Nach allgemeiner Auffassung unter Professoren, Mitarbeitern
und Studenten, berichten die neun Hochschullehrer, sei für das öffentliche Ansehen der Hochschule beträchtlicher Schaden
angerichtet worden.

(F) Wie die Kriminalpolizei Münster am Samstag auf Anfrage mitteilte,
habe sich Wingerath telefonisch aus dem Ausland gemeldet.

12. Schreiben Sie die folgende Pressemitteilung eines Ministeriums so
um, daß ein Bericht von ca. 20 Zeilen mit je 50 Anschlägen entsteht.
Achten Sie dabei insbesondere auf die Anbindung und die
Organisation der Informationen.

Das Ministerium für Umwelt teilt mit:

Mit der Festlegung von Immissionsgrenzwerten für Thallium zog Umweltminister X.Y. jetzt die umweltpolitischen Konsequenzen aus dem Thallium-Fall in A-Stadt. Infolge der Thallium-Emissionen eines Zementwerkes in A-Stadt waren im vergangenen Jahr in der Umgebung dieses Betriebs erhebliche Umweltschäden entstanden.

In der "Technischen Anleitung zur Reinhaltung der Luft" (TA Luft) sind bisher keine Immissionswerte für Thallium und Thallium-Verbindungen genannt. In einem Erlaß an die Genehmigungsbehörden legte X.Y. jetzt als erster Umweltminister die Grenzwerte für Thallium-Belastungen fest: Sie dürfen künftig 35 Mikrogramm pro qm und Tag nicht mehr überschreiten. Gleichzeitig wurden in dem Erlaß die Grenzwerte für die Schwermetalle Blei und Cadmium bestimmt. Sie liegen für Blei bei 500 und für Cadmium bei 7,5 Mikrogramm pro qm und Tag.

X.Y. erklärte am Montag, mit diesen Vorschriften werde eine Lücke in den Umweltbestimmungen geschlossen. Eine bundeseinheitliche Regelung sei erst in ein bis zwei Jahren zu erwarten. Die genannten Schwermetalle gehörten zu den besonders gesundheitsgefährdeten Stoffen.

Der Minister betonte, auch die bereits vorhandenen Umweltbelastungen mit diesen Schwermetallen würden in die Grenzwertrechnungen mit einbezogen. Im Falle bereits bestehender Bodenbelastungen müsse der Auswurf aus den Schornsteinen entsprechend geringer sein.

Setzen Sie für X.Y. den Namen des für Umweltfragen zuständigen Ministers Ihres Bundeslandes und für A-Stadt den Namen Ihres Heimatortes ein.

13. Schreiben Sie eine Zusammenfassung von Kapitel 12, in der die wichtigsten Informationen des Textes enthalten sind. Die Länge soll ca. fünf Zeilen mit je 50 Anschlägen betragen.

14. Bindewörter (Konjunktionen) lassen sich einteilen in **(A)** zusätzliche Informationen, **(B)** zeitliche Beziehungen, **(C)** Vergleiche/Hervorhebungen, **(D)** Gegensätze/Einschränkungen, **(E)** Ortsbestimmungen und **(F)** kausale/finale Beziehungen. Bitte ordnen Sie die folgenden Konjunktionen jeweils einer dieser Gruppen zu:

um- zu, dabei, als, dort, freilich, besonders, jedoch, deshalb.

15. Bitte ergänzen Sie:

Bindewörter können die Informationen _ _ _ _ _ _ _ _ _ _ _ _ und in einen _ bringen. Bei ihrer Verwendung dürfen jedoch keine unzulässigen _ _ _ _ _ _ _ _ _ _ entstehen. Durch Bindewörter, die zeitliche Beziehungen ausdrücken, kann ungewollte _ _ _ _ _ _ _ _ _ _ _ _ in die Darstellung kommen.

16. Schreiben Sie eine Zusammenfassung von Kapitel 13, in der die wichtigsten Informationen des Textes enthalten sind. Die Länge soll ca. fünf Zeilen mit je 50 Anschlägen betragen.

14 QUELLEN UND ZITATE

14.1 "Als"-Konstruktionen

Journalismus ist oft nichts anderes als Information über Meinungen. Auswahl- und Verarbeitungsprobleme betreffen häufig Stellungnahmen von Personen und Organisationen. Der Kern von Aussagen, der sich unter einem Wust von Wörtern verbergen kann, muß dann freigelegt werden. Dabei sind eine Reihe von Prinzipien zu beachten (→ auch Kapitel 5).

Für den Einstieg empfiehlt sich bei der Wiedergabe von Aussagen einer Person oder Organisation häufig eine "Als-Konstruktion" in Verbindung mit einem zentralen Aspekt/Zitat aus der Stellungnahme; dann folgen weitere Informationen bzw. Äußerungen.

(A) FRANKFURT (dpa) - Als "blanken Zynismus" hat am Mittwoch in Frankfurt der Hauptvorstand der Gewerkschaft Erziehung und Wissenschaft (GEW) den Beschluß des Vermittlungsausschusses von Bundesrat und Bundestag bezeichnet, die Bezüge der Beamtenanwärter künftig um bis zu 241 Mark zu kürzen. Der Kürzungsvorschlag trifft nach Meinung der GEW die Lehramtsreferendare am härtesten, weil sie den höchsten Betrag einbüßten und viele von ihnen ohnehin eine Ausbildung abschlössen, die in die Arbeitslosigkeit münde.

Der Einstieg enthält hier (Beispiel A) den Kern einer wertenden Äußerung, die in Anführungszeichen gesetzt wird. Dann folgen weitere Informationen, zunächst in Verbindung mit "nach Meinung" im Indikativ, dann als indirekte Rede im Konjunktiv.

Eine Variante der "Als-Konstruktion" ist die Beschreibung der Reaktionsweise einer Person oder Institution (Antwort auf die "Wie?"-Frage) als Einstieg (Beispiel B).

(B) LEVERKUSEN (rtr) - Mit "Erstaunen" und "Ratlosigkeit" hat die Bayer AG in Leverkusen auf die Blockade ihrer Werksauslaufstelle durch die Mitglieder von mehreren Umweltschutzorganisationen reagiert. Wie ein Unternehmenssprecher am Montagmorgen auf Anfrage mitteilte, soll jetzt ohne Polizeieinsatz in aller Ruhe abgewartet werden, wie sich die Lage entwickelt. [...]

14.2 Wörtliches Zitieren

Grundsätzlich sollten in Nachrichten nur die Schlüsselaussagen wörtlich wiedergegeben und die übrigen Passagen in indirekte Rede gesetzt werden. Dabei ist zu berücksichtigen, daß Wertungen des Zitierten durch Anführungsstriche kenntlich gemacht werden müssen.

(A) LYON (dpa) - Mit einem Jagdgewehr hat eine zwanzigjährige Frau in Morance bei Lyon den Vater zweier kleiner Kinder erschossen, die sie beaufsichtigen sollte. Nach Angaben der Polizei gab sie als Motiv an, der Mann sei mit seinen Kindern "zu hart" umgegangen. Die Frau war in der Familie häufig als Babysitterin beschäftigt worden.

Hier (Beispiel A) ist "zu hart" ausdrücklich als Zitat kenntlich gemacht worden, damit das Tatmotiv deutlich wird. Beim Hörfunk müßte durch eine zusätzliche Erläuterung (z. B. "...sei mit seinen Kindern, wie sie meint, 'zu hart' umgegangen") deutlich gemacht werden, daß es sich um eine wörtliche Wiedergabe handelt.

Der Wechsel zwischen direkter und indirekter Rede ist insbesondere bei der Wiedergabe längerer und komplizierterer Aussagen sinnvoll. Er dient der Verständlichkeit und erlaubt, Schwerpunkte zu setzen. Sehr Wichtiges und Kennzeichnendes wird dabei wörtlich zitiert, Wichtiges in indirekter Rede komprimiert, Unwichtiges weggelassen.

Wörtliche Zitate können geteilt werden, so daß die Quellenzuordnung innerhalb des Satzes eingeschoben wird. Dabei ist jedoch die natürliche Pause im Satz zu beachten. Also nicht: "Die schlechtesten", sagte der Direktor, "Mitarbeiter sind die Dicken."

Indirekte Rede ist vor allem auch dann geboten, wenn eine wortgetreue Wiedergabe - z.B. wegen lückenhafter Aufzeichnungen - nicht möglich ist. Bei indirekter Rede muß der Gebrauch von Personalpronomen (ich, mich, mir, wir, uns) vermieden werden. In direkter Rede bezieht sich die Quelle auf sich selbst; in indirekter Rede wirkt es so, als ob sich die Äußerungen auf den Journalisten oder sein Medium beziehen. Deshalb gibt es dann nur die Möglichkeit, wörtlich zu zitieren, die Personalprono-

men durch "er" bzw. "sie" zu ersetzen oder durch "seine Organisation"
usw. zu umschreiben.

Das wörtliche Zitieren sollte nicht übertrieben werden. Sorgfältig aus-
gewählte Teilzitate und Zitate dienen im Wechsel mit indirekter Rede und
weiteren zusammenfassenden Passagen der Verständlichkeit (→ Kapitel
5.2). Die Wiedergabe eines Kernsatzes ist oft informativer als ein ganzer
Redeausschnitt (Beispiel B).

(B)   SAARBRÜCKEN (dpa) - Die moderne Emanzipationsbewegung,
      die der Frau neue Möglichkeiten der Bestätigung in Beruf und Öffent-
      lichkeit schuf, hat ihr nach Ansicht des Erlanger Sozialwissenschaftlers
      Prof. Gerhard Wurzbacher zugleich aber auch den Weg zum Suchtmit-
      telkonsum geebnet. Früher habe die Frau stärker unter der sozialen
      Kontrolle und Führung des Mannes gestanden, meinte Wurzbacher am
      Dienstag auf der Fachtagung "Frau und Sucht" in Saarbrücken. Die
      Emanzipationsprozesse der Gegenwart hätten diese Kontrolle jedoch er-
      heblich gelockert und damit der Frau auch den Zugang zu Suchtmitteln
      erleichtert. Die Frauen erlebten zudem, wie Wurzbacher weiter sagte,
      viel stärker den Gegensatz zwischen dem offiziell bekundeten Gleich-
      heitsanspruch und ihrer wirklichen Situation. "Diese größer gewordene
      Empfindlichkeit gegenüber Diskriminierungen kann zusammen mit
      persönlichen Anlagen und Sozialisationsdefiziten zu Frustrationen und
      zu ihrer Verdrängung durch Suchtmittel führen."

Im amerikanischen Journalismus kann die Weglassung unwichtiger Teile
eines wörtlichen Zitats durch drei Punkte gekennzeichnet werden ("ellip-
sis"). Dies ist allerdings im deutschen Journalismus unüblich. Die drei
Punkte werden freilich gelegentlich gebraucht, um - z.B. am Ende eines
Features - Bedeutungsschweres in den letzten Satz zu legen ...

14.3 Quellenzuordnung

Die Quellen sollten in einer Nachricht den Informationen jeweils so genau
wie möglich zugeordnet werden (→ auch Kapitel 20). Journalisten müssen
stets deutlich machen, woher die berichteten Fakten und Meinungen
stammen. Deshalb ist die Quelle so oft wie nötig anzugeben (Beispiel A).

(A) **MÜNSTER** (dpa) - Eine Frau aus Münster (Kreis Darmstadt-Die-burg) hat in der Nacht zum Montag bei der Polizei angerufen, weil in ihrem Bett ein fremder Mann liege. Daraufhin seien ihr zwei Beamte zu Hilfe geeilt, die den Eindringling weckten und zur Rede stellten, berichtete die Darmstädter Polizei. Zur Überraschung der Polizisten stellte sich heraus, daß der "Fremde" unter der richtigen Decke steckte: Er war der Ehemann der 18jährigen. Die Frau hatte "vor dem Schlafen-gehen so tief ins Glas geschaut, daß sie ihn vorübergehend nicht wie-dererkannte", heißt es im Polizeibericht.

Bei der Beschreibung des Äußerungsvorgangs ist Vorsicht geboten. Synonyme für das Wort "sagte", die der Lebendigkeit der Darstellung die-nen sollen, erweisen sich nicht immer als zutreffend. Möglich sind im allge-meinen "erklärte", "teilte mit" und "bestätigte". "Meinte" und "betonte" hingegen kommen nur in Frage, wenn tatsächlich eine Bewertung oder et-was mit Nachdruck Gesagtes wiedergegeben werden. Im Zweifelsfall sollte man bei "sagte" bleiben.

Das neutrale "sagte" läßt sich aber ohne die Gefahr von Wertungen z. B. durch "nach Angaben", "nach den Worten" oder ähnliches (→ auch Ka-pitel 5.1) ersetzen (Beispiel B). Sätze mit diesen Quellenangaben stehen im Indikativ (→ auch Kapitel 12.3).

(B) **LONDON** (rtr) - Die im Betrieb der Londoner Tageszeitung "The Times" vertretenen Gewerkschaften haben nach Angaben des Verlegers Rupert Murdoch im Druckbereich der Einsparung von 100 Arbeitsplät-zen zugestimmt. Angesichts der hohen Verluste der "Times" und ihres Schwesterblattes "The Sunday Times" will der australische Verleger die Belegschaft auf 2.000 Mitarbeiter reduzieren. Er hat mit der Einstellung beider Zeitungen gedroht, falls dieses Ziel nicht erreicht werden kann. Murdoch sagte, beide Zeitungen würden gerettet, "falls wir diese sehr heiklen Verhandlungen abschließen können".

Insbesondere bei Wertungen, Beurteilungen und anderen Meinungs-äußerungen ist die Quelle direkt und möglichst genau anzugeben.

(C) **BONN** (dpa) - Im Internationalen Jahr der Behinderten haben die Ortskrankenkassen nach eigenen Angaben die Betreuung und Beratung der Behinderten ausgebaut und auch die vorbeugende Gesundheitssi-cherung verstärkt, "um Behinderungen rechtzeitig zu begegnen". Der Bundesverband der Ortskrankenkassen kündigte außerdem an, daß nach einem erfolgreichen Modellversuch zur Frühförderung behinderter Kinder bei vielen Ortskrankenkassen alle derartigen Maßnahmen zusammengefaßt werden sollen.

Hier (Beispiel C) wird die positive Bewertung der Aktivitäten eindeutig als Selbsteinschätzung ("nach eigenen Angaben") ausgewiesen. Wichtig ist die genaue Quellenzuordnung vor allem auch bei Schuldzuweisungen, etwa in einem Unfallbericht (→ auch Kapitel 20.3).

Manchmal empfiehlt es sich, die Quellenangabe an den Anfang zu stellen, z. B. dann, wenn die Kompetenz oder Glaubwürdigkeit der Quelle besonders wichtig ist (Beispiel D).

(D) LONDON (rtr) - Nach Ansicht des Brokers Ralph Kestenbaum ist eine Lösung der weltweiten Zinnkrise bis zum Ende dieser Woche möglich. Der Zinnhandel an der Londoner Metallbörse (LME) könne dann Anfang März wieder aufgenommen werden, sagte Kestenbaum am Mittwoch in London. Der Broker, Mitautor eines Planes zur Sanierung des Zinnhandels, hatte zuvor einem Parlamentsausschuß erklärt, Zinn werde bei einer Wiederaufnahme des Handels innerhalb eines Monats mit einem Anfangspreis von rund 7.500 Pfund je Tonne notiert werden. Am freien Markt stieg der Zinnpreis daraufhin um rund 350 Pfund auf 6.000 Pfund bei kurzfristiger Lieferung.

Wenn in einer Nachricht Informationen aus mehreren Quellen verwendet werden, sind diese Informationen jeweils genau zuzuordnen.

(E) COLOMBO (AP) - Mindestens 20 Menschen sind auf Sri Lanka das Opfer eines Racheaktes geworden. Wie von der Regierung und von Augenzeugen berichtet wurde, haben militante Tamilen mindestens 15 singhalesische Zivilisten erschossen oder erschlagen, die sich mit drei Lastwagen auf der Flucht in dem von Unruhen erschütterten ostceylonesischen Gebiet Tricomalee befanden. In der Stadt Tricomalee wurden nach Schilderung von Einwohnern nach Bekanntwerden des Massenmords zur Vergeltung fünf Angehörige einer tamilischen Familie auf offener Straße von jungen Männern erschlagen und verbrannt.

In diesem Beispiel (E) beruht die Berichterstattung auf drei verschiedenen Quellen (Regierung, Augenzeugen, Einwohner von Tricomalee). Diese Quellen werden jeweils für die betreffenden Informationen angeführt.

15 PERSONEN

15.1 Namen

Für viele Medien und Journalisten sind vor allem Namen Nachrichten. Informationen über bestimmte Personen besitzen von vornherein einen hohen Nachrichtenwert (→ auch Kapitel 1.2).

Die "nachrichtliche Behandlung" von Personen variiert zwar von Medium zu Medium, von Ressort zu Ressort. Einige verbindliche Regeln lassen sich aber für den gesamten Nachrichtenjournalismus formulieren. Sie basieren auf professionellen Konventionen, dem Persönlichkeitsrecht und berufsethischen Standards.

Personen werden in Nachrichten möglichst mit vollständigem Namen erwähnt. Ausnahmen sind aus rechtlichen Gründen zulässig oder sogar geboten, etwa, um einen Bürger zu schützen, dessen Situation (zufällig) von öffentlichem Interesse ist (Beispiel A).

> **(A)** HANNOVER - Nach zwei Jahren vergeblichen Irrgangs durch Beamten- und Urlaubsgesetze - er möchte ohne Dienstbezüge beurlaubt werden - ist der 53jährige Postamtmann Gerhard S. aus Hannover auf eine ausgefallene Idee gekommen. Er hat bei der niedersächsischen Landesregierung nachgesucht, daß er, obwohl als Postbeamter in Diensten des Bundes, in den Landesdienst übernommen und sofort ohne Dienstbezüge beurlaubt werde. [...]
>
> (SZ)

Der volle Name handelnder Personen wird nicht genannt, wenn es - wie bei dem Postbeamten - um den Fall, nicht aber um die Person geht. Hier hat das **Persönlichkeitsrecht** Vorrang vor dem Informationsinteresse der Öffentlichkeit.

Jugendliche Straftäter oder Tatverdächtige werden nicht mit Namen genannt. Dies gilt auch dann, wenn sie zum Zeitpunkt der Berichterstattung längst volljährig sind. Im folgenden Beispiel (B) wird der Name nicht genannt, weil der Doppelmörder eine Jugendstrafe verbüßt.

(B) MÜNCHEN - Ein aus dem Nervenkrankenhaus im niederbayerischen
Mainkofen entwichener Doppelmörder hat sich nach zweitägiger Flucht
am Dienstag den Justizbehörden in Deggendorf gestellt. Der 29jährige
Schlosser war bei einem Gruppenspaziergang auf dem Gelände der
Anstalt zusammen mit einem anderen Patienten geflohen, der wegen
mehrerer Gewaltverbrechen verurteilt worden war. Der zweite Mann
hatte sich bereits am Montag der Polizei in Regen im Bayerischen
Wald gestellt. Der aus Augsburg stammende Doppelmörder verbüßt
eine zehnjährige Jugendstrafe wegen Mordes an seinem Bruder und einer
Frau.

(SZ)

Nur bei schweren Straftaten ist die Namensnennung gerechtfertigt.
Tatverdächtige Erwachsene werden nur dann mit vollem Namen ge-
nannt, wenn dies der Verbrechensaufklärung dient. Gegen diesen
Grundsatz ist im folgenden Beispiel (C) verstoßen worden.

(C) DÜSSELDORF - Die Sache war, dies müssen auch Polizei und
Staatsanwaltschaft zugeben, überaus geschickt eingefädelt: Direkt neben
dem Düsseldorfer Zentrallager für Kino-Filme an der Gerresheimer
Straße hatte der 34jährige Werner Traut die Räume für seine Firma an-
gemietet. Hier wurden Kassenschlager der Kinoleinwand, die bereits
nach wenigen Wochen Gebrauchsspuren aufwiesen, entweder zur Wei-
terverwendung "technisch entflimmert" oder - so behauptet jedenfalls
Traut - vernichtet. Die ermittelnden Beamten sind da anderer Meinung:
Von jeder Kino-Rolle, so wissen sie seit der Entdeckung eines Lagers
in Heusenstamm bei Offenbach, hatte sich Traut eine Kopie gefertigt
und anschließend auf Bestellung Videos kopiert. 1.500 aktuelle Kino-
Knüller wurden nach einer Durchsuchung beschlagnahmt, die La-
gerhalle amtlich versiegelt. Der 34jährige Düsseldorfer, seit einer
Woche auf der Flucht vor den Behörden im Ausland, hat dieses Siegel
erbrochen und sich vor seinem Verschwinden nochmals "bedient".
   Eine Vielzahl von Streifen, dafür fand die Kriminalpolizei eindeu-
tige Belege, hat der 34jährige Düsseldorfer auch an Kompagnons verkauft oder einfach weitergegeben. Karl-Heinz S. (29), Hans-Joachim B.
(46), Harald H. und Ralph W. (beide 38), zur Zeit alle in Untersu-
chungshaft, entwickelten ihrerseits einen ausgeprägten Geschäftssinn.
[...]

(RP)

Sieben Monate später berichtete dieselbe Zeitung über den Kampf des damaligen Tatverdächtigen um seine öffentliche Rehabilitation. Inzwischen war das Verfahren gegen ihn wegen Verdachts der Video-Piraterie eingestellt worden (Beispiel D).

(D) DÜSSELDORF - Was für die Staatsanwaltschaft Routine war, nennt der Betroffene Vorverurteilung. Der "Fall": Die Schlagzeilen nannten den vollen Namen und sprachen von "Video-Piraterie", der internationale Haftbefehl war ausgeschrieben und die Gerichtsverhandlung hat auch schon stattgefunden. Das Verfahren wurde allerdings eingestellt, die Kosten der Staatskasse aufgebürdet. Nun kämpft der zu Unrecht Beschuldigte, der Filmkaufmann Werner Traut, damals Firmenchef in Düsseldorf und Heusenstamm, um die Wiederherstellung seines guten Rufes - soweit nachweisbar auch um den Ersatz des materiellen Schadens. [...]

(RP)

Der mit vollem Namen Genannte machte geltend, daß ihm durch die Veröffentlichung geschäftlicher Schaden entstanden sei. Da die anderen Tatverdächtigen anonym geblieben seien, habe ihn die Staatsanwaltschaft durch die Namensnennung zum "Rädelsführer" gemacht. Eine solche Namensnennung kann in der Tat auf eine **Vorverurteilung** hinauslaufen - wobei der Journalist Angaben offizieller Stellen (hier: der Staatsanwaltschaft) nicht einfach übernehmen darf.

Die Namensnennung sollte in der Regel unterbleiben, wenn für die in einer Nachricht vorkommende Person negative Folgen zu erwarten sind. Es kann jedoch auch notwendig sein, die handelnden Personen mit vollem Namen zu nennen, etwa um Personen mit ähnlichen Merkmalen vor einem Verdacht zu schützen. So müßte der Name eines Rechtsanwaltes, der unter Betrugsverdacht steht, genannt werden, wenn er z.B. in einer Kleinstadt, die nur drei Rechtsanwälte hat, arbeitet. Es könnte dann nämlich notwendig sein, klarzustellen, welcher Rechtsanwalt sich dem Verdacht des Betruges ausgesetzt hat, um die Unverdächtigen zu schützen.

15.2 Personen der Zeitgeschichte

Die allgemeine Zurückhaltung bei der Namensnennung in Nachrichten gilt prinzipiell nicht für Personen der Zeitgeschichte. Wer bekannt oder sogar

berühmt ist, muß damit leben, daß sein Name in Nachrichten grundsätzlich
genannt wird - egal, ob in erfreulichen oder unerfreulichen Zusammenhän-
gen (Beispiel A).

(A) **ESSEN (dpa)** - Für zweieinhalb Jahre schickte das Landgericht Essen
     gestern den jugoslawischen Handball-Trainer Marinko Andric (44) ins
     Gefängnis. Es sah den Tatbestand des fortgesetzten Mißbrauchs von
     Minderjährigen und den der sexuellen Nötigung als erfüllt an. Vom
     Vorwurf der Vergewaltigung wurde Diplom-Sportlehrer Andric, der
     auch die Bundesligisten TuSEM Essen, Tus Hofweier und Reinicken-
     dorfer Füchse trainierte, freigesprochen.

Menschen, an denen ein besonderes öffentliches Interesse besteht, können sich im allgemeinen nicht gegen die volle Identifizierung in Wort und
Bild wehren. Als Personen der Zeitgeschichte gelten dabei auch "lokale
Größen", also Leute, die nur in einem begrenzten geographischen Raum
einen gewissen Bekanntheitsgrad besitzen (Beispiele B, C).

(B) **MÜNCHEN** - Der Besitzer der Auktionsgalerie Gus Schiele an der
     Ottostraße 7 ist verschwunden und wird steckbrieflich gesucht. Dem
     57jährigen Geschäftsmann wird Darlehensbetrug mit einem Schaden
     von 148.000 Mark angelastet. Seine Frau Gabi (21) sitzt derzeit wegen
     Betrugs in der Frauenhaftanstalt Aichach in Untersuchungshaft. Ihr wird
     vorgeworfen, Gegenstände aus der Kunstgalerie gegen ein Darlehen ei-
     ner Münchner Bank verpfändet und die Gegenstände beiseite gebracht zu
     haben.

                                                                    (SZ)

(C) **KÖLN (dpa)** - Was mit Mozart-Sonaten begann, endete vor dem
     Kölner Amtsgericht mit einem Freispruch: Das stadtbekannte Original
     "Klaus der Geiger" mußte sich dort wegen Gefangenenbefreiung,
     gefährlicher Körperverletzung und Widerstands gegen die Staatsgewalt
     verantworten. Zusammen mit anderen Straßenmusikanten und un-
     terstützt von seinem ebenfalls des Geigespielens kundigen Strafverteï-
     diger, hatte der 46jährige Klaus von Wrochem zu Beginn des Verhand-
     lungstages vor dem Eingang des Gerichts klassische Weisen intoniert.
     [...]

15.3 Identifizierung

Wenn keine rechtlichen oder berufsethischen Bedenken bestehen, werden in Nachrichten Vor- und Zunamen der vorkommenden Personen genannt. Auf korrekte Schreibweise ist dabei besonders zu achten. Wortspiele mit kuriosen Personennamen sind in Nachrichten nicht erlaubt. Die Deutsche Presse-Agentur z.B. verbietet sie ihren Mitarbeitern ausdrücklich.

Im deutschen Journalismus ist es - anders als im angelsächsischen - nicht üblich, "Herr" oder "Frau" den Namen voranzustellen. Titel wie "Dr." oder "Prof." werden bei einigen Medien aufgeführt, bei anderen nicht. Grundsätzlich sollten sie nur dann erscheinen, wenn sie mit dem Inhalt der Nachricht direkt zu tun haben (Beispiel A).

(A) MÜNSTER (dpa) - Ärzte und Rettungssanitäter in der Bundesrepublik wären bei einer Katastrophe wie in Tschernobyl völlig hilflos. Weder die Ärzte noch die Sanitäter seien auf solche Situationen vorbereitet. Das sagte Prof. Dr. Peter Lawin von der Universitätsklinik Münster gestern zum 6. Bundeskongreß der Rettungssanitäter und Notärzte, der am Wochenende in Münster stattfinden wird. [...]

Wenn der Vorname einer Person nicht bekannt ist, kann stattdessen der Nachname im Zusammenhang mit der Funktion (Bundestagsabgeordneter X) genügen. Notwendig ist es immer, erwähnte Personen in einen erkennbaren Zusammenhang mit dem Inhalt der Nachricht zu bringen. Wir nennen dies die "Identifizierung" einer Person. Sie muß so präzise und informativ wie möglich sein. Zur Identifizierung gehört auch die **Altersangabe**.

Zu fragen ist dabei aber jeweils nach dem Zweck und der Notwendigkeit dieser Informationen. So ist z. B. die Berufs- oder Nationalitätsbezeichnung einer Person in Verbindung mit einer Straftat keineswegs geboten.

Personen, die unbekannt sind, müssen im allgemeinen genauer identifiziert werden als bekannte Personen. Dabei kann es sinnvoll sein, die Identifizierung der Namensnennung voranzustellen, weil z.B. die Funktion wichtiger ist als die Person selbst. Wenn die Namen nachrangige Bedeutung besitzen, sollte zunächst das, was Personen in der Nachricht tun, ausführlicher dargestellt werden (Beispiel B).

(B) **TOKIO (dpa)** - Zwei Universitätsprofessoren in Tokio haben beschlossen, den häufig beklagten Rückstand der japanischen Wissenschaft im Vergleich zu anderen hochindustrialisierten Ländern auf einem
eher abseitigen Spezialgebiet aufzuholen: sie wollen Kugelblitz und
tote Seelen erforschen.

Die Feuerbälle gelten in Japan seit Jahrhunderten als tote Seelen,
die mit ihrem Erscheinen in dieser Form ein böses Omen für den Augenzeugen sind. Kugelblitz heißt "Hitotama", tote Seele "Hitodama"
auf japanisch - in der Praxis wird kaum ein Unterschied zwischen den
beiden gemacht.

Die Physikprofessoren Yoshihiko Otsuki und Taro Matsuno wollen
in ihrem "Hitodama-Beobachtungs-Zentrum" möglichst genaue Augen-
zeugenberichte sammeln und analysieren - die Phänomene haben die
unangenehme Eigenschaft, sich direkter wissenschaftlicher Beobachtung
zu entziehen, und viele Physiker bezweifeln, daß es sie überhaupt gibt.

16 SPRACHE UND STIL

16.1 Nachrichtensprache

Zwischen dem Nachrichtenschreiben und dem, was allgemein unter "gutem Stil" verstanden wird, gibt es eine Reihe von Unterschieden. Guter Stil findet seinen Ausdruck z. B. in eleganten Formulierungen und dem Nachweis eines großen Wortschatzes - Nachrichtenschreiben hingegen verlangt vor allem Direktheit, Kürze, Prägnanz, Einfachheit und Klarheit der Sprache.

In der Nachricht fehlt alles, was nicht unbedingt notwendig ist. Füllwörter, stilistische Verzierungen haben gerade hier nichts zu suchen; ebenso übertriebene oder ausschweifende Formulierungen. Illustrierende Sprachelemente und Wiederholungen werden auf notwendige Fälle beschränkt.

Schiefe Bilder sind besonders problematisch. "Das schlägt dem Faß die Krone ins Gesicht" oder "Die Ratten traten massiert auf" sind nur Persiflagen auf viele Beispiele, die man in den Medien finden kann. Zu Klischees werden immer wieder verwendete Metaphern wie "zur Kasse bitten", "Weichen stellen" oder "grünes Licht geben".

Stets sollte die sprachliche Darstellung dem Gegenstand angemessen sein. Ein "Hochjubeln" des Berichterstattungsgegenstandes wirkt ebenso wie Pseudooriginalität unfreiwillig komisch. Phrasenhafte Ausdrücke wie der "ominöse Knopf" (→ dazu auch Beispiel (C) in Kapitel 18.2), aber auch die oft bemühte "breite Öffentlichkeit" sind zu vermeiden.

(A) **DÜSSELDORF** - Eine große, wenn auch nicht breite Öffentlichkeit war gestern dem Schulausschuß beschieden: Mehrere hundert Rethel-Gymnasiasten und -Pädagogen wollten die politische Entscheidung über die Zukunft ihrer "Penne" vor Ort miterleben. Doch der Schulausschuß tat ihnen diesen Gefallen nicht. Zwar mit Diskussion, aber ohne jede

Abstimmung passierte der Verwaltungswunsch, eine Gesamtschule am
Rethel-Gymnasium und in der Hauptschule Hermannplatz einzurichten,
den Ausschuß. Das Szenarium für ein endgültiges Votum stellt nun
Anfang Oktober der Stadtrat. [...]

(NRZ)

Neben der "großen, wenn auch nicht breiten Öffentlichkeit" sind in diesem
Beispiel (A) noch eine Reihe schiefer oder phrasenartiger Formulierungen
zu finden ("Öffentlichkeit beschieden", "vor Ort", "das Szenarium stellt").
      Wer treffend formulieren will, muß an der Verbesserung seiner
Sprachkompetenz arbeiten. Oft sind im Journalismus sprachlich mißglückte
Artikel aber auch das Ergebnis schlechter Recherche: Das Ergebnis der In-
formationssammlung ist so dünn, daß der Schreiber glaubt, seinen Beitrag,
wie es im Fachjargon heißt, "aufmotzen" zu müssen.

16.2 Satzbau und Wortwahl

Für Satzbau und Wortwahl beim Nachrichtenschreiben lassen sich folgende Empfehlungen geben:

• **Verständlichkeit** muß beim Nachrichtenschreiben in Einklang gebracht werden mit der Exaktheit des Inhalts. Diese Verständlichkeit ist
sowohl beim Satzbau als auch bei der Wortwahl anzustreben. Unverständlich sind zu lange, komplizierte Sätze. Auch der Einstiegs-Satz sollte deshalb nicht mit Informationen überladen werden. Für den Satzbau beim
Nachrichtenschreiben gelten zwei Faustregeln: nicht mehr als 15 Wörter in
einem Satz (beim Hörfunk: 13 Wörter); nicht mehr als ein Thema in einem
Satz.

• **Nachrichtensätze** sollten im **Aktiv** (Tatform) stehen und eine einfache
Konstruktion haben: Subjekt, Prädikat, Objekt. Dem entspricht der "Wer?"-
"Was?"-Einstieg im Vorspann der Nachricht (→ Kapitel 9.1). Verbindungen
durch "und", "aber", "weil" sollten unterbleiben, wenn sie nicht notwendig
sind. Besser ist meist ein neuer Satz. Zu viele kurze Sätze hintereinander
können aber zu einem "Hackstil" führen, wie er für Boulevardzeitungen typisch ist (Beispiel A).

(A) BAUNATAL - Er hatte sein Häusle selbst gebaut, Stein auf Stein
     gesetzt, zwölf Jahre für die Schulden geschuftet. Umsonst. Denn der
     Anwalt seiner Bank kam, sagte: "Bitte ziehen Sie aus, Ihr Haus wird
     zwangsversteigert." Lothar Wagner (47) aus Baunatal (Hessen) hat sich
     bitter gerächt: Er erschlug den Anwalt Rainer Horst (35) mit einem
     Ziegelstein.

                                                                  (Bild)

Viele kurze Hauptsätze hintereinander sind ein Mittel, das sich abnutzt,
aber die Verständlichkeit nicht erhöht. Besser ist sprachliche **Varianz**:
eine Mischung aus kurzen Sätzen und aufwendigeren Konstruktionen mit
Haupt- und Nebensätzen. Diese Varianz fehlt im folgenden Beispiel (B).
Jeder Hauptsatz wird durch einen Relativsatz unterbrochen. Vor allem der
Einstiegs-Satz enthält außerdem zu viele Informationen.

(B) LANDAU (dpa) - Die Stadt Landau will die Wiedereröffnung des mit
     mehreren Millionen Mark renovierten Frank-Loebschen Hauses, dessen
     Name unter anderem auf die Vorfahren der mit ihrem Tagebuch welt-
     berühmt gewordenen Anne Frank zurückgeht, zusammen mit allen
     ehemaligen jüdischen Mitbürgern feiern. In einem am Mittwoch be-
     kanntgewordenen Brief hat Landaus Oberbürgermeister Christopf Wolff
     (CDU) 70 Landauer Juden, die während der NS-Zeit in die Welt
     verschlagen worden waren, auf Kosten der Stadt zur Einweihung des
     historisch wertvollen Gebäudes am 7. Mai eingeladen. In dem aus vier
     Flügeln bestehenden Patrizierhaus, das 1870 von Anne Franks
     Urgroßvater Zacharias Frank gekauft worden war, hatten rund 80 Jahre
     lang - bis zu ihrer Deportation im Jahr 1942 - Landauer Juden gewohnt.
     [...]

• **Satzbau** und Inhalt sollten beim Nachrichtenschreiben übereinstimmen:
Wichtiges wird nicht versteckt, weniger Wichtiges wird nicht hervorgehoben. Also gehören Hauptsachen in Hauptsätze, Nebensachen in Ne-
bensätze. Auf diese Weise wird das Pyramiden-Prinzip (→ Kapitel 6.1), das
die Informationen hierarchisch ordnet, durch den Satzbau unterstützt.
Absätze verbessern die Verständlichkeit von Nachrichten. Die Absätze
sollten jedoch nicht zu kurz sein und zusammengehörende Informationen
nicht trennen. Absätze werden in Nachrichten im allgemeinen nach zwei bis
drei Sätzen gemacht.

• **Wörter**, die wegen ihrer Länge vermutlich nicht gleich erfaßt oder verstanden werden können, sollten vermieden werden. Ebenso Floskeln wie "flächendeckend" oder "unverzichtbar" und unpräzise Begriffe, insbesondere **Euphemismen**, die entweder übertreiben oder unzulässig verkleinern und verharmlosen (der große Wagen wird zur "Nobelkarosse", die Tankstelle zum "Servicecenter" - das teure Abendkleid aber zum "Fummel" und die Vergiftung der Meere durch Chemieabfälle zur "Dünnsäureverklappung"). Nachrichtenjournalismus ist um treffende Wörter und Formulierungen bemüht, die nichts beschönigen, aber auch nichts übertreiben. **Fremdwörter** werden, wo immer dies möglich ist, durch den entsprechenden deutschen Begriff ersetzt. Abstrakte bzw. zusammengesetzte Wörter mit der Endsilbe -keit, -heit, -ung, -tät oder -isierung sind ebenfalls zu vermeiden. **Adjektive** werden beim Nachrichtenschreiben sparsam eingesetzt. Zur Unterscheidung ("In der zweiten Anhörung vor dem Bundestagsausschuß ...") können sie wichtig sein; als schmückendes oder gar wertendes Beiwerk haben sie in Nachrichten nichts zu suchen.

• **Redundanz**, also überflüssige Information, ist beim Nachrichtenschreiben gleichermaßen falsch und richtig. Sprachlich falsch ist eine Häufung singleicher oder sinnähnlicher Ausdrücke in einem Satz ("Pleonasmus"), z.B.: "wahre Tatsache", "neu renoviertes Haus", "völlig zerstörte Fabrik", "ist natürlich klar", "pflegt gewöhnlich...". Zu diesen **Tautologien** gehört auch das Modewort "letztendlich". Zulässige, sogar notwendige Redundanz liegt aber vor, wenn wegen der Verständlichkeit Bezug genommen wird auf bereits berichtete Informationen (→ Kapitel 12.4) oder wenn Kompliziertes durch Wiederholung in anderen Worten erläutert wird. Texte, die nicht aus einem ausgewogenen Verhältnis von neuen und redundanten Elementen bestehen, sind für den Leser/Hörer/Zuschauer im allgemeinen unverständlich. Dies gilt insbesondere bei Rundfunknachrichten.

• **Abkürzungen** müssen im allgemeinen erklärt werden. Am besten ist es, wenn zuerst die volle Bezeichnung kommt und dann erst die Abkürzung, die dann weiter verwendet werden kann ("... hat die Gewerkschaft Handel, Banken und Versicherungen (HBV) ..."). **Satzzeichen** können auch in Nachrichten von besonderer Bedeutung sein: Wenn es z.B. darum geht, die inhaltliche Verbindung zwischen Sätzen und Satzteilen deutlich zu machen. Häufig verwendet werden der **Doppelpunkt** und der **Gedankenstrich**. Beide Satzzeichen können Tempo, Knappheit oder auch Prägnanz in die Satzkonstruktionen bringen (Beispiele C,D).

(C)   **HAMBURG** - Tausende von Autofahrern kamen gestern früh zu spät zur Arbeit, saßen fluchend in kilometerlangen Staus im Hamburger Norden: Der Krohnstiegtunnel, der die Startbahn des Flughafens Fuhlsbüttel unterquert, war gesperrt. Wie BILD-Hamburg berichtete, hatten sich Sonntagmittag Deckenplatten im Tunnel gelöst - aber erst gestern früh gegen zehn Uhr wurde mit der Reparatur begonnen. [...]

         (Bild)

(D)   **MÜNCHEN/ECHING** - Mehr als 100.000 Fingerabdrücke, weit über 15.000 Zeugenbefragungen und über tausend Spuren - der spektakuläre Entführungsfall der zehnjährigen Ursula Herrmann aus Eching am Ammersee läßt der Staatsanwaltschaft und der "Soko Herrmann" keine Ruhe. Rund 40 Personen stehen zur Zeit im Verdacht, an dem abscheulichen Verbrechen an dem kleinen Mädchen beteiligt zu sein - aber es gibt noch nicht genügend Beweismittel. Heute läßt das Landeskriminalamt in Bayern 4.500 neue Fahndungsplakate zum Fall Herrmann aushängen. Der ermittelnde Oberstaatsanwalt Franz Ammer: "Der geringste Hinweis kann jetzt zu den Tätern führen." [...]

         (AZ)

Gedankenstriche und Doppelpunkte können sich als Stilmittel jedoch abnutzen, wenn sie zu häufig eingesetzt werden (Beispiel E).

(E)   **LARNAKA** - Dramatik gestern abend auf dem Flughafen von Larnaka: Mitten in die "Tagesschau" platzt die Meldung, in dem entführten kuwaitischen Jumbo-Jet mit über 50 Geiseln an Bord habe es eine Explosion gegeben. Doch nach 45 Minuten Entwarnung: Der Knall war nur das überraschende Anlassen der Jumbo-Turbinen. Plötzlich Bewegung auf dem Flugfeld: Krankentransporter rollen heran, ein Bus und ein Tankwagen. Die Boeing 747 wird aufgetankt. Zwei Vertreter der palästinensischen Befreiungsorganisation PLO dürfen an Bord. Ein Tauschhandel kommt zustande: Treibstoff gegen 15 Geiseln. Der Schock weicht neuer Hoffnung. [...]

         (MOPO)

Mit dem **Semikolon** (Strichpunkt), das zwischen inhaltlich zusammenhängenden Hauptsätzen steht, sollte man besonders sparsam umgehen. Meistens wäre, wie auch im Beispiel (F), der Punkt besser.

(F) MÜNCHEN - Das Bundesgesundheitsamt weist darauf hin, daß im
Handel immer noch Windelhosen aus weichgemachtem Polyvinylchlo-
rid mit cadmiumhaltigen Stabilisatoren anzutreffen seien; dies entspre-
che nicht mehr dem gegenwärtigen Stand der Technik, heißt es in der
jüngsten Ausgabe des Bundesgesundheitsblattes. Hersteller von Windelhosen werden "aus Gründen des präventiven Gesundheitsschutzes"
aufgefordert, nur noch PVC ohne cadmiumhaltige Stabilisatoren zu
verwenden; auch beim Import von Windelhosen solle darauf geachtet
werden, daß kein cadmiumhaltiges Material auf den Markt kommt.

(SZ)

16.3 Sprachregelungen

Es gibt Wörter und Formulierungen, die bei den Nachrichtenmedien
unerwünscht sind, und sogar detaillierte Sprachregelungen für alle Mitarbeiter. Dazu gehören:

• **Zahlen** bis einschließlich zwölf werden (lt. Duden) ausgeschrieben. Die
Ausnahme bilden Numerierungen (z.B. Hausnummern), die durch Ziffern
ausgedrückt werden. Darüber hinaus gelten pragmatische Regeln: Was
verglichen werden soll, wird gleich geschrieben; nicht exakte Größen-
angaben werden in Buchstaben ausgedrückt ("Dreißigtausend Menschen
warteten im Olympiastadion ..."). Kompliziertere Zahlenangaben sollten
möglichst durch **Vergleiche** aufgelöst werden ("... so groß wie ein Fuß-
ballfeld"). Vergleiche gehören ebenso wie Beispiele und Zitate zu den
"anregenden Zusätzen", die nach den Erkenntnissen der Sprachwissenschaft schwierige Sachverhalte verständlich werden lassen und die Lesefreundlichkeit von Texten erhöhen. Anschaulichkeit ist wichtiger als Präzision hinter dem Komma. Texte, die zu viele Zahlenangaben enthalten,
sind nicht verständlich (Beispiel A).

(A) DÜSSELDORF - Für die 28 Symphoniekonzerte in der Tonhalle
wurden im vergangenen Jahr 6.332 Tageskarten verkauft, dem stehen
3.305 Ehrenkarten gegenüber. Dies fiel gestern in der letzten Sitzung
des Kulturausschusses vor der Kommunalwahl auf. Ratsherrin Gertrud
Müller (SPD) war es, die das aufgriff, was auch bei den anderen Frak-
tionen einiges Kopfschütteln auslöste. Als sehr positiv zu werten ist
die enorme Zunahme von Konzertbesuchern. Durch die Tonhalle stieg
die Zahl auf 94.000.

Die erwähnten Symphoniekonzerte besuchten alles in allem 51.656, davon entfallen 28.384 Karten auf Abonnenten, 4.462 auf die Volksbühne, 6.880 auf die Theatergemeinde und 2.254 auf Schülerkarten. Für die 17 Meisterkonzerte kamen 29.784 in die Tonhalle, bei 818 Freikarten und 11.361 Tageskarten. Rechnet man die zehn Kammerkonzerte hinzu, ergibt sich eine Gesamtzahl von 55 Aufführungen. [...]

(RP)

• Begriffe wie "Kreml", "Elysee-Palast" oder "Weißes Haus", (aber auch: Bonn, Düsseldorf, Stuttgart usw.) sollten in Nachrichten nicht als **Synonyme** für die jeweilige (Landes-) Regierung verwendet werden. Nachrichtenmedien geben selbst nichts bekannt, teilen nichts mit und machen selbst keine Angaben über irgendein Nachrichtengeschehen. Ihre Aufgabe ist es, zu berichten oder zu melden. Angaben machen z.b. Pressesprecher von Ministerien.

• **Verben** aus der Verwaltungssprache ("erfolgen", "durchführen") sind möglichst zu vermeiden. Das Verb "fordern" ist gleichbedeutend mit "verlangen", nicht aber mit "kosten". Es sollte deshalb nicht im Zusammenhang mit Unglücken usw. verwendet werden - auch wenn dies in der Praxis immer wieder geschieht (Beispiel B).

(B) SAN SALVADOR (dpa) - Das schwere Erdbeben in El Salvador hat möglicherweise 1.000 Todesopfer gefordert. Internationale Hilfsorganisationen sprechen von 700 Toten, doch werden noch etwa 300 unter den Trümmern vermutet. 60.000 Menschen wurden durch die Naturkatastrophe obdachlos.

• Menschen zahlen nicht mit dem Tod, sondern mit dem Leben. Im Verkehr gibt es Getötete und Verletzte; im Krieg gibt es Gefallene und Verwundete. Überlebende werden auf Tragen, Tote auf Bahren transportiert. In der Atomindustrie geht es bei der Herrichtung verbrauchter Uranstäbe für eine erneute Verwendung um die "Aufbereitung" (nicht: "Wiederaufarbeitung"). Französische Waffen sind Waffen, die in Frankreich hergestellt worden sind; Waffen, die von Frankreich eingesetzt werden, sind "Waffen Frankreichs" oder "Waffen der Franzosen".

TEST E (Kapitel 14-16)

1. Bitte ergänzen Sie:

Als Einstieg bei der Wiedergabe von Aussagen empfiehlt sich oft
eine _ _ _ _ - _ _ _ _ _ _ _ _ _ _ _ _ _ _. Wörtlich zitiert werden
_ _ _ _ _ _ _ _ _ _ _ _ _ _ _ _ _ _; die übrigen Passagen werden durch
Umschreibung in _ _ _ _ _ _ _ _ _ _ _ _ _ _ _ wiedergegeben.

2. Lösen Sie das lange Zitat in der folgenden Presseerklärung des
Wissenschaftsministeriums durch Wechsel von direkter und
indirekter Rede auf, so daß ein Zitatenbericht von ca. 20 Zeilen mit je
50 Anschlägen Länge entsteht. Setzen Sie für X.Y. den Namen des
für Wissenschaft zuständigen Ministers Ihres Bundeslandes, für A-
Land den Namen Ihres Bundeslandes und für B-Stadt den Namen
der Landeshauptstadt ein.

Das Wissenschaftsministerium teilt heute (Montag)
mit:

B-STADT. Bitte von Wissenschaftsminister X.Y. an
alle Bürgerinnen und Bürger des Landes: Helfen Sie
unseren Studentinnen und Studenten bei der Zimmersuche für das kommende Wintersemester!
"Das Wintersemester mit der voraussichtlich
bisher höchsten Zahl von Studienanfängern in den
letzten Jahren an den Hochschulen von A-Land steht
vor der Tür. Obwohl A-Land im Rahmen seiner finanziellen Möglichkeiten alles getan hat, den Studenten möglichst viele Wohnheimplätze anbieten zu können und es im Bundesmaßstab mit an der Spitze
liegt, wird die Wohnungssuche für unsere Studentinnen und Studenten für das nächste Wintersemester

auch in unserem Lande nicht einfach sein: Zusätzlich zu der bisher höchsten Studentenzahl kommt die
jahreszeitlich bedingte Notwendigkeit für viele
Fahrstudenten, für das Wintersemester ein Zimmer
finden zu müssen.
   Ich bitte alle, die - auch nur vorübergehend -
Wohnraum abgeben können, dies unbedingt zu tun.
Meinen Appell richte ich auch an die Inhaber von
Hotels und Pensionen, die an manchen Hochschulorten
während der Winterzeit teilweise leerstehen. Sie
helfen damit nicht einer privilegierten Gruppe,
sondern Mitbürgern, deren finanzielle Möglichkeiten
viele Wohnmöglichkeiten für sie unerschwinglich machen. Dies ist auch ein Gebot der Solidarität zwischen den Generationen: Studentinnen und Studenten
helfen in der Zukunft, den für unser Volk lebenswichtigen technisch-wissenschaftlichen Fortschritt
zu sichern."

3. Bringen Sie die folgende Presseerklärung auf eine Länge von ca. 15
   Zeilen mit je 50 Anschlägen. Verwenden Sie eine "Als-Konstruktion"
   als Einstieg. Achten Sie darauf, welche Informationen in der Vorlage
   neu und welche offensichtlich bereits bekannt sind.

Die Pressestelle der IG Bergbau und Energie (IGBE)
in Essen teilt heute (Montag) mit:

Einstimmig billigte der Hauptvorstand nach Zustimmung durch die Tarifberatungskommission das am
Wochenende erzielte Ergebnis. Das Ergebnis enthält
eine Erhöhung der Einkommen um 2,8 Prozent ab 1.
Januar bei einer Laufzeit von zwölf Monaten. Darüber hinaus erhöhen sich um diesen Prozentsatz die
Jahresvergütung auf jetzt 3.750 Mark sowie die
Nachtschichtzulage auf jetzt 2,58 Mark pro Stunde.
   Außerdem wurden für die Untertage-Angestellten
ein neues Gehaltsgruppenverzeichnis sowie eine Neu-
regelung der Leistungszulagen unter Einbeziehung
auch eines Teils der technischen Angestellten über
Tage vereinbart. Ferner erhalten Nacht- und Wech-

selschichtler zwei weitere Freischichten. Für alle
hausbrandberechtigten Rentner und Witwen wurde eine
verbilligte Zukaufsmöglichkeit von Hausbrandkohle
vereinbart.

IGBE-Vorsitzender Adolf Schmidt bezeichnete vor
den Gremien seiner Gewerkschaft diesen Tarifabschluß unter Berücksichtigung der allgemeinen wirtschaftlichen und tarifpolitischen Entwicklung als
ein "insgesamt gutes Ergebnis, das die Position der
Bergbaubeschäftigten in der Spitzengruppe der Einkommensskala sichert". Dies war auch die übereinstimmende Auffassung von Hauptvorstand und Tarifberatungskommission.

4. Verwandeln Sie die folgenden Aussagen von direkter in indirekte
Rede:

(A) Er sagte: "Ich bin verzweifelt."
(B) Sie sagte: "Ich arbeite."
(C) Er sagte: "Ich habe gearbeitet."
(D) Sie sagte: "Ich werde arbeiten."

5. In der folgenden Nachricht fehlt die Quelle; Informationen
erscheinen deshalb als feststehende Tatsachen. Tatsächlich beruht
die Berichterstattung aber auf einer Meldung von Radio Sofia. Fügen
Sie dies als Quelle an den richtigen Stellen ein. Verwenden Sie den
Konjunktiv für Informationen, die auf die Quelle zurückgehen, den
Indikativ aber für die Feststellung allgemein bekannter Tatsachen.

WIEN - Bei einem Unfall in einer bulgarischen Che-
miefabrik sind am Samstag 17 Menschen getötet worden. 19 Menschen sind in Krankenhäuser eingeliefert
worden. Der Unfall hat sich im Chemiekombinat
Devnya ereignet. Eine von der Regierung eingesetzte
Kommission ist mit der Untersuchung der Unglücksur-
sache beauftragt worden. Devnya liege etwa 30 Kilometer westlich der am Schwarzen Meer gelegenen
Stadt Varna und 400 Kilometer nordöstlich von So-

fia. Zuvor war die Verwaltungsspitze der chemischen
Industrie Bulgariens wegen Inkompetenz entlassen
worden.

6. Welche der folgenden Aussagen über "Quellen und Zitate" sind
    richtig?

    (A) Wörtliche Zitate können geteilt werden, so daß die Quellen-
    zuordnung innerhalb des Satzes eingeschoben wird.

    (B) Die eingeschobene Quellenzuordnung sollte direkt nach den
    ersten beiden Wörtern kommen.

    (C) Wörtliche Zitate müssen bei lückenhaften Aufzeichnungen vom
    Journalisten sinngemäß ergänzt werden.

    (D) "Meinte" und "betonte" sind zur Beschreibung des
    Äußerungsvorgangs meistens gute Synonyme für "sagte".

    (E) Ohne Gefahr von Wertungen läßt sich "sagte" durch "nach den
    Worten " oder "nach Angaben " ersetzen.

    (F) Die Quellen müssen in einer Nachricht den Informationen jeweils
    so genau wie möglich zugeordnet werden.

    (G) Schuldzuweisungen sollten in Unfallberichten grundsätzlich
    nicht auftauchen.

    (H) Wenn die Glaubwürdigkeit oder Kompetenz einer Quelle für den
    Inhalt einer Nachricht besonders wichtig ist, empfiehlt es sich, die
    Quellenangabe an den Anfang zu stellen.

7. Schreiben Sie die folgende Mitteilung aus dem Polizeibericht nach
    den Regeln des Nachrichtenschreibens um. Achten Sie insbeson-
    dere auf die korrekte Quellenzuordnung bei den Angaben über die
    Schuldfrage.

Am Dienstag, gegen 12.50 Uhr, schnitt der Fahrer eines Mercedes-Coupe, Farbe silbergrau, auf der Richtungsfahrbahn Bochum der B 1, etwa einen Kilometer vor der Auffahrt Dorstfeld, bei einem Überholvorgang die Fahrbahn eines anderen PKW und bremste anschließend sein Fahrzeug stark ab. Dadurch wurde der überholte PKW-Fahrer ebenfalls zu einem spontanen Bremsen veranlaßt. Ein nachfolgender PKW fuhr dadurch auf. An den Fahrzeugen entstand ein Gesamtsachschaden von 5.000 Mark.

8. Sie sind Redakteur bei einer Regionalzeitung. Zwei neue freie Mitarbeiter, die Pressekonferenzen besucht haben, legen Ihnen die beiden folgenden Berichte (A) und (B) vor. Diese Berichte enthalten zahlreiche professionelle Fehler. Da Sie nur Platz für ca. 45 Zeilen mit je 50 Anschlägen haben, wählen Sie einen der beiden Berichte - (A) oder (B) - für den Abdruck aus, schreiben ihn um und bringen ihn auf die gewünschte Länge. Achten Sie dabei insbesondere auf den Wechsel von direkter und indirekter Rede sowie die Organisation und Verständlichkeit der Fakten.

Falls Sie Bericht (A) auswählen, setzen Sie für A-Land den Namen Ihres Bundeslandes, für B-Stadt den Namen der Landeshauptstadt und für X.Y. den Namen des Innenministers Ihres Bundeslandes ein.

(A) Der Innenminister des A-Landes, X.Y., stellte heute (Montag) in B-Stadt vor 15 interessierten Journalisten die Verkehrsunfallbilanz des vergangenen Jahres vor. Der Minister ist der Meinung, daß man erkannte Gefahrenpunkte nach Möglichkeit durch geeignete Maßnahmen entschärfen sollte.

Die Zahl der in A-Land bei Verkehrsunfällen getöteten Menschen ist im vergangenen Jahr mit 2.678 gegenüber dem Vorjahr um 16,8 Prozent zurückgegangen. So niedrig lag die Zahl seit 1952 nicht mehr!

Rückläufig ist auch die Zahl der Verletzten. Sie liegt um 4,8 Prozent niedriger als im Vorjahr und beträgt genau 120.307 Personen. Die Gesamtzahl der Verkehrsunfälle nahm bei insgesamt gestiegenem

Verkehrsaufkommen im letzten Jahr mit 175.056 lediglich um 1,9 Prozent zu. Die Zuwachsrate hatte davor noch bei 11,1 Prozent gelegen. Die Zuwachsrate vor drei Jahren hatte bei 14,5 Prozent gelegen. Wie im gesamten Gebiet der Bundesrepublik sind die Zahlen der Toten und Verletzten bei Autobahnunfällen mit 21,4 bzw. 4,8 Prozent besonders deutlich zurückgegangen. Das zeigt sich auch in der Gesamtstatistik, wonach 74,3 Prozent aller Verkehrsunfälle sich auf innerörtlichen Straßen ereigneten. 18,7 Prozent der Unfälle fanden auf überörtlichen Straßen statt und lediglich 7 Prozent der Unfälle auf den Autobahnen unseres Bundeslandes.

An erster Stelle steht als Hauptunfallursache mit 24,5 Prozent überhöhte Geschwindigkeit. An zweiter Stelle stehen Fehler beim Abbiegen und Wenden (20,5 Prozent). 19 Prozent der Unfälle gehen auf Vorfahrtmißachtung zurück. 11,6 Prozent der Unfälle kamen dadurch zustande, daß zu geringer Abstand gehalten wurde. 10,1 Prozent der Unfälle sind auf Alkoholeinwirkung zurückzuführen. Unfallursachen waren außerdem vor allem schuldhaftes Verhalten von Fußgängern, falsches Überholen und Fehlverhalten gegenüber Fußgängern.

Minister X.Y. hat zu seinem Bericht folgende Anmerkungen gemacht: "Ich will das Wort von den 'Radarfallen' Lügen strafen. Falls es irgendwo eine Knöllchenjagd mit technischem Gerät geben sollte, werde ich sie unterbinden. Das Vertrauensverhältnis zwischen Bürger und Polizei darf nicht unnötig belastet werden." X.Y. ist dafür, daß Radarkontrollen zur Überwachung der vorgeschriebenen Geschwindigkeit grundsätzlich nur an solchen Stellen stattfinden, die sich als Unfallschwerpunkte herausgestellt haben. Der Minister will vor allem die oben beschriebenen Hauptursachen für Unfälle bekämpfen. Darauf wird sich das Augenmerk der Polizei in diesem Jahr besonders richten.

Mehr als von Radarkontrollen hält Minister X.Y. davon, Gefahrenpunkte durch entsprechende Maßnahmen zu entschärfen. Dies ist erfolgreich, wie das vergangene Jahr zeigte: Bei der Untersuchung von 3.312

Kreuzungen und Straßenabschnitten mit besonderer Unfallhäufigkeit stellte sich heraus, daß in 54,5 Prozent aller Fälle die örtlichen Verkehrsverhältnisse in der Tat als "mitschuldig" angesehen werden mußten. X.Y.: "Die entsprechend von uns informierten Verkehrs- und Baubehörden pflegen auf derartige Hinweise schnell zu reagieren."

(B) 40 Prozent der Katholiken in der Bundesrepublik sind für eine noch weitergehende Freigabe der Abtreibung. Dies geht aus einer repräsentativen Umfrage hervor, die die Bundesfraktion der Grünen in Auftrag gegeben hat und von unserer Zeitung in der vergangenen Woche abgedruckt worden ist. Von den Bürgern wird danach insbesondere die heute vorgeschriebene Form der Beratung vor einer Abtreibung aus sozialen Gründen als Einschränkung ihrer Freiheit angesehen.

Gegen diesen Bericht hat der Sekretär der Deutschen Bischofskonferenz, Prälat Homeyer, gestern den Vorwurf "erheblicher Mängel" und auch der "Unredlichkeit" erhoben. Nach Darstellung von Homeyer sind die von den Grünen in Auftrag gegebenen Befragungen vor zwei Jahren abgeschlossen worden. Außerdem, so Homeyer, sind nur Personen bis zum 60. Lebensjahr befragt worden. Der Prälat: "Es ist also unredlich, wenn man einmal Zahlen verwendet, deren Gültigkeit zwei Jahre zurückliegt und zum anderen nicht alle Gruppen der erwachsenen Katholiken in die Befragung einbezieht, anschließend aber von 'den Katholiken' spricht."

Dem Sekretariat der Bischofskonferenz liegt das Ergebnis einer Befragung des Allensbacher Instituts vor. Nach den Ergebnissen hielten vor zehn Jahren rund 32 Prozent der Katholiken einen straffreien Schwangerschaftsabbruch für "typisch für unsere Zeit und gut". Nun aber kommt der Knüller: Im vergangenen August vertraten nur noch 21 Prozent diese Meinung. Der Sekretär der Deutschen Bischofskonferenz, Prälat Homeyer, weiß dieses Resultat richtig einzuschätzen: "Es zeigt sich also sehr deutlich, daß die Zustimmung zu der Änderung des Abtreibungs-

paragraphen 218 keineswegs zugenommen hat. Im Gegenteil: Die Betroffenheit ist größer geworden; sie
hat zu einer Ernüchterung geführt. Das Empfinden,
daß bei einer Abtreibung ein ungeborenes Kind getötet wird, ist gestiegen. Es ist verwunderlich, daß
in dem Bericht nicht neuere Umfrageergebnisse aufgenommen wurden."

Homeyer machte deutlich, daß hinter der Veröffentlichung der Ergebnisse ganz bestimmte Interessen stehen, die die deutschen Bischöfe verunglimpfen wollen. Offenbar sollte versucht werden, darzustellen, daß die Haltung der Bischöfe in der
wichtigen Frage des Schwangerschaftsabbruchs von
fast der Hälfte der Katholiken nicht geteilt wird.
Dieser Versuch sei aber fehlgeschlagen. Schon im
Laufe des vergangenen Jahres - dies zeigten schon
die Zuschriften, die repräsentativer seien als Umfrageergebnisse - sei die Zustimmung zur Haltung
der Bischöfe ständig gestiegen.

Heftige Kritik übte der Sekretär der Bischofskonferenz auch daran, daß bei der von den Grünen
vorgelegten Befragung weniger als 1.000 katholische
Christen befragt worden seien. "Es ist gewagt, bei
der geringen Zahl der Befragten so weitgehende
Schlüsse zu ziehen." Doch sei es ganz egal, ob die
Ergebnisse stimmten oder nicht. Homeyer: "Wenn
tatsächlich in der Bevölkerung die Gleichgültigkeit
gegenüber dem Leben des ungeborenen Kindes gestiegen sein sollte, dann dürfte das kein Anlaß sein,
darin eine Bestätigung für die Abtreibungsregelung
zu sehen. Im Gegenteil: Sie müßte betroffen darüber
sein, wie stark der derzeitige Zustand bereits das
Rechtsbewußtsein der Bevölkerung verändert hat."

9.   Welche Personen werden in Nachrichten grundsätzlich mit vollem
     Namen genannt?

     (A)   Jugendliche Straftäter nach der Verurteilung
     (B)   Personen der Zeitgeschichte
     (C)   Tatverdächtige, die ein Geständnis abgelegt haben.

(D)   Ausländer, die verhaftet worden sind.

(E)   Erwachsene bei schweren Straftaten

(F)   Erwachsene Tatverdächtige, wenn die Namensnennung der Verbrechensaufklärung dient.

10. Ist es richtig, daß im folgenden Beispiel nur die Vornamen der beteiligten Personen genannt werden?

HUSUM - Zuerst Freude, dann die Tragödie. Nur wenige Stunden nach der rauschenden Hochzeit von Ingrid H. (27) mit Holger G. (30) sind ihre drei Schwestern und ihre Ehemänner ums Leben gekommen. Die drei Ehepaare Uwe und Angelika, Hans-Heinrich und Elisabeth, Erwin und Heidi (alle 30 - 35) erstickten in einem Wohnwagen vor dem Haus. Dort hatten sie sich nach dem Fest um 5 Uhr morgens schlafen gelegt. Als Angehörige sie um 9.30 Uhr zum Frühstück wecken wollten, fanden sie die Leichen. Die drei Ehepaare hinterlassen insgesamt sechs kleine Kinder.

Als Unglücks-Ursache vermutet die Polizei eine defekte Gasheizung. Angesichts des strengen Nachtfrostes seien alle Fenster und die Lüftungsklappen fest verschlossen gewesen.

Die Braut erlitt einen Schock und kam in eine Klinik.

(**exp**)

11. Bitte ergänzen Sie:

Wenn keine _ _ _ _ _ _ _ _ _ _ _ _ oder _ _ _ _ _ _ _ _ _ _ _ _ _ _ _ _ Bedenken bestehen, werden die in Nachrichten vorkommenden Personen mit _ _ _ - _ _ _ _ _ _ _ _ _ _ identifiziert. Kuriose Personennamen sollten nicht für _ _ _ _ _ _ _ _ _ _ _ genutzt werden. Volle Namensnennung von Tatverdächtigen kann auf eine _ _ _ _ _ _ _ _ _ _ _ _ _ _ _ _ hinauslaufen. Personen, die unbekannt sind, müssen genauer identifiziert werden als _ _ _ _ _ _ _ _ _ _ Personen. Zur Identifizierung einer Person gehören auch _ _ _ _ _ und _ _ _ _ _ _ _ _.

12. Schreiben Sie die folgende Mitteilung aus dem Polizeibericht nach den Regeln des Nachrichtenschreibens um. Die Nachricht soll ca. zwölf Zeilen mit je 50 Anschlägen lang sein. Prüfen Sie, ob hier der Vorname genannt werden soll, und ob sie die Aussage "Krcysztof B. ist bei der Polizei kein Unbekannter" übernehmen können.

In der Nacht zum Donnerstag, etwa gegen 3.20 Uhr, nahmen Beamte einer Funkstreife des SB Mitte, unmittelbar nach einem Einbruch in einer Gaststätte auf der Märkischen Straße, den aus Gelsenkirchen stammenden 26 Jahre alten Krcysztof B. fest. Der Gastwirt hatte verdächtige Geräusche aus dem Schankraum wahrgenommen und die Polizei verständigt. Krcysztof B. war durch ein Seitenfenster in die Gaststätte eingedrungen. Er hatte bereits mehrere Automaten aufgebrochen und das Bargeld, insgesamt ca. 660 Mark, entwendet. Als er sich entdeckt fühlte, versteckte er sich auf der Kegelbahn hinter den Auffangmatten. Das von ihm benutzte Fahrzeug wurde auf der Landgrafenstraße aufgefunden. Bei der Durchsuchung des Pkw wurden ein Bolzenschneider und anderes Gerät gefunden.

Es bestehen gar keine Zweifel darüber, daß der Beschuldigte noch weitere Einbrüche ausgeführt hat. Die Ermittlungen in diesem Zusammenhang sind noch nicht abgeschlossen. Krcysztof B. ist bei der Polizei kein Unbekannter.

13. Suchen Sie für die folgenden Beispiele schlechter Nachrichtensprache bessere Formulierungen:

    (A)   Der Politiker operiert mit offener Flanke.
    (B)   Diese Forderung ist unverzichtbar.
    (C)   Das Feuer wurde durch einen Kurzschluß ausgelöst.
    (D)   Dieses Argument ist unbestreitbar.

14. Bitte ergänzen Sie:

Wichtigstes Ziel beim Nachrichtenschreiben ist die
_ _ _ _ _ _ _ _ _ _ _ _ _ _ _ _. Anzustreben ist eine _ _ _ _ _ _ _ in
der Satzlänge. Die Satzlänge in der Nachricht sollte durchschnittlich
nicht mehr als _ _ _ _ _ _ _ _ betragen; jeder Satz sollte nur ein
_ _ _ _ _ enthalten. Hauptsachen gehören in _ _ _ _ _ _ _ _ _ _ ,
Nebensachen in _ _ _ _ _ _ _ _ _ _. Zusammenhängende
Informationen sollten nicht durch _ _ _ _ _ _ _ getrennt werden.
Vorsicht ist in Nachrichten beim Einsatz von _ _ _ _ _ _ _ _ _ _ ,
_ _ _ _ _ _ _ _ _ _ _ _ und _ _ _ _ _ _ _ _ _ geboten. Tempo,
Knappheit und Originalität können zwei Satzzeichen in die Nachricht
bringen: _ _ _ _ _ _ _ _ _ _ _ und - _ _ _ _ _ _ _ _ _ _ _ _ _ _ _.
Das _ _ _ _ _ _ _ _ _ sollte sparsam eingesetzt werden; meistens
besser ist in Nachrichten der _ _ _ _ _.

15. In den beiden folgenden Beispielen wird das Verb "fordern" im
"Lead"-Satz verwendet. In welchem Fall ist das korrekt?

(A) MÜNSTER/ALTENBERGE - Zwei Todesopfer forderte
gestern am späten Abend ein grauenvoller Unfall auf der B 54
zwischen Altenberge und dem münsterischen Stadtteil Nienberge, bei
dem ein Lastwagen einen Pkw unter sich begrub.

(WN)

(B) KÖLN (rtr) - Das gesetzliche Verbot der sogenannten Schnaps-
und Butterfahrten hat die Bundesarbeitsgemeinschaft der Mittel- und
Großbetriebe des Einzelhandels (BAG) gefordert. Der Steuerausfall
durch diese Verkaufsfahrten an den deutschen Küsten bringe jährlich
einen Verlust in Höhe bis zu einer halben Milliarde DM, heißt es in
einer am Montag veröffentlichten Eingabe der BAG an den Finanz-
ausschuß des Bundestages. [...]

16. Welche der folgenden Aussagen sind als Sprachregelungen für das Nachrichtenschreiben zutreffend?

(A) Sprachliche Übertreibungen sind beim Nachrichtenschreiben nur dann zulässig, wenn sie als Leseanreize dienen können.

(B) Beim Nachrichtenschreiben wird Direktheit, Kürze, Prägnanz, Einfachheit und Klarheit der Sprache angestrebt.

(C) Illustrierende Informationselemente sollten nur dann verwendet werden, wenn die Recherche keine genaue Darstellung erlaubt.

(D) In der Nachricht sollten alle Füllwörter, stilistischen Verzierungen und illustrierenden Sprachelemente vermieden werden.

(E) Das beim Nachrichtenschreiben übliche Pyramiden-Prinzip, das die Informationen hierarchisch ordnet, sollte durch den Satzbau unterstützt werden.

(F) Durch Vergleiche können in der Nachricht kompliziertere Zahlenangaben verständlich gemacht werden.

(G) Phrasen, Klischees und Sprachschablonen sollten beim Nachrichtenschreiben sparsam eingesetzt werden.

17. In der folgenden Nachricht stecken rund 20 sprachliche und professionelle Fehler. Benennen Sie mindestens 15 davon.

VADUZ - Siebzehn liechtensteinische Panzer marschierten am Montag an der österreichischen Grenze auf. Das Weiße Haus stellte dazu fest, daß es sich um eine harmlose Übung gehandelt hat. Dagegen meinte der Sprecher des Kreml, es hätte sich um eine Demonstration der Liechtensteiner gehandelt, um ihre militärische Stärke zu beweisen und den Österreichern, die neutral seien, zu zeigen, wer der Herr im Haus ist.

Dagegen gab die Nachrichtenagentur AP bekannt, daß
nach ihren Informationen eine liechtensteinische
Invasion nicht geplant ist. Das sei eine wahre
Tatsache. Herr Franz Schmidt, der Kriegsminister
des Landes, wolle stattdessen ein Gipfeltreffen der
blockfreien Staaten durchführen. Er rechtfertigte,
daß der Tourismus in Liechtenstein Opfer forderte.
Wie informierte Kreise dazu erklärend mitteilten,
hat sich das liechtensteinische Regime damit als
revanchistisch entlarvt.

18. Schreiben Sie bitte eine Gesamtzusammenfassung der Kapitel 14
bis 16 in ca. 15 Zeilen mit je 50 Anschlägen.

19. Falls Sie bei der Aufgabe 8 den Bericht (A) umgeschrieben haben,
ist dieser Test für Sie schon beendet. Prüfen Sie aber noch einmal ,
ob Sie insbesondere die vielen Zahlenangaben der Vorlage in
verständlicher Weise vermittelt haben.

Falls Sie Beispiel (B) umgeschrieben haben, müssen Sie nun noch
(A) bearbeiten. Machen Sie aus der Vorlage unter Berücksichtigung
der Regeln für Sprache und Stil einen Bericht, der eine Länge von
ca. 45 Zeilen mit je 50 Anschlägen hat.

17 FEATURE

17.1 Funktion

"Feature" hat sich im angelsächsischen Journalismus eingebürgert als Oberbegriff für journalistische Formen, mit deren Hilfe Informationen unterhaltsam präsentiert werden sollen. Dabei werden *"human-interest"* -Aspekte besonders hervorgehoben; der Nachrichtenfaktor "Publikumsinteresse" spielt also eine besondere Rolle (→ Kapitel 1) .

Jedes Thema kann zum Feature-Thema werden, solange es einen Realitätskern hat, nicht fiktional ist. Für die journalistische Umsetzung gibt es keine formalisierten Regeln. Im Feature werden sprachlich und gestalterisch vielfältige Mittel eingesetzt. Der Journalist geht dabei subjektiv vor, aber er kommentiert nicht. Das Feature ist also weder eine Meinungs- noch eine Nachrichtendarstellungsform. Die Nähe zur Nachricht sollte aber immer erkennbar sein, denn eine wesentliche Funktion des Features besteht darin, die inhaltlichen und sprachlichen Möglichkeiten von Nachrichten zu erweitern.

Nachrichten sind weitgehend standardisierte Darstellungen von Ereignissen. Soweit es sich dabei um die Wiedergabe von Fakten handelt, kann diese Form brauchbare Ergebnisse liefern. Doch die Berichterstattungsgegenstände sind heute oft so kompliziert, daß eine ausschließlich faktenorientierte Berichterstattung nicht ausreicht.

Im Feature können die sechs bzw. sieben "W" der Nachricht ("Wer?", "Was?", "Wann?", "Wo?", "Wie?", "Warum?"; "Welche Quelle?", → Kapitel 7.2) durch ein achtes ergänzt werden: Welche Schlußfolgerung? *(whence?)*. Wohin führt eine Information, welchen Bedeutungskontext hat sie, welche Perspektive eröffnet sie - Antworten auf diese Fragen gehen über die ausschließlich faktenorientierte Berichterstattung hinaus.

"Feature" bedeutet im Wortsinn, den "charakteristischen Zug" eines Berichterstattungsgegenstandes sichtbar zu machen. Dieses Ziel gilt beim Featureschreiben, egal, ob es sich um eine eher nachrichtliche, tagesaktuelle Darstellung oder um eine grundsätzlichere Auseinandersetzung mit einem Thema handelt.

Die Funktion des Features besteht also darin, die journalistischen Darstel-
lungsmöglichkeiten zu erweitern (→ auch Kapitel 2.4): mit Informationen
auch zu unterhalten, hinter die Fakten schauen zu lassen, zu erklären und
einzuordnen, Interpretations- und Orientierungshilfen zu geben, zu thematisieren und zu generalisieren. Dazu gibt es ein breites Spektrum unterschiedlicher Typen. Es reicht von der eher nachrichtlichen Darstellung
(Nachrichten-Features) über die Ergänzung der Nachricht durch die
Beschreibung von Seitenaspekten **(Begleit-Features)** bis zum eigen-
ständigen Feature als Personen- oder Ortsbeschreibung **(Porträt-Features)** und zur Analyse sozialer und zeitgeschichtlicher Probleme **(Thema-Features)**. Die Analyse soll meistens die "Warum?"-Frage zu einem
Informationskomplex klären helfen, der nicht direkt aktualitätsbezogen sein
muß.

Nicht-tagesaktuelle Medien wie z.B. Wochenzeitungen und Zeitschriften setzen die Darstellungsform Feature besonders häufig ein. Sie nehmen dabei Informationen, die einen aktuellen Aufhänger haben und eigentlich tagesgebunden sind, zum Anlaß für eine ausführlichere und
gründlichere Darstellung des Themas.

(A) Der rasende Reporter Egon Erwin Kisch hat geschrieben: "Hohe Politik
wird so gemacht, wie sich's der kleine Moritz vorstellt." Mit großen
Geschäften ist es nicht anders. Lebte Kischs kleiner Moritz in Münster,
so fände er frappierende Übereinstimmungen zwischen seiner Phan-
tasiewelt und der ökonomischen Wirklichkeit: Aus nächster Nähe
könnte er beobachten, wie angesehene Unternehmer, Handwerker,
Architekten, Bankiers, Politiker, Journalisten, Beamte und Kirchenbe-
dienstete, von denen jeder für sich ein glühender Verfechter der freien,
wenn nicht gar sozialen Marktwirtschaft ist, die Vorteile des freien
Wirtschaftens genießen, weil sie dessen Nachteile geschickt vermeiden.
Das ist nichts Singuläres, Münster gibt es oft, aber in wenigen
Städten nur funktioniert das System des "Do ut des" so geräusch- und
reibungslos wie in der schmucken westfälischen Metropole, die der
ganzen Region ihren Namen leiht. Denn selten sind die Voraussetzun-
gen so günstig wie in Münster: Die Geschäftswelt ist trotz der Größe
der Stadt (270.000 Einwohner) überschaubar, weil der öffentliche
Dienst, vor allem die Universität, dominiert und rund drei Viertel aller
Arbeitsplätze stellt. Die Unternehmen sind mittelständisch, meist alt-
eingesessen; schwer integrierbare und deshalb störende Newcomer sind
rar. Man kennt sich, trifft einander im selben Lions- oder Rotary-Club,
vielleicht sogar im besonders wichtigen Zweilöwen-Klub am idyl-

lischen Kanonengraben, die Gattinnen singen in einem Kirchenchor (Münster ist sehr katholisch), die Männer kegeln miteinander. Auf wen all dies nicht zutrifft, der ist entweder Mitglied der CDU, hat einflußreiche Verwandte oder seine Geschäfte gehen schlecht.

Die guten Geschäfte gehen lautlos und diskret über die Bühne, so wie es sich gehört für einen gediegenen Ort, von dem Ricarda Huch sagte: "Von allen Städten Westfalens ist Münster die vornehmste, ja, in ganz Deutschland gibt es keine, die ihr darin gleich kommt." Das war 1927. Aber vornehm ist Münster immer noch. Und außer einigen Gerüchten hätte auch wohl nichts die vornehm-profitable Ruhe der Geschäftswelt gestört, wenn da nicht im Frühjahr dem Malermeister Elmar Göckede ein schöner Auftrag beim Neubau der münsterschen Volksbank durch die Lappen gegangen wäre. [...]

(DZ)

In diesem Beispiel (A) macht die Wochenzeitung aus der aktuellen Information - ein Ermittlungsverfahren der Kartellbehörde gegen den Handwerkspräsidenten wegen des Verdachts verbotener Preisabsprache - die soziologische Studie einer Stadt. Der Autor verbindet dabei die Analyse der Elitestrukturen mit der Darstellung der aktuellen Informationen und Porträts der handelnden Personen.

Manchmal reicht für ein Feature eine Information, die auf ein grundsätzliches Problem aufmerksam macht. Im folgenden Beispiel (B) ist dies eine Unfall-Statistik. Die darin enthaltenen Zahlenangaben werden dann anhand eines einzelnene schweren Verkehrsunfalls konkretisiert. Mit der Beschreibung der Folgen dieses Unfalls beginnt das Feature. Diesem szenischen Einstieg (→ Kapitel 19.2) vorangestellt ist ein nachrichtlicher Vorspann, in dem das Problem (steigende Unfallzahlen durch rücksichtsloses Fahren) beschrieben wird. Nach dem Feature-Einstieg wird der Einzelfall in das Problem eingeordnet, das am Schluß noch einmal sehr grundsätzlich angesprochen wird.

(B) Das Auto macht unabhängig und mobil, Millionen haben Spaß am Lenkrad. Doch viele Deutsche verwechseln die Straße mit dem Catcherring, wo alles erlaubt ist und der Stärkere sich durchsetzt: Tempo 180 bei Wolkenbruch, Linksfahren und Lichthupen-Jagden, Selbstjustiz und Besserwisserei, Dauertouren bis zur völligen Erschöpfung, Leichtsinn und Selbstüberschätzung von Anfängern. Aufklärung und höhere Bußgelder haben bislang wenig bewirkt. Obwohl die Wagen sicherer geworden sind, steigt die Zahl der Unfälle. Ein Unglück wie viele: Am

8. Juli brachen vier Jugendliche aus dem bayrischen Eichendorf zu einer rasanten Spritztour auf und starben im Straßengraben.

Auf ihrem Bett liegt noch ihre große Puppe. Und auf dem Schreib-tisch weiße Wolle mit Strickzeug. Ein Pullover, den sie vor kurzem erst begann. Er wird nie fertig werden. "Sonne ist Leben", steht auf ei-nem leuchtenden Poster in ihrem rosa gestrichenen Zimmer. Doch Sandra, nur 15 Jahre alt geworden, ist tot.

Von ihrem Bruder gibt es noch das Foto mit der Freundin, das in seinem kleinen Zimmer neben Pop-Plakaten und seinen Hanteln hängt. "Manchmal hat er wirklich schon vom Heiraten gesprochen", sagt seine Mutter, "aber der Sascha war doch erst 17 und noch nicht mal fertig mit der Lehre." Mehr kann sie jetzt nicht sagen. Es waren ihre beiden einzigen Kinder, die sie verlor. [...]

Im vergangenen Jahr waren es 8.945 Menschen, die auf unseren Straßen auf der Strecke blieben. Ausgerechnet im "Europäischen Jahr der Verkehrssicherheit" stieg die Todesrate in der Bundesrepublik wieder an. Dazu kamen 443.000 Verletzte. Rund 20.000 von ihnen werden dauernd behindert bleiben, viele unter ihnen querschnittsgelähmt, verkrüppelt, blind. [...]

Die Deutschen müssen sich wohl mit dem Steuer oder mit dem Stimmzettel entscheiden. Entweder spielen wir weiter Russisches Rou-lette und hoffen, daß es uns nicht trifft, sondern andere - wie die jungen Leute aus Eichendorf. Oder wir entdecken eine neue Lust: den Genuß, langsamer und defensiver und vernünftiger zu fahren. Leicht ist es nicht. Aber Spaß macht es auch.

(st)

Aktuelle Vorgänge werden in einem Feature über scheinbare Randaspekte aus einem spezifischen Blickwinkel dargestellt. Beobachtungen und Einzelinformationen dienen dabei als Aufhänger, ohne daß es ein grund-legendes Thema geben muß (Beispiel C).

(C) **DÜSSELDORF (rtr)** - Die Plakatwand wird von kräftigen Stahlträ-gern gehalten, der Spruch - in meterhohen Buchstaben - ist nicht zu übersehen: "Autofahren macht süchtig !" Wenige Meter weiter heißt es: "Autos raus !" Daneben ist ein infantil gemaltes Auto mit einem kräf-tigen Kreuz durchgestrichen und um die Ecke findet sich in ähnlicher Größe eine Erklärung für soviel kindliche Malerei: "Lieber infantil als die Rente zum Ziel."

Besucher der nordrhein-westfälischen Landeshauptstadt Düsseldorf müssen in diesen Tagen glauben, daß am Rhein eine große Bürgeraktion abläuft und hier mit Farbsprühdosen und Filzstiften zur malerischen Initiative aufgerufen wird. Doch die Verwaltung der Stadt des Joseph Beuys, die die Plakatwände aufstellen ließ, fühlt sich gründlich mißverstanden: die 318 Großtafeln und 1.418 Dreiecksständer, die zwei Monate vor Wahlen überall im Stadtgebiet die Sicht versperren, sind für die Plakate der politischen Parteien für die Bundestagswahl da. [...]

Zur Kategorie "Feature" gehört nach unserer Definition (→ Kapitel 2.4) aber auch die freier gestaltete Beschreibung eines aktuellen Ereignisses (Beispiel D). Insbesondere Boulevardzeitungen "featuren" Informationen über Unfälle, Morde oder andere Tragödien, indem sie "menschliche Aspekte" - in diesem Fall Freßsucht - besonders hervorheben. Grundsätzliches wird hier im letzten Satz durch den zitierten Arzt thematisiert.

(D) MÜNCHEN - Weihnachtstragödie im Münchner Vorort Taufkirchen: Siemens-Ingenieur Ernst Schneider (49) hat seine schlafende Tochter Claudia (17) erschossen - sie ist tot. Anschließend tötete er sich selbst mit Kopfschuß. "Der Mann war wegen der Freßsucht seiner Tochter verzweifelt", sagt ein Sprecher der Mordkommission.

Claudia, 1,65 Meter groß, wog knapp zwei Zentner. Sogar beim Friseur klagte der Vater: "Sie ißt Tag und Nacht. Und wenn ich die Lebensmittel vor ihr verschließe, bricht sie die Schränke auf." Noch vor drei Jahren war Claudia ein schlankes, hübsches Mädchen. Doch dann erlitt ihre Mutter einen Schlaganfall, blieb halbseitig gelähmt, mußte in einem Pflegeheim betreut werden.

"Von da an war Claudia vollkommen auf sich allein gestellt. Auch ihr Vater hatte nie Zeit für sie. Sie mußte sich ums Haus kümmern und dem Vater auch noch Essen kochen, wenn er spät abends nach Hause kam", sagt Claudias einzige Freundin, Sabine Scharl (19).

Claudia begann, wie eine Besessene zu essen. "Das ist eine krankhafte Ersatzbefriedigung bei Kindern, die zu wenig Liebe erfahren", sagt der Münchner Arzt Erik Miller.

(Bild)

17.2 Thema-Features

Features können ohne besonderen aktuellen Anlaß entstehen. Eine Auffälligkeit, ein grundsätzliches Problem - oder auch nur eine kleinere Geschichte - werden auf eine unterhaltsame Weise dargestellt. Wir nennen diese Gruppe Thema-Features.

Inhaltlich wird dabei häufig auf folgendes Mittel zurückgegriffen: Einzelne Personen konkretisieren das, was eine größere Gruppe betrifft (→ auch Kapitel 19.6). Dabei macht man sich zunutze, daß genau beschriebene Einzelschicksale häufig sehr viel eindrucksvoller wirken als ein abstrakter, zusammenfassender Überblick oder als nüchterne Zahlen (Beispiel A). So hat z.B. die Holocaust-Serie im Fernsehen vielen Menschen die Verbrechen des NS-Regimes nachhaltiger "vor Augen geführt" als viele Geschichtsdarstellungen, die zuvor publiziert worden waren.

(A)   Als hätte "Irma la Douce", natürlich "Sonntags nie", den "Mann mit dem goldenen Arm" aufgegabelt: So ein Pärchen waren Isa und Jo, ein bißchen "Bonnie und Clyde" in ihrem Bruch mit den gesellschaftlichen Normen und in ihrer existentialistischen Philosophie ein wenig "Außer Atem".

Mittelstandskinder waren sie beide und aus der vorgezeichneten Wohlanständigkeit schon sehr früh ausgeflippt in die Scheinwelt der Drogen. Isa tippte in der Staatskanzlei Briefe für die Regierung Rau, bis sie auffiel, weil sie high war. Die Therapie, in die sie vermittelt wurde, brach sie schon nach einer Woche ab. In der Düsseldorfer Junkieszene stieß sie auf Jo.

Der hatte schon eine Heroin-Karriere hinter sich: Als Schüler der erste Schuß, nach der mittleren Reife eine Langzeittherapie, während der er gemustert und für tauglich befunden wurde. Warum ihn die Bundeswehr "ausgerechnet" als Sanitäter ausgebildet und eine Zeitlang auch verwendet hat, ist ihm "bis heute ein Rätsel". Daß man ihn nach der Entdeckung von Fehlbeständen in den Medikamentenschränken "möglichst unauffällig" entließ, aus gesundheitlichen Gründen, verstand er "schon eher". Eine zweite Therapie in der besonders gestrengen Institution von Daytop in Ratingen schlug ebenfalls fehl.

Isa und Jo richteten sich miteinander und mit Äitsch ein, wie Heroin im Junkiejargon genannt wird. Mit ihren langen braunen Haaren, dem sinnlichen Kindergesicht und einer Figur wie die der "Barbie"-Puppe fing sich Isa mühelos die Freier ein, wenn sie über die Düsseldorfer Charlottenstraße spazierte. Und auch Jo schuf sich dort im Revier von Schwulenbars eine Klientel, die zudem seine Eloquenz zu schätzen wußte: ein Pärchen mit "Bockschein", das den regelmäßigen Gang zum Gesundheitsamt wie einen Treppenwitz absolvierte.

"Aus der Sicht eines Junkies ging es uns relativ gut", sagt Jo. Sie lebten in den Tag hinein, sie träumten den Standardtraum aller Süchtigen, "irgendwann einmal aufzuhören", und schmückten ihn aus mit einem Kind, das sie dann haben wollten.

Aus, vorbei: Als Isa sich wieder einmal auf dem Gesundheitsamt einfand, verdonnerte sie der Doktor, nie mehr auf den Strich zu gehen, andernfalls hätte sie härteste strafrechtliche Konsequenzen zu befürchten. Denn Isa war mit dem Virus infiziert, durch das AIDS ausbrechen kann. Bei Jo war der Test zwar negativ, aber wußte er denn, ob er nicht schon morgen positiv war? [...]

Wie Isa und Jo hängen in der Bundesrepublik mindestens 60.000, vielleicht sogar 90.000, gelegentlich oder ständig an der Nadel. Über die Spritze, die in Junkiekreisen rundum geht wie bei den klassischen Indianern die Friedenspfeife, haben sich viele von ihnen das neue Virus eingefangen. [...]

(Sp)

Am Beispiel von zwei Personen wird hier (Beispiel A) das Schicksal von AIDS-infizierten Drogenabhängigen dargestellt. Dies geschieht sprachlich auf eine Weise, über die man streiten kann: mit Anspielungen auf Filmtitel und mit zahlreichen umgangssprachlichen Ausdrücken bzw. Jargon-Begriffen ("high", "Schuß", "Freier", "Bockschein", "verdonnerte"). Dann, nach einer ausführlichen Beschreibung des Einzelschicksals, wird der Fall zum Thema (60.000 - 90.000 Menschen sind direkt bedroht).

Soziale, wirtschaftliche und politische Ereignisse, von denen viele Menschen betroffen sind, lassen sich oft nur durch die Fallstudie im Feature anschaulich vermitteln. Häufig geht es dabei auch darum, Daten und Statistiken, die "nachrichtlich" nur schwer in eine lesbare Form zu bringen sind, verständlich zu machen. Dabei hilft die Konkretisierung durch Einzelschicksale. Später wird dann die einzelne Person in den größeren Zusammenhang gestellt, der das eigentliche Thema ist.

(B)   KÖLN (rtr) - Paula Schlieper (48) fühlt sich überfordert, wenn sie ein Geschäft betritt. Sie kann nicht alleine einkaufen, kann nicht rechnen und ist in allen Dingen des täglichen Lebens auf fremde Hilfe angewiesen. Dauernde medizinische Behandlung braucht sie dagegen nicht.

Paula Schlieper gehört zu den Tausenden von geistig oder seelisch Behinderten in der Bundesrepublik, deren Betreuung immer noch unan-

gemessen ist. Sie werden mit psychisch Kranken gleichgesetzt - und in
den Kliniken genauso behandelt, obwohl sie bei entsprechender Un-
terstützung weitgehend "normal" leben könnten. In der Psychiatrie-
Enquête der Bundesregierung wurde an diesem Zustand Kritik geübt.
Schlüsse daraus hat jetzt der Landschaftsverband Rheinland in Köln, der
zehn psychiatrische Landeskliniken unterhält, gezogen. In der kommenden Woche beginnen die Planungen für neue Formen von offenen
Wohnsiedlungen, in denen geistig und seelisch Behinderte leichter als
bisher zurück zur Selbständigkeit finden sollen. [...]

Hier (Beispiel B) dient eine einzelne Frau als Konkretisierung für die Probleme geistig oder seelisch Behinderter in der Bundesrepublik. Die Einordnung der "kleinen Person" in das "große Problem" erfolgt schon im
vierten Satz.
    Ganz ohne besonderen aktuellen Aufhänger kommen Features aus,
die aus Anlaß eines Jubiläums oder eines immer wiederkehrenden Ereignisses (Jahreszeiten, Feste, Urlaub usw.) verfaßt werden. Aufhänger ist
dann das Besondere im Thema selbst - wobei es sich auch um eine kleine
Geschichte handeln kann.

(C) DÜSSELDORF (rtr) - Die Patienten haben schöne große Augen,
    die auch während der Operation weit geöffnet sind. Den einen fehlt ein
    Arm, den anderen ein Bein. Es gilt, Sprünge im Gesicht zu heilen und
    Blessuren, die allzu stürmische Kinderliebe hinterlassen hat. All dieser
    Gewaltverletzungen und Brüche, aber auch der Wehwehchen nimmt sich
    der "Doktor" mit Geduld und grenzenloser Sorgfalt an. In der
    Düsseldorfer Puppenklinik, der ältesten der Bundesrepublik, wird für die
    seelenlosen Geschöpfe aus Porzellan, Plastik oder Zelluloid geradezu
    rührend gesorgt. Der gute Ruf hat sich mittlerweile weltweit verbreitet.
    Sogar aus den USA werden Puppen an den Rhein geschickt, die
    "klinischer Pflege" bedürfen.
        Jetzt, in den Wochen vor Weihnachten, weiß der Besitzer der
    Puppenklinik, Ludwig Emmeluth (69), nicht, wo ihm der Kopf steht.
    Die Wandregale sind mit Patienten gefüllt. 400 Puppen sitzen da
    aufrecht und scheinen fast vorwurfsvoll ihren "Doktor" anzuschauen.
    [...]

In diesem Fall (Beispiel C) ist die Hochkonjunktur einer Puppenklinik zum
Weihnachtsfest das Thema.

(D)   HAMBURG - Ungefähr zur gleichen Zeit, als Efthimi Drimaki auf Kreta nackte Hühner und Lammkoteletts im Gefrierschrank seines Restaurants aufschichtet, klingeln in Berlin, Nordrhein-Westfalen, Niedersachsen und Hessen die Schulglocken zum letzten Mal, zum letzten Mal für drei Wochen. Efthimi weiß das und hat sich eingedeckt. Schon heute abend werden die ersten Urlauber, die Vorausplaner, da sein, morgen und übermorgen dann die Scharen.

Nicht nur Efthimi weiß das, ganz Plakias ist pünktlich aus dem Winterschlaf erwacht, alle haben die deutschen Ferientermine im Kopf. Überall in dem Dörfchen an der Südküste Kretas wird geweißt und geputzt, gehämmert und gesägt. Baufahrzeuge blockieren die paar Gassen und auf der Terrasse am Hafen türmen sich Schutt und Müll. Preisschilder malen, Sonnendächer flechten, Tische abstauben - der Jahrmarkt wird aufgebaut.

In der Ferne ist das Unternehmen "Osterhase" inzwischen reibungslos angelaufen. Tausende Lehrer und Eltern mit Kindern setzen sich Richtung Kreta in Bewegung, hüpfen mit LTU, Pan Am oder Interflug nach Heraklion, um in irgendeinem warmen Nest der Insel Ostern zu verbringen. Kreta ist eine ausgesprochene Osterinsel: Margeriten, Ginster und Mohn blühen, Thymian, Salbei und Minze duften, die Sonne hat schon bräunende Kraft, das griechische Osterfest verspricht folkloristischen Zusatznutzen, kein Wunder also, daß Sonnenhungrige mit Hang zur Individualität alle auf die gleiche Idee kommen. Überdies haben gerade Berliner unter vierzig eine traditionelle Schwäche für die Insel, Kreta ist ihr Schrebergarten. [...]

                                                                                          (DZ)

Hier (Beispiel D) sind die Ferientermine das Thema: Aus Anlaß der Osterferien wird dargestellt, was der daraus resultierende Urlauber-Boom auf Kreta für die Einheimischen bedeutet. Das Feature lebt dabei von der parallelen Beschreibung der Aktivitäten im Urlaubsland und dort, wo Ferienbeginn ist.

(E)   DÜSSELDORF (rtr) - Wenn in diesen tollen Tagen die Narren in den 1.900 Karnevalsvereinen der Bundesrepublik zum Schlußspurt rüsten, wird bei denen, die vom Karneval buchstäblich leben, schon mit spitzem Bleistift gerechnet: in den Brauereien der Jecken-Hochburgen, bei den Gastronomen und so hochspezialisierten Branchen wie den Herstellern von Narrenkleidung und Karnevalsorden. Für die einen sind

die tollen Tage "die fünfte Jahreszeit", für die anderen dasselbe wie das
Weihnachtsfest in der Kalkulation der Spielzeughersteller. Kurz: Die
närrische Zeit ist für Ausstatter und Bierbrauer eine sehr ernste Sache.
[...]

Auch dieses Beispiel (E) ist mehr als nur eine Karnevalsreportage: Die Kar-
nevalszeit wird unter wirtschaftlichen Aspekten dargestellt und so zum
Thema eines Features. Dem Spaß der Jecken steht dabei der Ernst gegenüber, mit dem die beteiligten Unternehmen an ihr Geschäft herange-
hen.

17.3 Porträt-Features

Features können auch dazu dienen, das Besondere einer Person (Beispiel
A) oder eines Ortes (Beispiel B) zu verdeutlichen. Solche Porträt-Features
leben in besonderem Maße von der Genauigkeit der Beobachtung, aber
auch von sprachlichen Bildern - und einer Portion Ironie.

(A)   Vergangenen Mittwoch war es, in seiner Londoner Lieblings-Disco
      "Trumps", da scharte sich zum letzten Mal der Kreis nymphenhafter
      Wesen um ihn, deren mehr oder weniger intimer Bekanntschaft er den
      Beinamen Randy Andy verdankt. Als sich die Runde nach gehörigem
      Genuß von Champagner, Wein und vor allem Cognac auflöste, blieb
      ein deprimierter Brandy Andy zurück, in dessen Augen jener trübsinnige
      Blick trat, wie man ihn bei abgekochten Kalbsköpfen beobachten kann:
      "Gosh", seufzte er, "it's all over."
          Vorüber sind die Zeiten, da Prince Andrew dem hormonellen Walten
      in seinem Athletenkörper freien Lauf lassen konnte und sich - wie etwa
      damals auf Barbados - mit drei Schönen gleichzeitig nackt im Wasser
      vergnügte. Vorbei auch ist es mit den verschwiegenen Soupers à deux
      im Buckingham Palace mit all den Koos (Porno), den Ruths und Katies
      (Models), den Finolas (Ballett) und Martells (Brandy). [...]
                                                                      (Sp)

(B)   Draußen war es kalt, Schneeflocken tanzten vom Himmel, ein paar
      verlorene Gestalten irrten zu später Stunde durch die Main Street. In der
      Halle des Hotels "Jerome" schlüpften die Gäste aus ihren Pelzen, eilten
      zur Feuerstelle am offenen Kamin. Kellner servierten Drinks. Zwei
      Elchköpfe starrten von ihrem Platz an der Wand in stummer Verwun-

derung auf den Betrieb, der sich hier abspielte. In jener Nacht suchte
man Geborgenheit, Schutz vor der Kälte. Umso heftiger würde am frühen Morgen das Defilee zu den Pisten und Lifts von Aspen einsetzen.
Aspen. Fast schon ein Mythos, eine Legende, neben St. Moritz,
Val d' Isère und ein paar anderen eine der Top-Stationen der internationalen Skigeographie. Dabei ist Aspen nicht einmal Amerikas größtes
Skigebiet (um diesen Ruhm streiten sich Vail und Heavenly Valley),
auch fehlt das hochalpine, eindrucksvolle Gelände anderer Stationen,
etwa von Jackson Hole in Wyoming oder Mammoth in Kalifornien.
Trotzdem versammelt sich in Aspen, wie von einem Magneten
angezogen, Amerikas skifahrende Welt - die schöne Welt. [...]

(SZ)

In Porträt-Features kann es gelingen, über die Beschreibung einzelner
Personen hinaus zeitgeschichtliche Analysen zu liefern, so daß z.B. aus
dem Porträt eines Prinzen das Porträt des Zustandes einer Monarchie werden kann.

Auch das Porträt eines Nachrichtensprechers (Beispiel C) ist hier
gleichzeitig ein Stück Dokumentation der Fernsehgeschichte.

(C) **HAMBURG** - Er war zeitlebens der Liebestraum aller Beamtenwit-
wen. Die Frauen haben ihn wie "einen Kronprinzen" umschwärmt und
bewundert, "mit welch eleganter Handbewegung Sie das Blatt halten".
Von einer Stuttgarter Altenpflegerin ist überliefert, sie habe, bei seinem Anblick, stets den Bildschirm mit einer Pappscheibe bedeckt, weil
die Magie seiner "wunderschönen Augen" zu nächtlichen Weinkrämpfen
führte. Und eine andere zähe Verehrerin stöhnte brieflich: "Sie haben
mein Geschlechtsteil in Flammen gesetzt, in Abständen, aber immer
wieder. Das ist nicht schön von ihnen."
    Verzauberte Herzen, flambierte Frauen - 28 Jahre lang hat er so ge-
wirkt im deutschen Fernsehen. Über 5.000mal, seit dem 2. März 1959,
ist Karl-Heinz Köpcke, 64, in der "Tagesschau" erschienen, pünktlich,
zuverlässig, korrekt, das Haarteil schnittig gestriegelt, ein Derrick im
Nachrichtendienst. Fast allen Bundesbürgern ist der "Tagesschau"-
Chefsprecher vertraut, 80 Prozent halten Köpckes Mitteilungen für die
reine Wahrheit. Bisweilen hat er täglich bis zu 300 Verehrer-Zuschrif-
ten empfangen.
    Doch nun gehen für den großen Sexual-Herostraten die Lichter aus,
im September erreicht er rüstig das Rentenziel, dann hat die liebe Kehle
Ruh. [...]

(Sp)

Für die beiden Personenporträts (Beispiele A und C) gab es einen aktuellen Anlaß. Zum einen die bevorstehende Hochzeit des Prinzen, zum anderen den bevorstehenden Abschied des Nachrichtensprechers.

Beim Porträt-Feature müssen die "charakteristischen Züge" der Personen so klar wie möglich beschrieben werden. Die Beschreibung bewahrt den Autor davor, selbst Schlußfolgerungen zu ziehen, die Sache des Lesers sind. Kommentare in Features wirken amateurhaft.

Oft beruhen Porträt-Features auf Gesprächen, die der Journalist mit dem Porträtierten geführt hat. Zu den Tricks bei der Wiedergabe von Interviewsituationen gehört, zu beschreiben, was jemand tut, während er spricht. Dies wird im angelsächsischen Journalismus *"show'n tell"* genannt. Dabei geht es darum, eine Serie von Zitaten mit Atmosphäre zu unterlegen und lange Redepassagen aufzulockern. Im gelungenen Fall ergibt sich daraus mosaiksteinartig eine Charakterisierung des Interviewpartners (hier, Beispiel D: einer Schauspielerin).

(D) Sie erscheint in Jeans, T-Shirt und mit einem Teller Kartoffelchips und Käsesauce. "Hi", grinst sie, zerbeißt krachend den ersten Chip und zieht eine Grimasse: Whoopi Goldberg. [...]
Whoopi Goldberg ging aus all dem Gezänk als Siegerin hervor. "Ich bin das Gespräch des Monats", nuschelt sie, den Mund voll Chips, "mal sehen, wie lange es dauert."

(st)

17.4 Begleit-Features

Features werden auch als Ergänzung der aktuellen Berichterstattung über ein Ereignis publiziert. Sie dienen dann dazu, das Ereignis einzuordnen, seine Konsequenzen aufzuzeigen oder wichtige Einzelheiten näher zu beleuchten. Dabei geht es häufig um die Konkretisierung eines Geschehens mit dem Mittel der Personalisierung. Solche Ergänzungen nennen wir Begleit-Features; im angelsächsischen Journalismus gibt es dafür den Begriff *"sidebar"*.

Vor allem Nachrichtenagenturen nehmen - z.B. bei schweren Unglücken - mit Hilfe dieses Darstellungsmittels eine formale Trennung zwischen Ereignisberichterstattung (Beispiel A) und Hintergrundberichterstattung (Beispiel B) vor.

(A) MÜNCHEN/BONN (rtr) - Bei dem bisher schwersten Sprengstoff-
     attentat in der Geschichte der Bundesrepublik sind am Freitagabend auf
     der Münchner Oktoberfest-Wiese 12 Menschen getötet und 140 zum
     Teil lebensgefährlich verletzt worden. Nach Angaben der Polizei- und
     Sicherheitsbehörden fehlte am Samstagmittag noch jeder Hinweis auf
     den oder die Täter. [...]
         Der Anschlag ereignete sich am Freitagabend um 22.21 Uhr, kurz
     vor der Schließung des Oktoberfestes für diesen Tag, in unmittelbarer
     Nähe des Haupteinganges der Festwiese. Zu diesem Zeitpunkt befanden
     sich etwa 200.000 Besucher auf dem Festplatz. Die meisten befanden
     sich schon auf dem Weg zu den Ausgängen. In der Nähe des Hauptaus-
     gangs dürften sich zur Zeit des Anschlags rund 1.500 Menschen aufge-
     halten haben.

(B) MÜNCHEN (rtr) - Um 22.19 Uhr - die Uhr am Haupteingang zur
     146. Wies'n ist bei der Detonation stehengeblieben - geschah das
     Unfaßbare. Unter dem Wahrzeichen der Stadt, dem Münchner Kindl, das
     einladend seine Arme ausgebreitet hat, nur vier Meter vom ersten Stand
     des Oktoberfestes entfernt, explodierte die Bombe und richtete das Blut-
     bad an.
         "Ich habe bloß geschrien, ich habe gedacht, ich habe keinen Kopf
     mehr. Die Leute lagen da alle rum, zerfetzt, mit abgerissenen Armen
     und Beinen und Köpfen". Trotz dieses Schreckens - kaum zwölf Stun-
     den ist das her - richtet die Frau, die diese Worte stammelt, schon wie-
     der ihre Brotzeitstube für die neuen Besucherströme her.
         Wo am Abend zuvor noch "alles voller Blut" war, wo mindestens
     zwölf Menschen starben und weit über 100 zum Teil lebensgefährlich
     verletzt wurden, fahren am Morgen die großen Wagen der Stadtrei-
     nigung auf. Mit starkem Wasserstrahl spülen sie fort, was der An-
     schlag an Spuren hinterlassen hat. Das tiefe Loch, das die Bombe in
     den Bürgersteig riß, ist schon wieder zugeschüttet. Neue Pflastersteine
     werden verlegt, die zahllosen weit verstreuten Kleidungsstücke, Papier-
     fetzen und Taschen sind eingesammelt. [...]

Der Faktendarstellung in der Nachricht (A) wird hier die Nahaufnahme bei-
gegeben (B), die das Geschehen weniger abstrakt erscheinen und die
Folgen anschaulich werden läßt. Gerade wegen der Aktualitätskonkurrenz
mit Fernsehen und Hörfunk greifen auch Tageszeitungen - insbesondere
bei dramatischen Ereignissen von hohem Nachrichtenwert - häufiger dazu,
die nachrichtliche Berichterstattung durch Features zu ergänzen.

So setzt z.B. eine Regionalzeitung zur Berichterstattung über die Entführung von zwei Kindern unterschiedliche Darstellungsformen ein: die Nachricht mit den Fakten auf Seite 1 und dann auf einer Sonderseite im Innenteil ein Nachrichten-Feature (→ dazu Kapitel 17.5) zur Beschreibung der Umstände der Entführung (Beispiel C), das ergänzt wird durch einen Beitrag über "Kidnapping in Deutschland" und ein weiteres Begleit-Feature (Beispiel D). Darin wird beschrieben, wie der Vater der entführten Kinder zu seinem Reichtum gekommen ist.

(C) **ULM** - "Ich bin überglücklich, ich kann es immer noch nicht fassen", sagt Anton Schlecker (43) unter Tränen und nimmt seine beiden Kinder Lars (16) und Meike (14) in den Arm. Mit zehn Millionen Mark - die höchste Lösegeldsumme in der Geschichte der Bundesrepublik - hat der Mann, dem Deutschlands größtes Drogerie-Imperium gehört, sie einen Tag vor Heiligabend aus der Gewalt von Entführern freigekauft!

Die Kidnapper warteten im dunklen Hausflur.

Als Anton Schlecker mit seiner Frau Christa (41) und den beiden Kindern am Dienstag kurz vor Mitternacht von einem Besuch bei Freunden in seine weiße Villa in Ehingen zurückkehrte, sprangen die Männer aus ihrem Versteck.

Sie trugen Motorradmasken, graue Anoraks - und Pistolen !

"Seid ruhig ! Dann passiert nichts. Wir wollen Geld. Zehn Millionen!", sagte der Chef der Bande, ein etwa 35jähriger mit Karlsruher Dialekt.

Dann kommandierte er die Familie ins Wohnzimmer, seine Komplizen fesselten alle vier.

Eine dramatische Nacht begann.

Anton Schlecker, der mit seinen Drogerien und Supermärkten jährlich Milliarden umsetzt, versuchte die Männer hinzuhalten: "Ich kann soviel Geld nicht so schnell auftreiben", sagte er. [...]

Von den Kidnappern gibt es keine Spur. Der Kaufmann, der für ihre Ergreifung 100.000 Mark Belohnung ausgesetzt hat, ist mit seiner Familie sofort verreist - Ziel unbekannt. "Wir wollen Weihnachten jetzt in Ruhe und Abgeschiedenheit feiern", sagte er.

(HA)

(D) **HAMBURG** - "Sparsam an die Spitze", so lautet das Erfolgsrezept von Deutschlands größtem Drogeriemarkt-Besitzer.

Anton Schlecker, der 43 Jahre alte Schwabe aus Ehingen, einer 22.000-Einwohner-Stadt zwischen Stuttgart und Ulm, besitzt mehr als 1.500 Drogeriemärkte, fünf SB-Warenhäuser mit eigenen Tankstellen,

Reifenstationen, Waschhallen, Reinigungen und Restaurants, 22 Mo-
demärkte, einen Baumarkt, eine Fleischfabrik, diverse Schlachtereien
und Konditoreien und eine Großbäckerei. [...]
   Beim Familienunternehmen Schlecker wurde schon immer solide
gewirtschaftet. Den Grundstein legte der Vater, Schlachtermeister Anton Schlecker. Er gründete eine Fleischfabrik, später mit mehreren Fi-
lialen in Schwaben. Als 21jähriger trat Anton Schlecker junior 1965 -
als jüngster Schlachtermeister der Bundesrepublik - in die Firma des
Vaters ein.
   Zwei Jahre später baute die Familie am Stadtrand von Ehingen ein
SB-Warenhaus. Zwischen 1972 und 1976 kamen vier weitere Discount-
Märkte in Schwäbisch-Gmünd, Geislingen, Neu-Ulm und Göppingen
hinzu. [...]
   Die Drogeriemärkte kamen etwas später. Der Schwabe Schlecker
erzählte einmal: "Beim Tanztee in Göppingen lernte ich meine Frau
Christa kennen. Sie sagte mir, wie teuer eine Flasche Parfüm ist,
zwischen 80 und 100 Mark. 'Das kann sich doch kein Mensch leisten',
dachte ich mir und eröffnete meinen ersten Drogeriemarkt." [...]

(HA)

Auch bei der Berichterstattung über das Attentat an einem Industriellen
wird das Feature als Ergänzung zur Nachricht eingesetzt. Die aktuelle Information (Beispiel E), die auf Seite 1 der Tageszeitung erschien, ist be-
gleitet von einem Feature auf Seite 3 (Beispiel F). Darin erfährt der Leser
zahlreiche genau recherchierte Details über die näheren Umstände des
Attentats und über die beteiligten Personen.

(E) MÜNCHEN - Das Vorstandsmitglied der Firma Siemens, Karl Heinz
     Beckurts, und sein Fahrer Eckhard Groppler sind am Mittwochmorgen
     einem Bombenanschlag zum Opfer gefallen. Die beiden Männer wurden
     auf der Stelle getötet, als in Straßlach bei München das Dienstfahrzeug
     Beckurts' durch einen ferngezündeten Sprengkörper zerstört wurde. Zu
     dem Mordanschlag hat sich nach Mitteilung der Bundesanwaltschaft in
     Karlsruhe ein Kommando "Mara Cagol" der Roten Armee Fraktion
     (RAF) bekannt. Am Tatort wurde ein siebenseitiges Bekennerschreiben
     gefunden. [...]
     Beckurts war am Mittwochmorgen auf dem Weg von seinem
     Wohnort Straßlach zu seinem Arbeitsplatz bei Siemens in München.
     Die BMW-Limousine wurde von seinem 44jährigen Fahrer gesteuert.
     [...]

(SZ)

(F) Wie ein großer Klumpen schmutziggrauer Aluminiumfolie liegt das,
     was man nur noch mit einiger Phantasie als einen BMW der 7er Reihe
     erkennen kann, auf einem Grasstreifen neben einer dichten Reihe jun-
     ger, kräftiger Fichten. Eine Plane verdeckt notdürftig die Fensteröff-
     nungen und den Blick auf die beiden Leichen, die zwei Stunden nach der
     Bombenexplosion immer noch im Wagen liegen. Dutzende von Poli-
     zeifahrzeugen stehen rechts und links der Staatsstraße am nördlichen
     Ortsrand von Straßlach, die hier schnurgerade durch den Forst nach
     Grünwald verläuft. Reporter und Fernsehteams drängen sich an den Ab-
     sperrungen 50 Meter vor dem gewaltigen Loch am Straßenrand, wo
     Erde, Blätter und zerfetzte Äste die Fahrbahn bedecken und Kriminal-
     beamte jeden Quadratzentimeter nach Spuren absuchen. Uniformierte
     durchstreifen mit Schäferhunden den Wald beiderseits der Straße, ein
     Hubschrauber kreist über dem Gebiet.
         Hier starben am Mittwochmorgen um 7.28 Uhr Professor Karl
     Heinz Beckurts, 56 Jahre alt, und sein 44jähriger Chauffeur Eckhard
     Groppler in ihrem grauen Dienstwagen. Wenige Minuten zuvor hatte
     Groppler den Siemens-Manager Beckurts vor dessen Bungalow in der
     Straßlacher Dr.-Hugo-Hoffmann-Straße abgeholt, einer vornehmen
     Wohngegend in der 2.500-Seelen-Gemeinde am östlichen Hochufer der
     Isar, zehn Kilometer südlich von München. Der grauen Limousine
     folgte, ebenfalls wie jeden Tag, ein beigefarbener BMW mit zwei
     Männern, deren Aufgabe es war, Beckurts zu bewachen.
         Beckurts hatte offenbar die über seinem Leben hängende Bedrohung
     sehr ernst genommen. Seine Villa ist gut gesichert: Gitter vor Türen
     und Fenstern, eine Alarmanlage auf dem Dach, hohe Hecken, die Haus
     und Garten vor neugierigen Blicken schützen, kein Name am Tor. [...]

                                                                      (SZ)

Durch weitere Begleit-Features wurden in diesem Fall die "harten Nachrichten" über das Attentat auch im Lokalteil ergänzt und eingeordnet. Dabei
ging es dann z.B. um Reaktionen auf das Attentat im Betrieb der Getöteten
(G), wobei eine Mischung von nachrichtlicher und "gefeatureter" Darstellung gewählt wurde.

(G) MÜNCHEN - Das tödliche Attentat auf den Vorstandsvorsitzenden
     Karl Heinz Beckurts und seinen Fahrer Eckhard Groppler (42) hat in
     sämtlichen Filialen, bei allen Mitarbeitern und Angestellten des Hauses
     Siemens große Betroffenheit ausgelöst. Der 56jährige Professor war für
     den Zentralbereich "Forschung und Technik" zuständig; er hatte jeweils

ein Büro in der Siemensniederlassung am Otto-Hahn-Ring in Perlach
und im Vorstandshaus am Wittelsbacherplatz.
Der Siemens-Diplom-Physiker Hartmut Runge, zweieinhalb Jahre
lang Assistent von Professor Beckurts in Perlach, sagt: "Überall bei
Siemens herrscht heute eine besondere Betroffenheit und Niedergeschla-
genheit. Jeder, der mit ihm einmal eng zusammengearbeitet hat, hat ihn
geschätzt. Ich habe noch nie einen angenehmeren Vorgesetzten erlebt,
fachlich wie auch persönlich." [...]

(SZ)

17.5 Nachrichten-Features

Nachrichten und Features liegen oft dicht beieinander. Dies gilt insbesondere für journalistische Beiträge, in denen aktuelle Informationen in freierer
Form und mit erzählerischen Mitteln präsentiert werden. Sie werden Nachrichten-Features genannt. Dazu sind auch die "weichen Nachrichten" (→
Kapitel 6.3) zu zählen, bei denen die strengen Regeln für den Nachrichtenaufbau nicht angewendet werden.

(A) **DORTMUND** - Zwei Jahre lang genoß Hartmut Bahn (35) die Ruhe
seines Einraumappartements in Kurl. Doch dann hielt im Hühnerstall
seines Vermieters ein stolzer Hahn Einzug - und krähte fortan jeden
Morgen pünktlich um 4.20 Uhr kräftig. Als der ständig im Schlaf
gestörte Hartmut Bahn keinen Ausweg mehr sah und eine schalldichte
Kabine für den Hahn zerstört wurde, griff Bahn beim ersten Hah-
nenschrei zur Axt und schlachtete den Störenfried. Doch Ruhe kehrte
nicht ein - stattdessen kam die Kündigung. [...]

(WR)

Hier (Beispiel A) werden "harte Informationen" - der Rechtsstreit zwischen
Mieter und Vermieter wegen nächtlicher Ruhestörung - auf unterhaltsame
Weise vermittelt. Die Darstellung beruht auf einer Mischung aus Information
und Unterhaltung. Der Vorspann hat die modifizierte Form (→ auch Kapitel
8.2).
Beim Nachrichten-Feature gibt es eine "harte" Ausgangsinformation;
zu ihrer Vermittlung werden jedoch unterhaltsame Elemente eingesetzt.
Mit Hilfe dieser Mischung wird heute von vielen Medien das vermutete
Publikumsinteresse bei der Berichterstattung gezielt angesprochen. Besonders Boulevardzeitungen leben davon, dieses Publikumsinteresse mit

jeder Nachricht genau zu treffen. Sie setzen dabei insbesondere auf *"human interest"* und präsentieren auch Unglücke, Verkehrsunfälle und Verbrechen formal und sprachlich als Feature.

(B)   CONCRESSEAULT - Schon anderthalb Jahre lebte die Familie Muller am Dorfrand von Concresseault (Frankreich) in einem Wohnwagen. Alle Dorfbewohner mochten sie. In der Nacht zum Samstag dann die Katastrophe...
      Frau Muller und acht ihrer Kinder verbrannten, weil im Wohnwagen eine Kerze umfiel!
      Die Mullers sind Zigeuner. Irgendwann waren sie einfach da. Für die Kinder wurden Kleider gesammelt. Die Bäuerin Jeanine Lescure erlaubte ihnen, auf einer Wiese hinter der Dorfkirche ihren Wohnwagen aufzustellen.
      Sie lebten vom Korbflechten und bekamen Kindergeld. Keine Probleme mit der Polizei. Der Wohnwagen, in dem sie lebten, war für zwölf Personen zu klein. Darum schlief Vater Mario (38) immer mit einem der Kinder im Lastwagen, der einige Meter von dem Wohnwagen entfernt stand. Der kleine Noel (4) war in dieser Nacht dran...
      Kurz nach zwei Uhr wachte der Vater auf, hörte Schreie. Er sah aus dem Fenster: Der Wohnwagen in Flammen! Er stürzte hinaus. Seine Tochter Fatima (8) stand an einem geborstenen Fenster. Catherine, die Mutter, im Qualm dahinter. Mit letzter Kraft warf sie das Kind hinaus, brach dann zusammen... Und die anderen? Mario rannte zum nächsten Haus, holte Hilfe. Catherine und acht der Kinder (1 bis 11 Jahre) konnte keiner mehr helfen.

                                                                            (BamS)

(C)   VIERSEN - Der flaschengrüne Mazda 626 lag in zwei Teile zerrissen an einer Buche bei Viersen. Zwischen den Trümmern neun Menschen, fünf von ihnen tot - das Ende eines Autofahrer-Wahnsinns. Nach einem Disco-Besuch in Grefrath hatten sich die neun Jungen (14 bis 25) in den Mittelklassewagen gequetscht (fünf dürfen nur rein): Zwei hockten neben dem Fahrer, vier auf dem Rücksitz, zwei kauerten im Kofferraum. Bei einer Geschwindigkeit über 100 kam das überladene Auto ins Schlingern, driftete nach rechts, schoß dann über die Gegenfahrbahn links auf den Alleebaum. Ein Polizist: "Wer wo gesessen hat und wer den Wagen fuhr, wissen wir noch nicht. Die vier Verletzten können noch nicht reden."

                                                                            (Bild)

Die Familientragödie (Beispiel B) und der schwere Verkehrsunfall (Beispiel C) werden nicht nach den strengen Aufbauregeln der "harten Nachrichten" dargestellt. Stattdessen werden Geschichten erzählt, um die menschlichen Aspekte dieser schrecklichen Ereignisse anschaulich machen zu können. Dieser Aufbau setzt auch Elemente des Dramas gezielt ein. Dabei wird (Beispiel D) ein Ereignis chronologisch geschildert und ein Spannungsbogen aufgebaut. Die zentrale Information (hier: der Tod eines Kindes) steht anders als bei der "harten Nachricht" nicht am Anfang, sondern am Schluß.

(D) DÜSSELDORF - Der Vater hatte seinen freien Tag. Den nutzte er, um mit seinen beiden Töchtern im Wohnzimmer zu spielen. Plötzlich schnappte sich die kleine Demet (3) ihr Püppchen, lief damit ins Schlafzimmer. Dort hingen die Deckbetten zum Lüften im Fenster. Die Kleine legte das Püppchen auf die Decke. Das Spielzeug fiel runter...

Die dunkelhaarige Demet lief in die Küche, holte sich einen Stuhl - vorbei an der ahnungslosen Mutter, die im Flur putzte.

Im Schlafzimer stellte sie den Stuhl an das Fenster im zweiten Stockwerk. Die Kleine kletterte auf den Stuhl, wollte nach dem Püppchen schauen. Dabei verlor das Kind das Gleichgewicht, stürzte mit einem gellenden Schrei zehn Meter in die Tiefe.

Die Eltern hörten den entsetzlichen Schrei, hörten den dumpfen Aufschlag. Todesbleich liefen sie ins Schlafzimmer, schauten in die Tiefe...

Der Vater rannte durch das Treppenhaus nach draußen. Von dort in den Hinterhof. Seine kleine Tochter lag auf einer Rasen-Schotter-Fläche. Demet war blutüberströmt, bewegte sich nicht mehr. Weinend nahm der Vater die Kleine in die Arme. Nachbarn hatten inzwischen den Notarzt alarmiert. Minuten später war er an der Unfallstelle in Eller (Jägerstraße).

Der Mediziner stellte schwere Kopfverletzungen fest. Er ließ das Mädchen sofort in die Neuro-Chirurgie der Uni-Klinik bringen.

Ein Spezialisten-Team operierte das Kind sofort. Die Arbeit der Ärzte war vergeblich. Demet starb um 11.20 Uhr - 95 Minuten nach dem Sturz.

(exp)

Während Boulevardzeitungen die Darstellungsform "Nachrichten-Feature" oft mit sehr viel Raffinesse einsetzen, kann man in Lokalzeitungen immer wieder feststellen, wie beim Einsatz dieses Mittels nur aus der Not eine Tugend gemacht wird. Ein Teil der Lokalredakteure ist nicht in der Lage, einen Bericht klar aufzubauen, und schwankt deshalb zwischen verschiedenen

Darstellungsformen. Dies wird dann kein Nachrichten-Feature, sondern ein formaler, stilistischer und inhaltlicher Brei, bei dem weder das Thema noch die einzelnen Informationen verständlich vermittelt werden.

(E) DÜSSELDORF - Die rund 20.000 Tonnen Grünabfälle, die pro Jahr in Düsseldorf anfallen, sind nach einhelliger Auffassung aller Parteien zum Verheizen in der Müllverbrennungsanlage (MVA) viel zu schade. Kompostieren - das Gewinnen von Erde aus Grünzeug - heißt das Zauberwort. An ihm scheiden sich aber auch die Geister. Ist einem hochtechnischen Verfahren der Vorzug zu geben oder des "Gärtners alter Art", die zerkleinerten Grünabfälle einfach den natürlichen Zersetzungsprozessen zu überlassen ? Weil in Düsseldorf über diese Frage noch diskutiert wird, während andernorts schon fleißig kompostiert wird, begab sich der zuständige Ausschuß für Öffentliche Einrichtungen auf Reisen. Als Ergebnis brachte er einige neue Erkenntnisse, aber noch mehr Fragen mit zurück.

Die neue Unsicherheit ist auch auf das Ungeschick zurückzuführen, das die Verwaltung bei der Auswahl der "beispielhaften" Kompostierungsanlagen zeigte. "Wir haben weder die allgemein gelobte Grünkompostierung in Zürich oder Basel gesehen, noch die Versuche in Karlsruhe, wo unser Gartenamtsleiter Tempel kurz zuvor Vorträge gehalten hat", meinte Ursula Gonella (FDP) enttäuscht zur Reiseroute. [...]

"Zum Beispiel wurden die Einwendungen der Verwaltung gegen dieses Verfahren dort größtenteils widerlegt", meint Ursula Schiefer (CDU). Es stinke dort nicht, das Grundwasser sei unbelastet und der Kompost so gut wie frei von Schwermetallen. [...]

(RP)

Beim Nachrichten-Feature handelt es sich um eine Verbindung zwischen Ereignisberichterstattung und der Verwendung von unterhaltenden Ausdrucksmitteln. Sie sollen insbesondere die menschlichen Aspekte der Informationen (z.B. individuelle Folgen) "featuren", d.h. herausstellen. Der Journalist muß jeweils entscheiden, wo er den Schwerpunkt setzt: bei den Fakten oder diesen menschlichen Aspekten.

(F) DÜSSELDORF (rtr) - Fünf Jahre und sieben Monate lang ist der Saal 111 des Düsseldorfer Landgerichts Schauplatz des Versuchs gewesen, unvorstellbare Greueltaten aus der Zeit des Nationalsozialismus zu sühnen. Als nach 474 Verhandlungstagen die Urteile verkündet wurden, wirkt die Abrechnung mit den Tätern am Ende des längsten

Prozesses in der Geschichte der Bundesrepublik für die Zuschauer und
die Demonstranten vor dem Gerichtsportal wie ein Hohn: einmal le-
benslänglich und insgesamt 40 1/2 Jahre Freiheitsstrafe nach tausend-
fachem Mord an jüdischen, polnischen und russischen Gefangenen.

Prozeßbeobachter, die aus allen Teilen der Welt angereist sind,
sprechen von einem Skandal. Zeugen wie der ehemalige Häftlingsarzt
Jan Nowack aus Polen, die der Urteilsverkündung beiwohnen, verstehen
ein Rechtssystem nicht, in dem nach jahrelangen Ermittlungen - mit
19.000 Blatt Beweismaterial - solche milden Strafen möglich sind. [...]

Hier (Beispiel F) wird eine "harte Nachricht" - die Urteilsverkündung in einem NS-Verbrecher-Prozeß - von den Reaktionen her dargestellt, die die
Entscheidungen der Richter ausgelöst haben. Dies ist ein Kommentar zum
verkündeten Strafmaß für die NS-Verbrecher - jedoch nicht ein Kommentar
des Autors, sondern des Publikums und der Prozeßbeobachter. Das
Nachrichten-Feature führt damit über die Nachricht hinaus, ordnet sie ein,
macht sie anschaulich, verdeutlicht ihre Hintergründe.

18 FEATURESCHREIBEN

18.1 Prinzipien

Für das Feature gelten nicht die strikten Aufbauregeln der "harten Nachricht" (→ dazu Kapitel 6). So kann z.B. dem **Einstieg** (→ Kapitel 19) durchaus eine chronologische Darstellung von Ereignissen folgen und an den Schluß als Höhepunkt eine zentrale Information oder eine Pointe gesetzt werden.

Features haben meist auch keinen summarischen Vorspann (→ dazu Kapitel 8.1). Die zentralen Informationen können über den gesamten Artikel verteilt werden und dabei jeweils als Leseanreiz dienen.

(A) DÜSSELDORF (rtr) - "Lieber Sohn! Alles, was ich Dir zu Gefallen tun kann, geschieht gern und macht mir selber Freude - aber eine solche infame Mordmaschine zu kaufen, das tue ich um keinen Preis." Diese Weigerug einer Mutter, ihrem Sohn zum Weihnachtsfest Kriegsspielzeug zu schenken, ist fast 200 Jahre alt. Adressat der Mahnung war Johann Wolfgang von Goethe.

Der Brief der Frau Goethe aus dem Jahre 1793 ist Teil einer publizistischen Aktion der Stadt Wuppertal gegen Kriegsspielzeug. Sie appelliert dabei - ebenso wie die Stadtväter von Gelsenkirchen und die nordrhein-westfälische Verbraucherzentrale - an das Verantwortungsgefühl der Eltern. Seit kurzem mahnen Plakate an vielen Litfaßsäulen und den Bahnhöfen der weltberühmten Schwebebahn: "Spiele nicht das Spiel vom Tod - die Wirklichkeit ist schlimm genug!" [...]

Nicht so sicher sind die Initiatoren, daß auch die Spielzeughändler den strengen Worten folgen, mit denen einst Frau Goethe auf den Weihnachtswunsch ihres Sohnes reagierte. Ein Düsseldorfer Spielwarenhändler zum Beispiel kann den Sinn von Aktionen gegen Kriegsspielzeug überhaupt nicht einsehen. "Schon kurz nach Ende des Zweiten Weltkrieges haben wir wieder Spielzeugpanzer verkauft," berichtet er und klagt über finanziellen Schaden solcher publizistischen Kampagnen für die Branche ("Selbst Zinnsoldaten gehen nicht mehr."). Sein Argument gegen die Kritik am Kriegsspielzeug: "Wir haben doch schließlich auch wieder eine Wehrmacht."

In diesem Beispiel (A) wird das Thema "Kriegsspielzeug" in eine historische Anekdote eingebunden. Das Schlußzitat enthält dann eine pointierte Aussage.

Zu den Prinzipien bei der **Gestaltung** von Features gehört, daß der Einstieg gerade genug Informationen enthalten soll, um den Appetit des Lesers zu wecken. Das Leserinteresse wird dann während der weiteren Darstellung aufrecht erhalten und meistens auf einen Höhepunkt am Schluß (wichtige Information, Zitat, Pointe) hingeführt.

Gilt bei der Nachricht "Der höchste Trumpf zuerst'", so lautet beim Feature also das Rezept: "Behalte noch ein As im Ärmel". Während in "harten Nachrichten" das Ergebnis am Anfang steht und somit das Pyramiden-Prinzip angewandt wird (→ Kapitel 6.1), gibt es Features, die wie Dramen aufgebaut sind: Der **Höhepunkt**, die Lösung kommt am Schluß. Ein Kürzen von hinten ist deshalb meistens nicht möglich.

In längeren Features wird dieses Aufbau-Prinzip jedoch oft variiert. Hier erscheint das Ergebnis oder eine andere zentrale Information schon am Anfang; dann erfolgt eine ausführlichere Illustration dieser Information.

(B)   ROM (dpa) - Der letzte Schrei in Italien ist die "Tiefkühlleiche". Möglich macht sie ein Gerät wie ein Kühlschrank, das an den mit einer Glashaube ausgestatteten Sarg angebracht wird. Angehörige und Freunde des so eingefrorenen Toten können ihren Abschiedsgruß bei Bedarf wochenlang ausdehnen. Der Tiefkühlsarg war in Genua zweifellos eine Hauptattraktion bei der "Mustermesse" der italienischen Bestattungsinstitute, die alle zwei Jahre stattfindet.

2,1 Milliarden Mark Umsatz macht die italienische Sargbranche, die in aller Regel aus kleinen Handwerksbetrieben besteht. 320 Millionen Mark davon stammen aus dem Export, womit die italienischen Sargbauer in Europa Spitzenreiter sind. [...]

Hier (Beispiel B) wird der "Tiefkühlsarg" herausgegriffen, um das Thema "italienische Bestattungsindustrie" zunächst exemplarisch abzuhandeln. Dann folgt eine gründlichere Darstellung des Themas. Denkbar wäre es bei diesem Nachrichten-Feature auch gewesen, den "Tiefkühlsarg" als Schlußpointe zu verwenden.

18.2 Aufbau und Sprache

Das Feature wird traditionell besonders beim Rundfunk eingesetzt, um Informationen unterhaltsam zu präsentieren. Dazu nutzen Rundfunkjournalisten die vielfältigen akustischen und optischen Möglichkeiten des Hörfunks und des Fernsehens. Auch die Presse weicht inzwischen häufig auf diese freiere Form aus, wenn sie Aktualitätsnachteile hat oder mehr liefern will als nur Fakten.

Diese Freiheit der Form sollte aber nicht zu dem Mißverständnis verleiten, daß beim Feature alles erlaubt sei. Berichtet wird über Tatsachen; das Feature ist eine journalistische Darstellungsform.

Auch beim Feature kommt es darauf an, den Aufbau zu organisieren und Übergänge zwischen den einzelnen Informationen zu schaffen. Dadurch werden die Zusammenhänge verdeutlicht.

Besonders wichtig ist auch hier der richtige **Einstieg** (→ Kapitel 19). Danach müssen mit Hilfe von **Bindewörtern** geeignete Brücken formuliert werden (→ Kapitel 13). Durch den Wechsel zwischen Szenen, Fakten und Zitaten kommt Farbe in ein Feature.

Das folgende Porträt-Feature über einen 90jährigen Marathonläufer beeindruckt durch die Genauigkeit der Beobachtungen und ihre sprachliche Umsetzung. Der Wechsel zwischen Szenen, Fakten und Zitaten führt hier zu einer sehr sensiblen und dichten Personenbeschreibung (Beispiel A).

(A) **SANKT AUGUSTIN** - Er biegt hinein in den schmalen "Rehsprung"-Pfad, wo er allein bleibt mit den schweren, fetten, vereisten Ackerschollen. Sein Oberkörper kippt vielleicht einen Fingerbreit linksüber. Wenn er ausatmet, pressen sich die blassen Lippen zusammen, so daß es hohl pfeift. Es pfeift nicht im Takt seiner Schritte, die er lang zieht für einen nur 1,65 Meter großen Läufer. Fein federt er ab, und die Ellenbogen pendeln im schulmäßigen Winkel für seine Balance. Das nimmt sich kraftvoll aus von hinten, von vorn und von der Seite, und nichts, so scheint es, verrät sein Alter. Nicht die stilvolle Haltung, nicht die Athletik und auch nicht der Ansatz seines Buckels. Auf der Kuppe angelangt, sehen entgegenkommende Spaziergänger in ein lächelndes Gesicht, von der Abendsonne angestrahlt. Der eine oder andere dreht sich um, als wolle er mehr wissen über diesen einsamen Langstreckenläufer.

An diesem Samstag feiert Josef Galia seinen neunzigsten Geburtstag. Er ist Deutschlands, wahrscheinlich sogar der Welt ältester Marathonläufer.[...]

Ausnahmsweise legt er eine Verschnaufpause am lichtüberfluteten Waldessaum ein - für eine Rückblende. Zuhause im böhmischmährischen Nesselsdorf am Rande der Beskiden, gelangte er über Österreich-Ungarn beruflich nach Frankreich. Der Diplomingenieur für Elektrotechnik war einst ein geschätzter Spezialist für Zahnräder.[...]

Galia, der praktisch nie im Leben Alkohol getrunken hat, empfindet Laufen nicht bloß als körperlichen Akt, sondern als tiefsinniges Naturerleben. Die Natur im Wandel der Jahreszeiten helfe, den Geist zu verfeinern, ihn zu öffnen für die wahren Werte des Lebens: Erhabenheit von Landschaft, Poesie und ernste, schöne Musik, so wie schließlich Gottglaube, der in der Wiedergeburt gipfele. "Leider begreift man immer erst recht spät, wie wenig Geld doch in Wirklichkeit wert ist", sagt der einstige Geigenspieler.[...]

Süßlicher Duft von Naturreis und Rosinen schlägt einem aus der Küche entgegen. In einem Holzkästchen von Daunenkissen geborgen, schwitzt das Abendessen sein volles Aroma aus. Die Galias sind "Waerlandisten", ernähren sich seit über dreißig Jahren nach den Ratschlägen des schwedischen Vegetariers Are Waerland. Bevorzugte Speisen sind Hirse und Buchweizen, Leinsamen und Salate. Fleisch, Fisch und Eier hingegen seien verpönt. Ärztliche Untersuchungen braucht Josef Galia nicht zu scheuen, die fabelhaften Werte von 145:80 zeigt sein Blutdruck. Erwartungsvoll blickt er Frühling und Sommer entgegen, den Tagen, "an denen ich wieder frühmorgens zum Sonnenaufgang vierzig Minuten in den Wald laufen kann." [...]

(FAZ)

Die Sprache des Features kann literarischen Formen nahe kommen. Dabei sind auch unerwartete Wendungen und Formulierungen möglich. Der Stil muß freilich jeweils dem Thema angemessen sein. Ein Feature, das eine Tragödie zum Thema hat, verträgt meistens keine Originalität; es sollte einfach und direkt geschrieben werden. Bei aller Verschiedenheit der Themen und aller Freizügigkeit der Gestaltung ist im Feature immer zu beachten, daß eine Verbindung zur Nachrichtenform erhalten bleibt.

(B)   Die "Lust"-Elektronikbranche verdient derzeit ihren Spitznamen wirklich. Denn es geht da zu wie in einer Sex-Show auf der Reeperbahn: Jeder kann offenbar mit jedem. Und es tut dem wilden Partnertausch kaum Abbruch, daß die meisten Akteure längst ein gesetztes Alter erreicht haben.

Der Senior der Runde macht den Jüngeren sogar lange Zeit was vor: Erst will der Mehrheitseigentümer des größten deutschen Unternehmens in der Unterhaltungselektronik dem Chef des zahlungsunfähigen AEG-Konzerns dessen Sorgentochter Telefunken abnehmen. Doch ehe das so richtig was wird, taucht aus dem Hintergrund der jugendliche Alain Gomez auf, Herr über den französischen Staatskonzern Thomson-Brandt. Der Flirt der beiden hat Folgen. [...]

(DZ)

In diesem Beispiel (B) wird mit vielen Bildern gearbeitet. Dies ist aber nur Darstellungsmittel, nicht Selbstzweck. Der aktuelle nachrichtliche Zusammenhang - Fusionsvorgänge in der Elektronikbranche - bleibt stets deutlich.

Redewendungen und Analogien können das Thema eines Features leichter verständlich machen und die charakteristischen Züge (auch: von handelnden Personen, → Kapitel 17.3) verdeutlichen. Dabei ist jedoch Vorsicht geboten. Es gibt im Journalismus sprachliche Moden, die schnell dazu führen, daß Wendungen und Bilder abgegriffen wirken. Dies ist z.B. der Fall, wenn bekannte Buch- oder Filmtitel ("Morgens um sieben ist die Welt noch in Ordnung"; "Der Stoff, aus dem die Träume sind"; "Denn sie wissen nicht, was sie tun") immer wieder als Sprachfiguren eingesetzt werden (→ auch Kapitel 16).

Floskeln und Phrasen, Klischees und "schiefe Bilder" sind Kennzeichen eines amateurhaft geschriebenen Features (Beispiel C).

(C) AACHEN - 9.31 Uhr, 8. Stock, Verwaltungsgebäude am Marschiertor. Das Bauverwaltungsamt liegt hinter, geschlossene Fahrstuhltüren liegen vor einem. Die Sehnsucht nach dem Ausgang findet im Druck auf den ominösen Knopf seinen Ausdruck. Das Lämpchen leuchtet auf, die Hoffnung wird genährt: Der Fahrstuhl hat Order, muß ja jetzt bald kommen.

9.33 Uhr, immer noch am selben Ort. Das Lämpchen leuchtet im leichten Glanze. Die geheimen Sehnsüchte konnten jedoch noch nicht befriedigt werden. Der Fahrstuhl hat sich noch nicht blicken lassen.

9.35 Uhr, vier Minuten nach dem Druck auf den Knopf. Ein weiteres Licht erstrahlt, der Fahrstuhl scheint zu kommen. Und richtig: Eine Türe öffnet sich, Menschen ergießen sich ins Freie. Schnell auf den Schalter gedrückt, und ab geht die rauschende Fahrt. [...] (AVZ)

18.3 Planung und Recherche

Gerade beim Feature ist die Planung des Aufbaus wichtig. Zu überlegen ist, welche Form des Einstiegs die angemessene ist (→ Kapitel 19). Dasselbe gilt für den Schluß eines Features, der durch eine Pointe oder einen anderen Überraschungseffekt oder die Wiederaufnahme der Einstiegsinformation "rund" gemacht wird.

Zu planen ist aber auch die Anordnung der einzelnen Informationen und Gestaltungselemente. Dieser Planung muß eine sorgfältige Recherche vorausgehen. Im einzelnen ist beim Featureschreiben so vorzugehen:

• Am Anfang sollten intensive **Vorrecherchen** - in Archiven, bei Pressestellen, bei Informanten usw. - stehen. Geeignete Ansprechpartner sind zu suchen. Empfehlenswert ist es auch, wichtige Schauplätze zu besichtigen. Recherche vom Schreibtisch aus reicht gerade beim Feature oft nicht. Aus der Recherche entwickelt der Journalist seine Auffassung vom Thema und belegt diese dann mit den ermittelten Fakten. Das Feature kann so zum Versuch eines Indizienbeweises werden. Oft erhalten dabei scheinbare Nebensächlichkeiten eine Bedeutung - wie etwa die genaue Benennung eines Taschenbuchs im folgenden Beispiel (A).

(A)   Bevor sie das Dorf Jork im Alten Land bei Hamburg verließen, räumten sie ihre Schlafkammern sauber auf. Sie zogen ihre Betten ab, falteten sorgfältig die Steppdecken zusammen. Im Wohnzimmer ließen sie ein dtv-Taschenbuch Nr. 5003 "Grundgesetz" mit der Menschenrechtskonvention zurück. Draußen am Briefkasten deutet ein Schild "Sri Lanka" darauf hin, daß in dem roten Backsteinhäuschen Asylbewerber aus Südostasien gelebt haben: Am 27. Juli verschwanden 27 Tamilen aus dem Landkreis Stade.

Zwei Wochen später sah der Jorker Gemüsehändler und ehrenamtliche Asylantenbetreuer Waldemar Steen einen von ihnen im Fernsehen wieder. Unter den 155 Tamilen, die vor der kanadischen Küste aus Rettungsbooten aufgefischt worden waren, entdeckte er seinen Freund Vaithyanathy Perinparajah. Der hatte ihm eineinhalb Jahre als Dolmetscher zur Seite gestanden. [...]

(st)

• Während der Recherche müssen genaue **Notizen** gemacht werden (ggf. auf Tonband sprechen). Festzuhalten sind Details und Zitate, die Leben in die Darstellung bringen können. Zu notieren sind Namen und Titel, Alter und Beruf aller für den Zusammenhang wichtigen Personen - und zwar so genau wie möglich (nicht "etwa" oder "ungefähr" in Fällen, wo genaue Ermittlungen möglich gewesen wären). Generell sollte man erheblich mehr Einzelheiten zusammentragen als später voraussichtlich benötigt werden. Die Qual der Wahl ist angenehmer als eine Nachrecherche.

• Besonders längere Features erfordern eine genaue **Organisation**. Zunächst sollten die Rechercheergebnisse gesichtet und (aus)sortiert werden. Dabei ist bereits daran zu denken, den Aufbau zu ordnen. Oft kann - wie bei einem wissenschaftlichen Referat - eine schriftliche Gliederung (zumindest stichwortartig) nützlich sein.

• Schon beim Sichten und Sortieren des Materials sollte gefragt werden: Welche Einzelheit, welcher Gesichtspunkt ist als **Einstieg** geeignet, den Leser so zu fesseln, daß er nach den ersten fünf Zeilen weiterlesen will? Was hilft dabei, das Thema frühzeitig in aller Kürze vorzustellen?

• Erfahrene Featureschreiber haben ein **System** entwickelt, um - jedenfalls bei größeren Stücken - der Stoffülle Herr zu werden. Ein solches System ist z. B. die Übertragung der Notizen vom Schreibblock auf fünf bis zehn leere Blätter, wobei das Material jeweils nach zusammengehörenden Gesichtspunkten auf dem Papier verteilt wird. So entsteht nach und nach ein Gerüst, das dann das Featureschreiben erleichtert. Besonders übersichtlich ist ein anderes System: Die Notizen werden dabei mit verschiedenen Farben auf ein großes Blatt (DIN A 3) übertragen. Zitate, Schlüsselszenen, einzelne Beobachtungen, Fakten und Schlußfolgerungen haben darauf eine eigene Farbe. Aus dieser ersten Ordnung entsteht dann auf einem weiteren Blatt mehrfarbig eine Gliederung des Features, wobei Elemente, die Leben in die Darstellung bringen (Szenen, Zitate usw.), jeweils den einzelnen Teilen zugeordnet werden.

Die freiere Form des Features erlaubt also keineswegs, einfach drauflos zu schreiben. Der Wechsel zwischen Schildern und Einordnen, zwischen Anschaulichkeit und Abstraktion, von dem das Feature lebt, fordert im Gegenteil eine besonders gut überlegte Planung heraus. Dabei sind - je nach Typ des Features unterschiedlich intensiv - die folgenden Aufgaben zu erfüllen.

- **Thematisieren**: den Gegenstand des Features genau benennen und einordnen;
- **Analysieren**: das einzelne Problem oder Ereignis nicht nur beschreiben, sondern aufbrechen und "gegen das Licht halten";
- **Aktualisieren**: verdeutlichen, warum den Leser das Problem oder Ereignis angeht (nicht nach dem Motto schreiben: "Heute schreiben wir mal über...");
- **Konkretisieren**: das Thema auf eine handhabbare Größe reduzieren und Nebensächliches ausscheiden;
- **Fokussieren**: das Thema auf den Punkt bringen und dabei eine zentrale Aussage oder sogar These herausarbeiten;
- **Generalisieren**: über den Einzelfall hinausgehen, verdeutlichen, in welchem Zusammenhang das Problem oder Ereignis steht, und, wenn möglich, Schlußfolgerungen ziehen;
- **Personalisieren**: das Thema nicht abstrakt lassen, sondern durch Bezüge auf Personen lebendig werden lassen ("Farbe reinbringen").

19 FEATURE-EINSTIEG

19.1 Themaskizze

Der Anfang entscheidet beim Feature darüber, ob es gelingt, den Leser einzustimmen und in die - meist längere Geschichte - "hineinzuziehen". Der richtige Einstieg ist also besonders wichtig; dazu bieten sich sechs verschiedene Formen an:

- Themaskizze
- Szene
- Appell

- Zitat
- Kontrast
- Porträt

Bei der Themaskizze als Feature-Einstieg wird gleich konkret mitgeteilt, worum es geht. Ein solcher Feature-Einstieg ähnelt inhaltlich dem der Nachrichtendarstellungsformen; Unterhaltungselemente werden mit stilistischen Mitteln hinzugefügt (Beispiel A).

(A) KÖLN (rtr) - Der Norddeutsche Rundfunk will norddeutscher werden, genauer: schleswig-holsteinischer und niedersächsischer [...]. Der Westdeutsche Rundfunk will westdeutscher werden, noch ehe ihn Politiker dazu zwingen. Bayerischer und fränkischer geht es schon seit über einem Jahr im Bayerischen Rundfunk zu, saarländischer seit Januar dieses Jahres im Saarländischen Rundfunk und hessischer seit Mai im Hessischen Rundfunk.
   Die Landesrundfunkanstalten der ARD haben die Region entdeckt, die lokale Politik, die Probleme der Leute auf dem flachen Land. Dafür gibt es neue Hörfunkprogramme wie die "Saarlandwelle". [...]

Manchmal wird das Thema beim Einstieg ins Feature zunächst in einer generalisierten Form formuliert: z. B. als Lebensweisheit (Beispiel B). Erst danach folgt die Beschreibung des konkreten Sachverhalts.

(B) WÜRZBURG - Daß sich der Mensch in seinem redlichen Streben
     nach Höherem mitunter erheblich zu seinem Nachteil irren kann, hat in
     diesen Tagen ein Informatikstudent vor den Schranken des Amtsgerichts
     Würzburg leidvoll erfahren. Der Sachverhalt: Zur mitternächtlichen
     Stunde, als er noch schnell einen Brief in den Kasten einwerfen wollte,
     beobachtete er im Stadtteil Grombühl zwei Männer, die sich mit einer
     Frau streitbar auseinandersetzten. Im Glauben, die Frau würde sexuell
     belästigt, ging der Jungakademiker auf die beiden Männer los, so daß es
     zu Handgreiflichkeiten kam. Der 25jährige ging dabei zu Boden und rief
     lautstark nach der Polizei. Was er aber nicht wußte, oder nicht so recht
     wahrhaben wollte: Er hatte es mit der Polizei zu tun, genauer, mit einer
     Zivilstreife, die kurz zuvor von einem Passanten herbeigerufen worden
     war. [...]

                                                                    (SZ)

Auch das folgende Feature wird gleich im ersten Satz in den Zusammenhang eines größeren Themas gebracht. Die Darstellung dient dann dem
Einzelbeleg für das grundlegende Problem, hier: Recht zu sprechen und
dabei Gerechtigkeit zu üben (Beispiel C).

(C) Es gibt Stunden, in denen man geradezu körperlich spürt, wie fragwür-
     dig die Bemühungen der Juristen sind, Recht zu sprechen. Zum Beispiel
     an diesem Freitagvormittag, 11 Uhr, im Sitzungssaal B 275 des
     Strafjustizgebäudes an der Nymphenburger Straße: Wird es gerecht sein,
     wenn nun gleich die drei Richter und die beiden Schöffen heraus-
     kommen und dem blassen, rothaarigen Mann links vorne auf der
     Anklagebank bestätigen, er müsse seine Strafe wegen fahrlässiger
     Tötung absitzen, was unter anderem zur Folge haben würde, daß der
     blasse, rothaarige Mann sofort sein Landtagsmandat abgeben muß, weil
     diese Gesellschaft zwar vieles verzeiht, aber nicht, daß jemand im Knast
     gesessen hat? Oder ist es gerechter, ihm dieses Absitzen auf Bewährung
     zu erlassen und dabei in Kauf zu nehmen, daß das Volk, in dessen
     Namen nun gleich das Urteil gesprochen wird, künftig wieder ein
     bißchen genauer weiß, daß man die Großen laufen und die Kleinen sit-
     zen läßt? Ein Monat Gefängnis mehr oder weniger, Bewährung oder
     nicht - und eine Lawine von Folgen.
         Der Zuhörersaal ist überfüllt, die Vor-Urteile sind längst gefällt, als
     die Richter nun den Saal betreten. Als der Vorsitzende Rudolf Mayer
     endlich verkündet, die einjährige Gefängnisstrafe werde zur Bewährung

ausgesetzt, gibt es Beifall, ein wenig Buh, einen Wachtmeister, der dreimal laut "Ruhe" brüllt, einen Angeklagten, den ein Weinkrampf schüttelt - und vermutlich bei so ziemlich jedem Beobachter eine Beklemmung, die er sich selber kaum erklären kann. [...]

(SZ)

Die Themaskizze als Feature-Einstieg kann aber dazu verführen, das Thema möglichst hoch anzusiedeln, es bedeutsamer zu machen, als es ist. Diese Gefahr besteht besonders für Routine-Berichterstattung im Lokalteil.

(D) Einmal in dem berühmten Pariser Moulin Rouge an einer Gala teilnehmen. Diesen Wunsch hegen sichtlich viele Zeitgenossen. Der Kameradschaft ehemaliger Soldaten Albachten glückte dieses zum Teil. Denn die örtliche Familiengemeinschaft hatte den Saal der Gaststätte Ording festlich geschmückt und mit den Initialen des französischen Hauses ausgestattet. In dieser bunten Umgebung feierten nun am Samstagabend die ehemaligen Soldaten ihre traditionelle Wintergala.
Etwa hundert Personen waren in bester Stimmung bei einer fröhlichen Mischung aus Musik, Tanz, Tombola und heiteren Vorträgen zusammengekommen. Nachdem der erste Vorsitzende Hermann Büschleib die Anwesenden und besonders das Ehrenmitglied Adolf Schulze-Blasum sowie das frischverheiratete Wirtsehepaar Hedwig und Franz-Josef Ording begrüßte, führte der Organisator und Conferencier Peter Kanter das Publikum gekonnt in den abwechslungsreichen Abend hinein. [...]

(WN)

Hier (Beispiel D) hat der Autor im Bemühen um einen besonders spektakulären Thema-Einstieg danebengegriffen. Denn die "alten Kameraden" haben, wie man dann erfährt, keineswegs eine Gala in Paris besucht, sondern nur ihren Kameradschaftsabend "französisch" gefeiert. Der Leser wird genarrt.
Manchmal wird dem eigentlichen Feature-Einstieg ein nachrichtlicher Vorspann vorangestellt, der das Thema skizziert bzw. den Inhalt zusammenfaßt (Beispiel E).

(E) MOSKAU - Frisches Obst und Gemüse, und das nicht zu sündhaft teuren Preisen vom Kolchos-Markt, davon haben die Moskauer immer geträumt. Der neue Parteichef Boris Jelzin, der angetreten ist, den sozialistischen Schlendrian zu beseitigen, macht es möglich.

Zehn Uhr früh am Vormittag. An der Dobriinskaja, einer belebten
Moskauer Geschäftsstraße, hält ein riesiger Sattelschlepper. Zwei
Männer reißen die Hecktür des Wagens auf. [...]

(DW)

Ein solcher - oft auch formal - abgetrennter Vorspann (hier: die beiden ersten Sätze) erlaubt, das Feature "farbig" zu eröffnen: durch Beschreibung
einer Szene (→ auch Beispiel B in Kapitel 17.1).

19.2 Szene

Die Szene ist eine besonders häufig gewählte Form des Einstiegs. Mit Stilmitteln des Erzählens, in bildhafter Sprache, wird dabei eine typische Situation, ein Vorgang oder z.b. auch eine Landschaft beschrieben.

(A) Auf dem schmalen Flur tummeln sich an die einhundert Schüler. Noch
     sind nicht alle Lehrer da, um die Klassenräume aufzuschließen. Von
     7.55 bis 8 Uhr wird Konrad Lorenz verifiziert: Dampfkessel erhitzen
     sich, die ersten Fußtritte, Schimpfkanonaden und Boxhiebe sind unter-
     wegs. Plötzlich wird einer von hinten so heftig geschubst, daß er mit
     dem Kopf gegen die Garderobenschränke kracht. Die sind aus Blech,
     und der Junge sackt zu Boden. Ich versuche, zur 5.6 vorzudringen. Ein
     kräftiger Bursche schleudert mir eine Frage entgegen, wobei seine
     Stimme der eines vom Schreien heiseren Fußballtrainers ähnelt: "Sind
     Sie der neue Lehrer aus Berlin?" Ich nicke. "Dann machen wir Sie fer-
     tig!" "Warum das denn?" will ich wissen. "Weil Sie einen so geilen
     Bart haben", schreit er zurück.
          Hospitation in einer fünften Klasse. Englisch. [...]

(DZ)

In diesem Feature (Beispiel A) wird über eine nach Auffassung des Autors
typische Situation in das Thema eingeführt: die Psychologie der heutigen
Schülergeneration, die angeblich anders ist und anders lernt als frühere
Schülergenerationen.
     Im folgenden Beispiel wird über die Beschreibung einer Szene im
organisierten Karneval der Bogen zum Grundsätzlichen geschlagen: dem
Karneval als ernster - wirtschaftlicher - Angelegenheit (→ auch Beispiel E in
Kapitel 17.2).

(B) Der Elferrat hat in schmucker Aufmachung auf dem Podium Platz genommen. Der Büttenredner landet erfolgreich seine letzte Pointe. Beifall. Wendung hin zum Präsidenten. Verleihung des obligatorischen Ordens. Tusch. Abgang von der Bühne. Übliches Zeremoniell beim Karneval, der vor allem von seinen optischen Reizen lebt. Doch der Augenschmaus, der die Karnevalisten spontan entzückt, ist das Ergebnis genauer Planung. Hüte, Mützen, Handschuhe, Stiefel, Anzüge und: Orden zu besorgen ist eine tierisch ernste Sache.

Für die Firmen, die die Kleider liefern, sind die Jecken zunächst einmal Männer, für die das Beste gerade gut genug ist: Maßkonfektion, eingefärbtes Tuch, aufwendige Stickereien am Anzugaufschlag und den Ärmeln. [...]

(RP)

Auch das Oktoberfest kann ohne direkten aktuellen Aufhänger (→ Beispiele A, B in Kapitel 17.4) Feature-Themen liefern. Hier z.B. (Beispiel C) geht es um die Belästigungen für die Bewohner des Münchner Westends während der Wies'n-Zeit. Der Einstieg erfolgt wieder über die unterhaltsame Beschreibung einer typischen Situation.

(C) Rudi will heim. Seine vier Kollegen, mit denen er untergehakt über den Messeplatz torkelt, wollen auch heim - nach Fürstenfeld. Das ist nicht zu überhören: "I wui haam nach Fürstenfeld" grölen die fünf ununterbrochen, seitdem sie vor einer halben Stunde ihr letztes Bier im Augustinerzelt ausgetrunken haben. Nur gut, sagt Rudi, dem ein großer rosa Elefant über die Schulter baumelt, daß Klausi die zwei Maßkrüge hat mitgehen lassen, wenn man die richtig aneinanderdrischt, bringen die nämlich einen tierischen Sound.

Es ist kurz vor zwölf, die Gruppe schleppt sich durch die Kazmairstraße. Dort wird noch das Lied vom Donaustrand gesungen und dann das von den "Weibern auf Kap Horn". Nur kurz hört Klausi auf, die Maßkrüge im Takt zu schlagen, als er sich schnell übergeben muß. Rudi hat ein anderes Problem: "Hier kennt sich ja keine Sau aus", schreit er, "wo ist denn bloß das Auto?"

In der Kazmairstraße stört sich daran vermutlich kaum jemand. Für die Anwohner hier gehören zersplitterte Bierkrüge und lautstarkes Gejohle schon zum Abendprogramm. Dreck, Scherben und Erbrochenes auf den Straßen, eine riesige Blechlawine, die sich Tag und Nacht durchs Viertel schiebt: Das Westend ist vierzehn Tage lang Schauplatz der weniger erfreulichen Seiten des Oktoberfests. [...]

(SZ)

Im nächsten Beispiel (D) ist das Feature-Thema die mögliche Gesundheits-
gefährdung durch den Lärm in Diskotheken. Dazu gibt es den aktuellen
Aufhänger einer behördlichen Überprüfung, die feststellen soll, ob die
Schutzbestimmungen eingehalten werden. Im Feature wird auf diese Informationen mit Hilfe des szenischen Einstiegs hingeführt: die Atmosphäre
in einer Diskothek - und die Verständigungsprobleme.

(D) **DÜSSELDORF/MANNHEIM** (rtr) - Grelle giftgrüne Blitze
     zerreißen das schummrige Halbdunkel. Gitarrenklänge zerbersten in der
     Luft, eine kehlige Stimme zelebriert den Rocksong - und der Kellner
     fragt schon zum dritten Mal, welches Getränk gewünscht wird. Ver-
     geblich. Frage und Antwort sind nicht zu verstehen. Dröhnende Mu-
     sik deckt alles zu: Alltag in bundesdeutschen Diskotheken.
        Die Frage, ob hohe Phonzahlen in den "Musikläden" zur Schwer-
     hörigkeit führen, wird bald die 22 nordrhein-westfälischen Gewerbeauf-
     sichtsämter beschäftigen. [...]

Auch die beiden folgenden Features (Beispiele E, F) haben ein größeres
Thema (die Regenbogenpresse, Sex-Geschäfte auf St. Pauli), in das über
die Beschreibung von Situationen eingeführt wird. Die Szene mit der
schönen Prinzessin wirkt als Einstieg deshalb besonders originell, weil sie
schon im zweiten Absatz gebrochen wird: durch "das normale Leben", den
Zeitschriftenkauf im Supermarkt.

(E) Es begann in Monaco. Und es fing mit einer Polonaise an. Eine rätsel-
     hafte Macht hatte meine Hände auf ihre Schultern gelegt, mein Gott,
     auf die nackten Schultern einer Prinzessin. Die Musik erstarb, die
     Schlange zerfiel. Sie drehte sich um. Was nun? Wir tanzten. War es
     Walzer, Bolero oder Breakdance? Sie legte die Stirn in Falten wie der
     alte Belmondo. Ihre Augen schillerten unergründlich. Sie grinste schräg
     wie Humphrey Bogart. Ihr Englisch war sehr französisch und ihr Kreuz
     so breit wie das einer DDR-Schwimmerin. Diese Begegnung sollte
     mein Leben verändern.
        Fortan führt mein Weg samstags im Supermarkt nicht mehr von
     dem Wursttresen direkt in die Milchecke, sondern zunächst am Zeit-
     schriftenregal vorbei. Erst verstohlen, dann immer gieriger blättere ich
     die aufliegende Hausfrauen-Presse durch, nach Lebenszeichen von
     Stephanie. Je mehr ich finde, desto verzweifelter werde ich, je mehr ich
     über sie lese, desto weniger kenne ich sie.

Wilde Prinzessin. Pummeliger Backfisch. Strahlend schöne Frau. Luder. Kurzgeschorener Legionär. Prinzessin aus dem Bilderbuch. Rockerlady. Topmodell. Von Woche zu Woche wechselt sie das Gesicht, ändert sich ihr Charakter, rotieren ihre Ansichten. Die ideale Gesamtfrau, alle in einer. Vier Leben in vier Wochen, fünf Männer in fünf Monaten. Ich beginne, ihr nachzuspionieren. [...]

Die Reihenfolge der Männer ist schnell geklärt, alle 19 Hefte der Stephanie-Presse (früher nannte man sie "Soraya-Presse") sind sich weitgehend einig: Erst Belmondo junior ("gedrungen, mit pubertär unreiner Haut"), dann Delon junior ("erotisierend, von langen Wimpern verschleierter Blick"), dann Alex Bajatachis ("reich"), bald Rennfahrer Alain Prost ("klein, aber potent"), kurz darauf Stephane Labelle ("Dressman"). [...]

(DZ)

(F) "Los Männer", tönt es aus der Glaskabine des Animateurs von "Sexyland", "fünf Mark gezückt und der Jennifer auf die Bude gerückt." Gemeint ist die Solokabine, wo der Kunde "dem Girl seiner Wahl" direkt gegenübersteht, drei bis vier Minuten, nur durch eine Glasscheibe getrennt. Rockmusik, grelle Spots, Jennifer dreht sich auf der Peep-Show-Bühne, das Gesicht schlampig überpudert. Während sie die Beine hebt und spreizt und das Becken rotieren läßt, unterdrückt sie ein Gähnen, schaut auf die Uhr, blickt mißmutig drein und wartet auf Ablösung. Acht Stunden täglich posieren sie und ihre Kolleginnen vor den Spannerblicken in den kleinen Fensterausschnitten, deren Vorhänge sich öffnen, wenn der Schlitz unter ihnen mit Münzen bedient wird. Will Jennifer mehr verdienen, muß sie länger bleiben, oder sich, wie Raphaela, eine Brasilianerin, die sie ablöst, um die Kundschaft bemühen. Raphaela singt, während sie den Tanga abstreift, und lockt: "Komm doch mal in die Solokabine, da machen wir auch was Schönes zusammen." [...]

(DZ)

Im folgenden Beispiel (G) wird der Begriff "Szene" beim Einstieg selbst eingesetzt. Es geht um einen Umweltskandal, dessen Folgen durch die genaue Beschreibung der aktuellen Situation in dem betroffenen Ort Konturen erhalten. Der Autor hat genau recherchiert; durch die Wiedergabe zahlreicher charakteristischer Details erhält sein Feature gleichermaßen Präzision und Atmosphäre.

(G) **DORTMUND** - Eine Szene wie in einer Geisterstadt. Verlassene Ein-
und Zweifamilienhäuser mit heruntergelassenen Jalousien säumen die
Straßen. Die Vorgärten sind von Unkraut und Brennesseln überwuchert,
hier und da rosten hinter den Häusern Klettergerüste und Kinderschau-
keln. Verwilderte, eingezäunte Rasenflächen mit Schildern, auf denen
gewarnt wird: "Betreten verboten". Es ist totenstill, Regen nieselt auf
die menschenleeren Straßen. Ein uniformierter Wachmann mit Walkie-
Talkie macht einsam seine Runde; an der Leine führt er einen Schäferhund mit Maulkorb. Zwei Ecken weiter ist ein weißer Strich quer
über die Straße gemalt, jenseits davon ist scheinbar alles normal:
schmucke Reihenhäuser mit nostalgischen Häkelgardinen an den Fensterscheiben, liebevoll gepflegte Gärten mit blühenden Rosensträu-
chern, Leben.

Dorstfeld-Süd, ein Vorort von Dortmund, nahe der Universität. Der
Name des Neubaugebiets steht für einen der haarsträubendsten Umwelt-
skandale in der Bundesrepublik. [...]

(SZ)

19.3 Appell

Beim Appell, einer etwas antiquierten Form des Feature-Einstiegs, wird der
Leser direkt angesprochen. Egon Erwin Kisch z.B. setzte dieses Mittel in
seinen Reportagen ein ("Kämest Du, veranlaßt vom Namen 'marché aux
puces', am Sonntagmorgen zum Festungstore Clignancourt, nur um Flöhe
zu erstehen, Du müßtest unvollzogenen Kaufes wieder heimkehren.").
Heute verwendet man den Appell-Einstieg meist in einer indirekten Form.

(A) **BADEN-BADEN** - Man muß sich das mal vorstellen: "Tagesschau"-
Köpcke bringt in der Millionenstadt Hamburg sein Auto zur Reparatur,
erhält für die Zwischenzeit einen dicken 380er Mercedes auf Kosten der
Werkstatt und "zufällig" ist auch noch ein Fotograf zur Stelle, der ein
Foto von der Schlüsselübergabe am nächsten Tag in einer seriösen
Tageszeitung - nicht in den Klatschspalten einer Boulevard-Gazette -
unterbringt. So was: undenkbar. Wenn man aber für Karl-Heinz Köpcke
Siggi Harreis und für Hamburg Baden-Baden einsetzt, wird's real (wenn
auch etwas peinlich), nachzulesen im "Badischen Tagblatt", der markt-
beherrschenden Kurstadt-Zeitung.

"Unsere Siggi" Harreis, die Moderatorin der "Montagsmaler" und
vieler anderer Seh- und Hör-Sendungen, ist einer der Stars des Südwest-
funks (SWF). Aber in Baden-Baden ein Funk-Star zu sein, ist etwas

ganz anderes als etwa in München, Frankfurt, Hamburg oder Berlin.
Während die anderen Sender der ARD (Arbeitsgemeinschaft der Rund-
funkanstalten Deutschlands) allesamt in Groß- und Landeshauptstädten
angesiedelt sind, strahlt der SWF von einem Platz aus, an dem gerade
50.000 Menschen leben. Baden-Baden, diese unvergleichliche Mischung
aus biederer badischer Provinz und noblem Weltbad, aus großer Vergangenheit und schöner Gegenwart, aus Weltoffenheit und Spießigkeit,
ist ein aus der Reihe fallender Sende-Standort; die 38jährige Geschichte
der Zweierbeziehung Stadt/Funk spiegelt dies vielfältig wider. [...]

(FR)

Hier (Beispiel A) wird über den Appell versucht, den charakteristischen Zug
der Verhältnisse in der Stadt Baden-Baden zu verdeutlichen. Dazu dient
nach dem Einstieg ("Man muß sich das mal vorstellen:") eine Analogie.

Auch mit Hilfe einer Frage kann beim Feature-Einstieg der direkte Weg
zum Leser gesucht werden (Beispiel B). Dies ist eine Modifikation des
Appell-Einstiegs.

(B)   **ROM** - Fußballprofis, die weinen? Bisher hatte man andere Vorstellungen von den harten Männern mit dem nüchternen Geschäftssinn. Der
Wettskandal in der italienischen Liga machte es möglich, auch die sen-
timentalen Seiten von Fußballstars kennenzulernen. [...] Der Grund:
Im Strafprozeß vor dem ordentlichen Gericht in Rom sind alle angeklagten 38 Spieler und Funktionäre freigesprochen worden. Nur der
Gemüsehändler Cruciani, der den Skandal und verbandsinterne Strafen
durch die Nachricht über Wetten mit manipulierten Ergebnissen ausgelöst hatte, wurde zu einer Geldstrafe von umgerechnet 650 Mark
verurteilt ...

(FAZ)

Bei dieser Form des Einstiegs wird im ersten Satz eine Frage gestellt, die
überraschend, originell ist. Dies kann auch eine rhetorische Frage sein. Auf
keinen Fall sollte es aber eine Frage sein, die niemand stellen würde, so
daß ein derartiger Einstieg konstruiert wirkt.

Der Appell-Charakter kann bei der Einstiegsfrage noch verstärkt werden, wenn der Leser direkt angesprochen wird, also Anrede- und Frage-
Einstieg kombiniert werden (Beispiel C).

(C) AACHEN - Kennen Sie Desiree, die nette Fuchsstute mit Stichelhaar,
oder Windus und Argonaut, die beiden Wallache? Nein? Kein Wunder,
denn deren Reiter kennen Sie vielleicht auch nicht. Die heißen Klaus
Reinacher und Bernhard Kamps, gehören zur bundesdeutschen Equipe
bei der Weltmeisterschaft in Aachen und werden gemeinsam mit Paul
Schockemöhle und Michael Rüping am Donnerstagnachmittag ver-
suchen, den Ruhm der Deutschen Reiterlichen Vereinigung bei der
Vergabe des Mannschaftstitels zu mehren. Reinacher und Kamps haben
nicht nur davon profitiert, daß einigen renommierten Kollegen zur Zeit
der geeignete Beritt fehlt, sondern sie können auch als Beispiel dienen
für den überfälligen, bisher aber immer nur angedeuteten Generations-
wechsel in der deutschen Reiterei.

Die Zeit der Jüngeren, die der Nachwuchsklasse längst entwachsen
sind, die internationale Erfolge errungen haben, ohne daß die Öffentlichkeit davon Notiz nahm, hat begonnen. Es fällt leicht, die beiden zu
vergleichen; der Weg, den sie eingeschlagen haben, ähnelt sich. [...]

(SZ)

19.4 Zitat

Die Verwendung eines Zitats ist ebenfalls ein häufig gewählter Einstieg ins
Feature. Dadurch kann bereits im ersten Satz ein Schlaglicht auf das Thema
geworfen werden (Beispiel A).

(A) FRANKFURT (rtr) - "Will noch einer nach Paris - Nein? Dann
fahrt los." Werner Münch, der stets vor sich hinredet und wie ein Ma-
nager unaufhörlich Anweisungen gibt, schiebt die beiden Männer aus
der Tür seines Büros am Baseler Platz in Frankfurt und reibt sich
zufrieden die Hände. Die dritte Fuhre, die er heute Richtung Seine in
Bewegung setzen konnte, ist weg. Personalien von Fahrer und Fahrgast
hat er notiert, das Autokennzeichen war auch registriert worden, die
"Märker" klingeln in der Kasse.

Werner Münch hat weder ein Taxi-Unternehmen noch vermietet er
Kleinbusse. Der Frankfurter tritt als Vermittler großer Fahrten auf. Er
ist Boss von einer der sieben "Mitfahr-Zentralen", die in der Bundesrepublik mehr als 300.000 Trampern das Daumenhochhalten abnehmen. [...]

Die Aussage im Einstiegszitat sollte markant genug sein, um als Leseanreiz zu dienen; sie sollte möglichst neugierig machen auf die weitere Darstellung. Nach der direkten Rede wird dann sofort übergeleitet zu den zentralen Informationen des Features (Beispiel B).

(B)   MÜNCHEN/MÜNSTER (rtr) - "Es hat keiner ahnen können, was da auf uns zukommt." Für Hans Seyfried, Sprecher der größten deutschen Versicherungsgesellschaft, ist Fahrradfahren ein Reizthema. Was inzwischen über 20 Millionen Bundesbürgern Freude macht und der Zweiradindustrie gute Gewinne sichert, bringt den Versicherungen rote Zahlen. Sie klagen über 323.000 Fahrraddiebstähle im letzten Jahr, bei denen sie zur Kasse gebeten wurden. 80 Millionen Mark mußten die 80 betroffenen Unternehmen der Assekuranz dafür auf den Tisch der Versicherten blättern. Seyfried schlägt deshalb Alarm: "Der Trend ist beängstigend. Wir müssen etwas unternehmen." [...]

Beim Zitat-Einstieg kann im Feature (anders als bei der "harten Nachricht", → Kapitel 14.3) auf die genaue Quellenangabe zunächst - oder ganz - verzichtet werden. Dies gilt insbesondere dann, wenn das Zitat stellvertretend für die Aussagen anderer Personen steht (Beispiel C). Hier wird erneut durch die Konkretisierung das große Thema (be)greifbar gemacht.

(C)   BONN (AP) - "Er hat mich mit Füßen und mit schweren Absätzen am ganzen Körper getreten, mir eine Bierflasche auf den Kopf gehauen, mit dem Messer ist er auf mich zugegangen und er hat mich gewürgt und wollte mich aus dem Fenster schmeißen." Das ist ein Auszug aus einem Interview mit einer der 2.500 Frauen, die zusammen mit ebensovielen Kindern im Berliner Frauenhaus Zuflucht gesucht haben vor gewalttätigen Lebensgefährten und Ehemännern. Enthalten ist das Zitat in dem am Montag in Bonn veröffentlichten Abschlußbericht der wissenschaftlichen Begleituntersuchung dieses Modellprojekts eines ersten Frauenhauses in der Bundesrepublik, das mittlerweile rund 120 Nachfolger gefunden hat. [...]

19.5 Kontrast

Beim Kontrast als Einstiegsform wird das Leserinteresse dadurch geweckt, daß sich die Darstellung auf zwei Ebenen abspielt. So wird z. B. zuerst der Schein und dann die Wirklichkeit geschildert, so daß eine überraschende Wendung eintritt (Beispiel A).

(A) KÖLN - Zwanzig Jahre spielte Heinz Schäfer (44), in Köln besser unter dem Spitznamen "Schäfers Nas" bekannt, erfolgreich die Rolle eines Kriminal-Clowns: Wenn er seine großen Sprüche klopfte und sich als "König der Kölner Unterwelt" feiern ließ, machte sich die Polizei über den "Möchtegern-Al Capone" (Kölns Kripo-Chef Dr. Manfred Gundlach) lustig.

   Jetzt ist der Kripo das Lachen vergangen. Eine Sonderkommission des Landeskriminalamts und die Abteilung "Staatsschutz" der Kölner Staatsanwaltschaft haben Schäfer im Verdacht, Kopf einer kriminellen Organisation von internationalem Zuschnitt zu sein. [...]

(WAZ)

(B) DÜSSELDORF - Ulrike Manns klaut sprichwörtlich wie ein Rabe. Alles, was nicht niet- und nagelfest ist, läßt die 26jährige mitgehen. Kein Kaufhaus ist vor ihr sicher. In den letzten vier Jahren brachte es die ledige junge Dame immerhin auf eine Million Mark, die ihre flinken Finger aus Regalen, Tresoren und Theken mitgehen ließ. Ulrike Manns kann von sich behaupten, Deutschlands erfolgreichste Ladendiebin zu sein. [...]

   Das gesetzwidrige Tun von Ulrike Manns freut indes das Bildungszentrum des Einzelhandels in Düsseldorf. Dort ist die erfolgreiche Ladendiebin seit vier Jahren als Studienleiterin fest angestellt. Ihre Hauptaufgabe: Ausbildung von Verkäufern in der Bekämpfung von Ladendiebstählen. [...]

(NRZ)

Hier (Beispiel B) kommt die Wendung im zweiten Absatz, wobei das Bindewort "indes" (→ dazu Kapitel 13) den Gegensatz ausdrückt. Häufig wird auch der Vergleich zwischen Vergangenheit und Gegenwart gewählt und auf diese Weise das dramaturgische Mittel des Kontrastes eingesetzt. Und schließlich läßt sich mit Hilfe dieser Einstiegsform die Abweichung vom Normalen (das zunächst dargestellt wird) verdeutlichen (Beispiel C).

(C) DÜSSELDORF (rtr) - Sie tun dasselbe wie andere Beschäftigte in modernen Firmen: Sie kaufen ein, verhandeln, verkaufen und liefern.

Doch Gewinn daraus sollen nicht ihre Betriebe ziehen, sondern nur sie selbst. Denn ihr Unternehmen existiert nur zu Übungszwecken - für kaufmännische Angestellte, die ihren Job verloren haben. Über 200 solcher Übungsfirmen gibt es inzwischen in der Bundesrepublik, 42 davon allein in Nordrhein-Westfalen. Sie beschäftigen 1.400 arbeitslose Kaufleute, die praxisnah dazulernen sollen - insbesondere Kenntnisse über elektronische Datenverarbeitung. [...]

Der Kontrast ist eine Einstiegsform, die besonders von Nachrichtenmagazinen gern gewählt wird.

(D) Als es ernst wurde, tat Sir Yue-Kong Pao, was Milliardäre so gern im Kino tun: Er spielte eine Runde Golf.

Die sportliche Betätigung sollte weniger der körperlichen Ertüchtigung dienen: Pao, ein 68jähriger Reeder-Mogul aus Hongkong, wollte für Besucher und Telephonanrufe unerreichbar sein. [...]

Als der Chinese seinen Ball auf dem letzten Grün eingelocht hatte, hatte er auch ein geschäftliches Ziel erreicht: Ein gigantischer Milliardenhandel in der Londoner City war geplatzt.

Für Sir Jeremy Morse hingegen, den Chef der britischen Lloyds Bank, endete mit der Golfrunde auch ein Traum. Der Brite hatte seinem Kreditinstitut die Standard Chartered Bank einverleiben und damit die größte englische Bank zusammenbauen wollen. Doch dafür hätte er Pao gebraucht.

(Sp)

(E) Im Stakkato-Rhythmus trommeln die Hufe des athletisch gebauten Vierbeiners aufs Geläuf. Im Nacken des Rennpferdes treten die Adern fingerdick hervor. Schweiß zieht wie ein mattglänzender Film über das seidige Fell. Mit weit aufgereckten Augen geht der kraftvolle Körper eine Geschwindigkeit von nahezu 50 Stundenkilometern. Doch kein Lüftchen fährt dem schwer schnaufenen Tier unter die Mähne, denn nicht einen Meter ist es während des dröhnenden Speeds vorwärtsgekommen.

Ein Laufband, von Motorenkraft mal langsamer, mal schneller angetrieben, schluckt die raumgreifenden Schritte des Pferdes.

Was sich im Inneren des dampfenden Körpers abspielt, registrieren unablässig Elektroden. In den geschwollenen Adern sitzen Meßsonden: Die Beobachter im weißen Kittel können so, wann immer sie wollen, dem vierbeinigen Athleten auch während der schweißtreibenden Übung ins Blut sehen. [...]

(Sp)

(F) "Verkehr, Wohnungsbau und Wasser": In dieser Reihenfolge zählte Pekings Bürgermeister Chen Xiton früher seine Sorgen auf, wenn er nach den Hauptproblemen der Zehn-Millionenstadt gefragt wurde. Dann aber änderten sich die Prioritäten. Schon im siebten Sommer hintereinander wird Chinas Hauptstadt von extremer Trockenheit geplagt. [...]

(Sp)

In den Beispielen kommen unterschiedliche Formen von Kontrasten vor: der Interessengegensatz zwischen zwei Personen (Beispiel D), der Gegensatz zwischen Schein und Wirklichkeit (Beispiel E) und der Gegensatz zwischen früher und heute (Beispiel F).

19.6 Profil

Features leben von Personenbeschreibungen. Menschen sorgen für die Konkretisierung von Themen; sie bringen Farbe in die journalistische Darstellung. Menschen sind der interessanteste Lesestoff - wie der Verkaufserfolg einschlägiger Blätter beweist. Dies wird beim Profil-Einstieg in besonderem Maße genutzt. Die Kennzeichnung von Personen sichert gleich am Anfang die Aufmerksamkeit des Lesers.

Beim Profil-Einstieg können Personen sofort vollständig identifiziert werden; vor allem in Porträt-Features (→ Kapitel 17.3) wird aber häufig die volle Identifikation aus dramaturgischen Gründen aufgeschoben. Der Einstieg ist also anonym (Beispiel A).

(A) NEW YORK - Er kam in die Tennisszene wie der große Zampano. Braungebrannt, die Augen hinter einer dunklen Sonnenbrille versteckt, zeigte er sich bei den großen Turnieren immer gut sichtbar in der obersten Reihe der Zuschauertribüne: "Seht, hier steht der große Nick. Erfinder und Macher des amerikanischen Tenniswunders !" Wie aus einer Quelle sprudelten die erfolgreichen Talente aus seinem Camp am

Golf von Mexiko. Nick Bolletteri, ehemals Schleifer bei den gefürchteten Green Berets der amerikanischen Marine, hatte fast immer einen 15jährigen im Halbfinale und mindestens zwei 14jährige im Hauptfeld. [...]

(SZ)

Bei diesem anonymen Einstieg, der manchmal auch beim Schreiben "harter Nachrichten" zum Einsatz kommt (→ Kapitel 8.3), wird der Name beschriebener Personen im Vorspann nicht genannt. Im Feature geschieht dies zum Beispiel, um für bekannte Personen einen Spannungsbogen aufzubauen (Beispiel B).

(B)   Als Conny und Peter Musik machten, war auch sie dabei und spielte eine in die Breite gegangene Miß Nordsee; und als Bubi Scholz mit einer jungen Dame namens Georgia Moll aufs unausweichliche Happy-End des Farbfilms "Marina" zusteuerte, sang sie: "Ich will keine Schokolade, ich will lieber einen Mann" - und spielte einmal mehr die Rolle, die sie in rund hundert Filmen zu spielen hatte: die der Dicken, die zumeist auch die Doofe zu sein hatte. Doch so ganz ging die Rechnung nie auf. In den stereotyp-spießigen Schlager- und Lustspielfilmen der 50er und 60er Jahre fiel die füllige Kölnerin immer wieder aus dem biederen Rahmen, war nur 1,56m große Randfigur und doch unübersehbar, wenn sie sich in viel zu enge Brokatkleider zwängte, scheinbar schamlos die vorgegebenen Klischees überzog und Mut bewies: zur Lächerlichkeit und zu sich selbst.
        Heute, mit 58, ist Trude Herr: Produzentin, Autorin, Schauspielerin, Regisseurin, Sängerin, Kostümbildnerin und Leiterin des 1977 in einem leerstehenden Kino eingerichteten "Theaters im Vringsveedel". [...]

(DZ)

Bei Personen, die der Öffentlichkeit nicht bekannt sind, wird die Namensnennung manchmal nachgeliefert, weil sie für den Einstieg zunächst keine Bedeutung hat. Die Anonymität kann dabei aber auch als Stilmittel dienen; Boulevardzeitungen entwickeln darin eine gewisse Meisterschaft (Beispiel C).

(C) Ich habe an ihrem Krankenbett gesessen, wir haben über den Tod gesprochen.
Über ihren Tod.
Aber wir haben auch über das Leben gesprochen.
Über ihr Leben.
Ja, hat sie gesagt, es habe sich gelohnt zu leben.
Trotz aller Hoffnungslosigkeit.
Trotz allem.
Schon der Kinder wegen.
"Es lohnt sich immer zu leben", hat sie gesagt.
Sie, die weiß, daß sie nun sterben muß.
Ingeborg Maria Ruopp ist 45 Jahre alt. Sie wurde von ihrem Mann vergiftet.
Das Gift schleicht durch ihren Körper, zersetzt ihre Leber, quält sie, nimmt ihr das Leben.
Ihr Mann, Chemielehrer, Oberstudienrat am Schubert-Gymnasium in Ulm, kannte die Wirkung. Die Richter verurteilten ihn jetzt zu lebenslanger Haft.
Bisher hat Ingeborg Ruopp geschwiegen. Doch sie wollte nicht gehen, ohne noch einmal über alles gesprochen zu haben.
Über die Liebe und über den Haß.
Über das Leben. Über den Tod.
Über die Kinder und über die Zukunft.
Und über ihren Mann ...
"Hassen, sagt sie, "nein, hassen kann ich ihn nicht."

(BamS)

Beschrieben werden bei diesem Feature-Einstieg nicht nur einzelne, benennbare Personen, sondern auch Gruppen, die zumindest zunächst anonym bleiben (Beispiel E).

(E) **DÜSSELDORF (rtr)** - In einer großen breiten Straße der nordrhein-westfälischen Landeshauptstadt Düsseldorf sitzen sie Wand an Wand in kühlen, klimatisierten Büros. Von hier aus dirigieren sie seit Jahren ihre Milliardengeschäfte. Ansonsten bleiben sie unter sich, kaufen in speziell sortierten Läden innerhalb "ihrer Meile" ein und essen in einem der fünf Restaurants, die die gewohnten rohen Fisch- und Fleischgerichte anbieten. Düsseldorfs Japaner haben diese Allee, die Immermannstraße, fest im Griff. […]

Personen stehen im Feature häufig stellvertretend für größere Gruppen
von Menschen (→ auch Kapitel 17.2). Ihr Profil dient als Fallbeispiel und
damit als Konkretisierung für Schicksale und Probleme, die auch andere
haben oder gehabt haben (Beispiel F).

(F) **ESSEN (rtr)** - Herbert Paul Meyer, wohnhaft in Essen, 1942 nach
Auschwitz deportiert, 1945 für tot erklärt - Oscar Meyer, wohnhaft in
Essen, mit Ehefrau und Tochter in das Ghetto Litzmannstadt deportiert,
1945 für tot erklärt - Liesel Rosenthal, wohnhaft in Essen, 1942 nach
Izbica deportiert, 1945 für tot erklärt. Drei knappe Lebensläufe - drei
jüdische Schicksale aus der Zeit des nationalsozialistischen Terrors,
ausgewählt unter 2.500 Leidenswegen von jüdischen Bürgern aus
Essen. Ihnen hat die Stadt im Ruhrgebiet jetzt ein Buch gewidmet. [...]

Bei dieser Form des Einstiegs wird der Einzelfall an den Anfang gestellt
und dann das Problem von der "kleinen Person" auf das "große Geschehen" bezogen. Dies verstärkt durch Konkretisierung die *"human-interest"*-
Elemente. Es ist also ein sehr typisches journalistisches Mittel, das gerade
beim Featureschreiben häufig eingesetzt wird.

TEST F (Kapitel 17-19)

1. Bitte ergänzen Sie:

   Das Feature ist weder eine _ _ _ _ _ _ _ _ - noch eine reine
   _.
   Die Nähe zur _ _ _ _ _ _ _ _ _ sollte aber immer erkennbar sein. Im
   Feature können die "sieben W" der Nachricht durch ein achtes
   ergänzt werden: _ _ _ _ _ _ _ _ _ _ _ _ _ _ _ _ _ _ _?
   Die _ _ _ _ _ _ _ _ des Features besteht auch darin, mit
   _ _ _ _ _ _ _ _ _ _ _ _ _ zu _ _ _ _ _ _ _ _ _ _ _.

2. Ordnen Sie die folgenden Merkmale jeweils einer der vier Gruppen
   von Features zu:

   (A) Sie dienen dazu, das Besondere einer Person (aber auch z.B. eines Ortes) zu verdeutlichen.

   (B) In freierer Form und mit erzählerischen Mitten werden darin aktuelle Informationen präsentiert.

   (C) Sie werden als Ergänzung der aktuellen Berichterstattung publiziert und konkretisieren ein Ereignis insbesondere mit dem Mittel der Personalisierung.

   (D) Ein bestimmter Gegenstand oder ein Problem wird ausführlicher analysiert, ohne daß dazu ein aktueller Anlaß bestehen muß.

3. Analysieren Sie bitte den Typ des folgenden Features und die für den Einstieg gewählte Form.

Sebastian de la Cruz kennt weder Ernest Hemingway noch dessen Meistererzählung "Der alte Mann und das Meer". Er erinnert sich nur, daß er früher oft Mühe hatte, morgens bei seiner Rückkehr das prall gefüllte Netz auf den Strand zu ziehen - so schwer war die Last der klatschenden Fische, die wie Silber in der Morgensonne glitzerten. Das war vor dreißig Jahren, als Coatzacoalcos noch ein kleiner, schwüler Hafen am Golf von Campeche war und eben 5.000 Einwohner zählte.
Heute hat sich gerade ein Fisch in seinem Netz verfangen - und der ist tot. "Das Wasser ist zu verschmutzt", sagt der knochige 63jährige, der den Fluß und das Meer seit seiner Kindheit befährt. "Die Fische sterben alle. Es wäre leichter, einfach zu warten, bis sie ans Ufer gespült werden."
Ende der sechziger Jahre wurde Coatzacoalcos das Zentrum des mexikanischen Ölbooms und der größte Tankerhafens des Landes. Chemie-, Zement- und Baufirmen lockten Tausende arbeitsloser Mexikaner in den Ort, der bis Anfang der achtziger Jahre auf 350.000 Einwohner anschwoll. Damals hatten Geologen gerade entdeckt: "Ganz Yucatan schwimmt auf Öl." [...]
Der Ölboom ist längst vorbei in Mexikos größtem Tankerhafen. Zurück blieben eine zerstörte Umwelt, eine sterbende Wirtschaft und verbitterte Einwohner wie Sebastian de la Cruz. [...]

(FR)

(A) Zu welcher Gruppe von Features gehört dieser Artikel?

(B) Welcher Einstieg wurde hier gewählt?

(C) Welche Einstiegsform wurde hier außerdem eingesetzt?

4. Welcher Einstieg wird beim Feature besonders häufig gewählt?

5. Welche Einstiegsform wird besonders von Nachrichtenmagazinen gern eingesetzt?

6. Thema des folgenden Features sind die Folgen, die der Tod eines Kindes für die Eltern hat.

Nicht der Tod des Kindes war das Schlimmste für Gabriele Hilker, sondern das Schuldgefühl, weil sie in seiner Sterbestunde nicht bei ihm war. "Diese Nacht wird er noch nicht sterben. Gehen Sie ruhig nach Hause", hatte die Ärztin versichert. Als Martin und Gabriele Hilker zu Hause waren, kam der Anruf: "Ihr Sohn Jörg ist soeben gestorben." Bis heute hat Gabriele Hilker den Ärzten nicht verziehen, daß sie ihren 13jährigen Jungen in seiner letzten Stunde allein gelassen hat. Was hat er empfunden, gespickt mit Schläuchen, im Koma? Hat er Schmerzen gehabt? Hat er seine Mutter vermißt, hat er Angst gehabt? [...] Auch vier Jahre später noch trifft sie der Schmerz über den Verlust ihres Sohnes unvermittelt und brutal. Diese Unruhe in der Woche vor seinem Todestag, dieses fürchterliche Heimweh nach dem Jungen, der kaum zu ertragende Gedanke: "Ich werde ihn nie wieder sehen. Ich werde ihn nie wieder im Arm halten."

Es gibt für Eltern kein größeres vorstellbares Unglück als den Tod ihres Kindes. Jährlich sterben etwa 12.000 Kinder in Deutschland - durch Krebs, Unfall, Selbstmord oder Gewaltverbrechen. [...]

(st)

Bitte ergänzen Sie dazu die folgenden Aussagen:

In diesem Feature wird das Thema im _ _ _ _ _ _   _ _ _ _ benannt. Dies geschieht durch die _ _ _ _ _ _ _ _ _ _ _ _ _ _ _ mit Hilfe eines _ _ _ _ _ _ _ _ _ _ _ _ _. Beschrieben wird eine _ _ _ _ _, die eine _ _ _ _ _ _ _ _ _ _ _ des Problems von Eltern darstellt, mit dem Tod ihres Kindes fertigzuwerden. Diese Szene wird aus der Sicht der Mutter referiert, wobei Beschreibung und _ _ _ _ _ _ einander abwechseln. Der Bogen vom Einzelschicksal zum Problem als Feature-Thema wird im _ _ _ _ _ _ _   _ _ _ _ _ _ geschlagen. Nach der _ _ _ _ _ _ _ _ _ _ _ _ _ _ _ folgt nun die _ _ _ _ _ _ _ _ _ _ _ _ _ _ _ _, wobei auf eine _ _ _ _ _ _ _ _ zurückgegriffen wird.

7. Gibt es eine Vorschrift für die genaue Quellenangabe beim Zitat-Einstieg ins Feature?

8.   Bitte ergänzen Sie:

Bei der _ _ _ _ _ _ _ _ _ _ _ als Feature-Einstieg wird der Leser direkt über den Gegenstand des Features informiert. Beim _ _ _ _ _ _ als Feature-Einstieg wird der Leser direkt angesprochen. Das _ _ _ _ _ ist ebenfalls ein häufig gewählter Einstieg ins Feature. Daß Menschen der interessanteste Lesestoff sind, wird beim _ _ _ _ _ _ als Feature-Einstieg in besonderem Maße genutzt.

9.   Im folgenden Feature soll es aus Anlaß der Hochzeit des Thronfolgers um eine Analyse des Zustands der britischen Monarchie gehen. Dazu sind die beiden folgenden Versionen für den Einstieg denkbar.

Version (1) - Es wird die glanzvollste und größte Hochzeit dieses Jahrhunderts - ein gewaltiges Theaterstück, in dem sich die britische Monarchie selbst darstellt. Und es wird auch die teuerste: Rund zweieinhalb Millionen Mark kostet das Spektakel, das inszeniert ist wie eine Co-Produktion des Monumentalfilmers Cecil B. DeMille und der Royal Shakespeare Company - eine eigenartige Mischung von anachronistischem Pomp und landesüblicher Steifheit.

Rund 650 Millionen Fernsehzuschauer in 58 Ländern - mehr noch als bei der Mondlandung oder bei Muhammad Ali - sind live dabei, wenn sich Prinz Charles, 32, und Lady Diana Spencer, 20, in der ehrwürdigen St. Paul's Cathedral die Ringe überstreifen. [...]

(Sp)

Version (2) - Er hat hängende Schultern, ein fliehendes Kinn, rote Wurstfinger, eine unförmige Nase und abstehende Ohren. Seine Brust ist schmächtig, die Hüften sind etwas breit, die Beine zu kurz. Und wenn er geht, wirkt er immer ein wenig linkisch.

Trotzdem war er, seitdem er die letzten Pubertätspickel verloren hatte, der begehrteste Junggeselle der Welt.

Er stammt aus ordentlichem Hause, gehört einem Dutzend exklusiver Ritterorden an und ist zugleich Oberstleutnant der Luftwaffe und Fregattenkapitän. Zu seinem Besitz zählen einträgliche Ländereien, zahlreiche Bürohochhäuser in bester Stadtlage, ein Schloß und das berüchtigte Gefängnis von Dartmoor. Er kann fliegen, tauchen, Fallschirmspringen, reiten, skifahren und niemals arbeitslos werden.

Nur das, was den meisten Menschen mühelos gelingt (oder unversehens zustößt), blieb ihm lange versagt: Er fand keine Frau.

Nun, nach zwölf Jahren emsigen Suchens, hat er es endlich geschafft: Am 29. Juli will Charles Mountbatten-Windsor, 32, Prince of Wales und Erbe des britischen Throns, den 20jährigen Backfisch Lady Diana Spencer heiraten. [...]

(Sp)

(A) Welche Einstiegsformen sind bei den beiden Versionen zum Einsatz gekommen?

(B) Welcher Einstieg ist eher geeignet, das Leserinteresse zu wekken?

10. Bitte ergänzen Sie:

Auch beim Featureschreiben kommt es darauf an, den Aufbau zu
_ _ _ _ _ _ _ _ _ _ _ _ und _ _ _ _ _ _ _ _ _ zu schaffen. Dabei helfen
die richtigen _ _ _ _ _ _ _ _ _ _ _ _. Zuerst muß ein geeigneter
_ _ _ _ _ _ _ _ gefunden werden. Wichtig ist auch der Wechsel
zwischen _ _ _ _ _ _ _, _ _ _ _ _ _ _ und _ _ _ _ _ _ _. Kennzeichen
eines amateurhaft geschriebenen Features sind _ _ _ _ _ _ _ _ und
_ _ _ _ _ _ _, _ _ _ _ _ _ _ _ _ _ und _ _ _ _ _ _ _ _ _ _ _ _ _.

11. Beim Featureschreiben sind eine Reihe von Aufgaben zu erfüllen, um dem Charakter dieser Darstellungsform gerecht zu werden. Worum geht es dabei?

12. Analysieren Sie bitte den folgenden Anfang eines Features.

Den jungen Mann hat die Hitze gepackt. Er wirft sich auf die Knie vor seinem Herrscher, seine Finger krallen sich ins königliche Gewand, die Stimme überschlägt sich. Jetzt, weiß jeder deutsche Oberschüler, wird der Marquis von Posa dem Tyrannen Philip II. gleich hehre Schillerworte entgegenschleudern: "Sire, geben Sie Gedankenfreiheit!" Doch der Marquis spricht die Sprache unserer Zeit: englisch. "Give us back our freedom to think!", ruft er - für ein englisches Publikum sind das unerhörte Worte. Denn, bitte, wer ist Schiller? In England ein Exote aus ferner, deutscher Klassik: Der "Don Carlos" war auf der Insel tatsächlich noch nie zu sehen - bis ihn jetzt Nicholas Hytner aus zweihundertjähriger Vergessenheit auf die Bühne des Royal Exchange Theatre in Manchester hob.

Zwar war die Kritik begeistert, den Zuschauer jedoch konnte Schiller nicht locken. Sogar am Premierenabend blieben viele Sitze im Zuschauerraum leer. Schiller ist, wie Stücke aus der Fremde allgemein, nicht populär in England. "Wir haben hier ein insulares, selbstbezogenes, fremdenfeindliches Theater", schimpft Hytner. Dennoch Fremdes, Unbekanntes auf den Spielplan zu setzen, ist also für die Theater ein Risiko - ein Risiko, das Englands Provinztheater kaum noch eingehen können.

Denn es fehlt an Geld. Englands Theater leben vom Zuschauer, auch die subventionierten Häuser wie Manchesters Royal Exchange müssen die Hälfte ihrer Ausgaben selbst erwirtschaften. [...]

(SZ)

(A) Zu welcher Gruppe von Features gehört dieser Artikel?

(B) Was steht inhaltlich im Zentrum dieses Features?

(C) Welcher Einstieg wurde gewählt?

(D) Welche Einstiegs-Form ist außerdem verwendet worden?

(E) Welches für das Feature typische Darstellungsmittel wurde eingesetzt?

13. Welche Aussagen über die Vorarbeiten zum Featureschreiben sind zutreffend?

(A) Für das Featureschreiben reicht meistens die Auswertung des zum Thema bereits vorliegenden Materials.

(B) Es ist empfehlenswert, für das Thema wichtige Schauplätze zu besichtigen und mit Personen selbst zu sprechen, deren Aussagen für das Thema interessant sein können.

(C) Man sollte nicht zuviele Einzelheiten zusammentragen; eine Nachrecherche ist zweckmäßiger als eine "Übervorbereitung".

(D) Es ist wichtiger, sich Szenen, Fakten und Zitate einzuprägen, als genaue Notizen bei der Recherche zu machen.

(E) Vor dem Schreiben des Features sollten die Ergebnisse der Recherche sorgfältig gesichtet werden; der Aufbau vor allem längerer Features muß genau geplant werden.

20 STANDARDS

20.1 "Objektivität"

Nachrichten werden in den Nachrichtenmedien der westlichen Demokratien nach den professionellen Standards der "objektiven Berichterstattung" formuliert. Dies bedeutet, daß die Journalisten eine möglichst unparteiliche Darstellung von den Ereignissen geben sollen; eigene Wertungen sind unzulässig. Die Präsentation soll faktenorientiert sein - gleichermaßen bei Nachrichten- und Unterhaltungsdarstellungsformen. "Subjektiver Journalismus" ist nur im Rahmen von Meinungsdarstellungsformen ausdrücklich erlaubt (→ Kapitel 2.2).

Es gibt nur wenige Nachrichtenmedien in der Bundesrepublik, die sich offiziell nicht an diese Norm halten. Sie bevorzugen auch im Nachrichtenteil eine subjektivere Darstellungsweise, weil sie der Auffassung sind, daß "Wertneutralität" der Wirklichkeitsvermittlung geradezu im Wege stehen kann.

(A) **FRANKFURT** - Der letzte Aufschrei oder ein neues Signal zum Widerstand gegen die Startbahn West? 20.000 Demonstranten standen am Samstag im Flörsheimer Wald etwa 9.000 vorwiegend über sich selbst stolpernden Polizisten gegenüber. Die Zahl derjenigen, die entschlossen waren, die Mauern zu erobern und die Polizisten zu vertreiben, war diesmal sehr hoch. Zu Tausenden stürmten sie den Polizisten entgegen. Diese schlugen am Nachmittag und in den Abendstunden hart zurück. Daß dabei einem Polizisten im Wald sein Gewehr abhanden kam, erfuhren wir so nebenbei. Nachts suchten die Startbahn-frustierten Beamten Vergeltung in Frankfurt. Stundenlang jagten, verprügelten und verhafteten sie in der Innenstadt Demonstranten auf dem Heimweg. Eine Spontandemonstration wurde spontan verboten. Es gäbe keinen Anlaß dafür.

Protest eigener Art kam aus der Luft. Mittags warfen Startbahngegner aus einem Flugzeug über der Innenstadt Flugblätter ab. Als sie von einem Polizeihubschrauber auf dem Flughafen Reichelsheim gestellt wurden, erklärten sie, sie hätten gar nichts abwerfen wollen. Einem von ihnen sei in so großer Höhe schlecht geworden. Und als sie das Fenster öffneten, da seien die Flugblätter eben rausgeflattert. [...]

(taz)

Dies (Beispiel A) ist eine persönliche Schilderung der Ereignisse. Es wird gar nicht versucht, den Eindruck der "Objektivität" zu erwecken. Die Regeln des Nachrichtenjournalismus (Sachlichkeit, Überparteilichkeit, Trennung von Nachricht und Kommentar) sind außer Kraft gesetzt; Bewertungen und Schuldzuweisungen werden offen vorgenommen.

Doch auch wer eine solche konsequente Aufgabe des Objektivitäts-Standards nicht für vertretbar hält, muß sich über die Grenzen und Gefahren dieses Musters im klaren sein. Die Grenzen liegen da, wo widersprüchliche Wahrheitsbehauptungen nur formalisiert werden: Der Journalist sammelt zu einem Ereignis die Interpretation A und die Interpretation B, stellt beide einander gegenüber und glaubt, seine Arbeit getan zu haben.

Auf der anderen Seite führt aber ein nachlässiger Umgang mit den Regeln des Nachrichtenjournalismus erst recht zu schlechten Produkten. Dies gilt insbesondere für implizite oder explizite Wertungen in scheinbar objektiven Nachrichten.

(B)   KÖLN (dpa) - Die deutsche Näh- und Bekleidungsmaschinen-Industrie nimmt auf dem Weltmarkt einen der ersten Plätze ein. Ihr Anteil an der Ausfuhr der gesamten westlichen Industrieländer liege derzeit bei 26 Prozent, während die USA einen Anteil von neun und Italien von 8,5 Prozent hielten, sagte ein Sprecher am Montag zur Eröffnung der Internationalen Messe für Bekleidungsmaschinen (IMB) in Köln.

Bei diesem Beispiel (B) wird die im modifizierten Vorspann (→ dazu Kapitel 8.2 und 9.6) als Tatsache ausgegebene Bewertung immerhin im zweiten Satz noch relativiert (Quellenzuordnung mit Konjunktiv). Im folgenden Beispiel (C) unterbleibt auch das, so daß sich der Journalist offenbar die Bewertung durch die Quelle (Pressestelle) zu eigen macht.

(C) MÜNSTER - In ihrem Bemühen, auch die berufliche Ausbildung
nicht zu vernachlässigen, ist die Universität wieder ein gutes Stück
vorangekommen: Zum 1. September eröffnet sie eine für Münster neue
Ausbildungsmöglichkeit, nämlich die Ausbildung zum mathematisch-
technischen Assistenten.   (WN)

Interpretationen von Informationen durch den Journalisten können der
Verständlichkeit dienen (→ Kapitel 6.4). Interpretation ist aber nicht gleichbedeutend mit Kommentar; Interpretationen sind sofort durch Fakten zu
belegen.

20.2 Nachprüfbarkeit

Von Nachrichten die Mitteilung der Wahrheit zu erwarten, ist ein unrealisti-
scher Anspruch. Verlangt werden kann aber größtmögliche Genauigkeit
und Transparenz der Nachrichtengebung. Dies gilt besonders für die Angaben zur Quelle. Informationen in den Medien müssen nachprüfbar sein.
Im Einzelfall kann es sogar notwendig sein, den Leser/Hörer/Zuschauer
über die Entstehung einer Information genau zu informieren, damit er sich
selbst ein Urteil über ihre Glaubwürdigkeit bilden kann. Die Quelle einer Information muß stets angegeben werden, wenn der Journalist nicht aus eigener Anschauung berichten kann. Die Ausnahme von dieser Regel sind
allgemein bekannte Tatsachen (das gestrige Wetter; die Hauptstadt der
Bundesrepublik).

(A) TRIPOLIS (rtr) - Die Bundesrepublik Deutschland hat sich nach einer gestern verbreiteten Meldung der amtlichen libyschen Nachrichtenagentur JANA bereit erklärt, libysche Forderungen nach Entschä-
digung für im Zweiten Weltkrieg zerstörte Werte zu überprüfen. Der
deutsche Botschafter in Tripolis habe das libysche Verbindungsbüro
zum Ausland entsprechend unterrichtet. In Bonn hatte ein Außenamts-
sprecher erklärt, daß die Bundesregierung einen libyschen Antrag prüfe,
in dem um Hilfe bei der Räumung von Landminen aus dem Zweiten
Weltkrieg gebeten worden sei.

In diesem Beispiel (A) wird schon im Einstiegssatz ganz genau angegeben, woher die Information stammt. Dies ist hier auch deshalb von besonderer Bedeutung, weil später eine anderslautende Information aus einer zweiten Quelle erscheint.

Journalisten müssen Informationen auf ihre Exaktheit *(accuracy of information)* und Quellen auf ihre Glaubwürdigkeit *(credibility of sources)* prüfen. "When your mother says she loves you: check it out", lautet die entsprechende - nicht ganz ernst gemeinte - Handlungsanweisung im amerikanischen Journalismus.

Ungenaue oder unwahrscheinliche Informationen müssen besonders sorgfältig geprüft werden. Nicht nachprüfbare (ungenaue, fehlende) Quellenangaben sind grundsätzlich problematisch. Dies gilt auch für die von Nachrichtenmedien bei anonym präsentierten Informationen häufig bemühten "informierten Kreise" - eine Krücke, auf die freilich viele Journalisten nicht verzichten wollen oder können. Denn manchmal - z. B. bei Berichten aus dem kriminellen Milieu - ist es notwendig, die Informanten durch eine allgemein gehaltene Quellenangabe zu schützen (Beispiel B).

(B) LAS PALMAS (dpa) - Ein Ring von Mädchenhändlern aus der Bundesrepublik, Österreich und den USA ist in den letzten Tagen auf Gran Canaria ausgehoben worden. Wie dpa aus zuverlässigen Quellen erfuhr, sind in der vergangenen Woche acht Deutsche und etwa noch einmal soviel Österreicher und Amerikaner festgenommen und dem Haftrichter vorgeführt worden. Die Zuhälter sollen rund 200 Prostituierte "an der Hand" gehabt haben, darunter mehrere Frauen, die den Mädchenhändlern beim Urlaub auf Gran Canaria in die Finger gerieten.

Den Stein brachte eine 21jährige Berlinerin ins Rollen, die kurz nach der Ankunft auf Gran Canaria am 22. Februar vier Männer in einer Diskothek kennengelernt hatte, von diesen mit Drogen betäubt und dann zum Sex gezwungen worden war. Als sie nach Tagen erfuhr, sie solle für 10.000 Mark "verkauft" werden, gelang der Berlinerin mit Hilfe von Freunden die Flucht.

Wie dpa weiter erfuhr, wurden auf diese Weise eine unbekannte Zahl von alleinreisenden, abenteuerlustigen, jungen Urlauberinnen auf der Ferieninsel "eingefangen", mit Schiffen nach Marokko gebracht und dann in die Bundesrepublik eingeschleust.

Anonyme Informationen entstammen häufig sogenannten "Hintergrund-gesprächen" mit "informierten Seiten" (Beispiel C). Insbesondere am Sitz von Regierungen treffen sich dazu regelmäßig Politiker und Journalisten. Dabei vom Journalisten gesammelte "Hintergrundinformationen" sollten nur dann publiziert werden, wenn erwartet werden kann, daß die Öffent-lichkeit ein erkennbares Interesse daran hat. Vorher muß sich der Journalist aber intensiv darum bemühen, den Wahrheitsgehalt der Informationen, für die keine genaue Quelle genannt werden darf (sondern: die "Kreise" oder "Seiten"), zu überprüfen.

(C) **BONN (dpa)** - Eine heftige Kontroverse um den Abgabetermin für die Risikostudie über den umstrittenen Schnellen Brüter in Kalkar gefährdet die Arbeit der Enquete-Kommission "zukünftige Kernenergiepolitik" des Bundestages ebenso wie das gesamte Brüterprojekt. Wie gestern von informierter Seite bestätigt wurde, wollen drei Wissenschaftler, die als Kernenergiekritiker gelten, die Kommission verlassen, falls es nicht zu einer Verschiebung des bisherigen Abgabetermins 30. April kommt.

Der Bruch der zugesagten Anonymität ist berufsethisch nicht vertretbar. Außerdem wird eine einmal getäuschte Quelle keine Informationen mehr zur Verfügung stellen. Auf der anderen Seite kann sich der Journalist aber auch nicht darauf einlassen, daß Informanten, also z.B. Politiker, entschei-den, was veröffentlichungswürdig ist und was nicht.

Oft sagen Gesprächspartner: "Das Folgende erzähle ich unter dem Strich" *(off the record)*. Widerspricht der Journalist nicht, so gilt die Vertrau-lichkeit als zugesichert. Wenn nun der Journalist in das Dilemma gerät, ei-nerseits Vertraulichkeit zugesichert zu haben, andererseits veröffent-lichungswürdige Informationen unterdrücken zu müssen, sollte er sich um eine nachträgliche Erlaubnis für die Veröffentlichung bemühen. Falls der Informant dazu nicht bereit ist, muß der Journalist auf die Suche nach einer anderen Quelle für diese wichtige Information gehen.

Der Wunsch einer Quelle, anonym zu bleiben, muß zwar im allgemei-nen respektiert werden. Zu fragen ist aber dann, ob eine Veröffentlichung solcher Informationen überhaupt notwendig ist. Informationen, deren Quellen nicht genannt werden dürfen, sollten auf jeden Fall besonders sorgfältig geprüft werden. Wenn Quellen nicht genannt werden wollen, aber auf eine Veröffentlichung ihrer Informationen Wert legen, sind die Motive für dieses Interesse herauszufinden.

20.3 Quellenangaben

Bei Organisationen, für die bestimmte Personen sprechen dürfen, werden die Quellenangaben häufig recht allgemein gehalten: "die Polizei", "ein Sprecher der Firma X" (Beispiel A).

(A) **KÖLN/HAMBURG (rtr)** - Im Entführungsfall Erlemann sind nach Angaben der Kölner Polizei vom Montag die letzten beiden der insgesamt fünf mutmaßlichen Entführer festgenommen worden. Am Vortag seien in Hamburg der 32 Jahre alte Arbeiter Horst Dutz und der 35jährige Dieter Griffel auf offener Straße festgenommen worden. Sie würden dringend verdächtigt, mit den im Mai festgenommenen Dieter und Werner Dutz sowie Karl-Heinz Odenthal an der Entführung beteiligt gewesen zu sein.

Journalisten erleichtern sich das Geschäft der Quellenprüfung, indem sie von vornherein zwischen glaubwürdigen und unglaubwürdigen Quellen unterscheiden; die Einschätzung beruht im allgemeinen auf Erfahrung und dem Prestige, das Quellen besitzen. Dies hat zur Folge, daß sie den (scheinbar) glaubwürdigen Quellen - etwa den großen Organisationen aus Politik und Wirtschaft mit ihren professionellen Pressestellen - oft zu schnell vertrauen. Und daß sie auf der anderen Seite (vermeintlich) unglaubwürdigen Quellen - etwa dem "sprachlosen Normalbürger" - weniger Beachtung schenken.

Problematisch ist auch die Praxis der Medien, bei anderen Medien (Journalisten) Informationen einzuholen oder sogar dort abzuschreiben. Für aktuelle Hörfunkredaktionen z. B. ist die Tagespresse wissenschaftlichen Untersuchungen zufolge die wichtigste Informationsquelle. So können einmal publizierte Falschmeldungen in ein Zitatenkarussell geraten und durch Wiederholung zu "Tatsachen" werden.

Tatsachen und Aussagen über Tatsachen müssen stets sauber getrennt werden. Durch die Autorität der Quelle werden Aussagen nicht zu Tatsachen; dies ist gerade dann besonders zu berücksichtigen, wenn Quellen selbst nur Vermutungen über ein Ereignis und seine Ursachen anstellen. Im folgenden Beispiel (B) werden die Mutmaßungen der Polizei deshalb ausdrücklich durch das Wort "vermutlich" gekennzeichnet.

(B) **FLORENZ (rtr)** - Der ehemalige Bürgermeister von Florenz, Lando Conti, ist am Montag abend von Unbekannten erschossen worden. Nach Angaben der Polizei gehören die Attentäter vermutlich der Terrorgruppe Rote Brigaden an. Zwar habe niemand unmittelbar nach der Tat in den Außenbezirken von Florenz die Verantwortung übernommen, doch sei neben der Leiche Contis ein Flugblatt der Roten Brigaden gefunden worden. Die vermutlich zwei Attentäter seien in einem Auto geflüchtet.

Eine ganz genaue Quellenangabe ist notwendig, wo durch Aussagen Rechtsfolgen berührt sind. Wenn z.b. im Polizeibericht nach einem Unfall die Schuldfrage angesprochen wird, so sind Feststellungen dazu ausdrücklich zu kennzeichnen (Beispiel C); sie dürfen vom Journalisten nicht übernommen werden.

(C) **KARLSRUHE (AP)** - Bei einem schweren Straßenbahnunglück in Karlsruhe sind 22 Fahrgäste zum Teil schwer verletzt worden. Wie ein Sprecher der Karlsruher Polizei mitteilte, übersah der Fahrer eines Straßenbahnzuges nach eigenen Aussagen, daß der ihm entgegenkommende Zug nach links abbiegen wollte. [...] Der Fahrer habe erklärt, er sei durch einen Fahrgast abgelenkt worden.

Die Notwendigkeit der Quellenangabe besteht auch dann, wenn die Schuldfrage durch ein Geständnis geklärt scheint; dies gilt für den Verkehrsunfall ebenso wie für den Massenmord. Informationen der Polizei und anderer Stellen werden stets eindeutig zugeordnet. Der Journalist verzichtet auf eigene Bewertungen. Zu diesen Standards gehört auch, daß Tatverdächtige bis zur Verurteilung "mutmaßliche Täter" sind.

Als Erklärung für fehlerhafte Berichterstattung führen Journalisten meistens den Zeitdruck an. Mit Recht: Gerade im hektischen Mediengewerbe lassen sich Fehler nicht vermeiden. Umso wichtiger ist es, daß Journalisten nicht Gewißheit vortäuschen, wenn sie nur unvollständige oder nicht ausreichend geprüfte Informationen haben. Nur die ständige Beachtung der beruflichen Standards kann die Fehlerquote der Medien in Grenzen halten. Besonders wichtig ist dabei das Bemühen um Genauigkeit und Nachprüfbarkeit von Informationen.

Die Journalisten tragen für die Qualität der Nachrichten die Verantwortung. Sie müssen sicher sein, daß ihre Informationen korrekt sind. Sie müssen ihre Informationen angemessen präsentieren. Sie müssen die Quellen ihrer Erkenntnisse offenlegen und den einzelnen Informationen genau zuordnen.

Im Nachrichtenjournalismus geht es in erster Linie um die Vermittlung von Tatsachen. Wenn die Fakten nicht stimmen, verliert das Medienpublikum das Vertrauen in die Berichterstattung.

LÖSUNGEN ZU DEN TESTS

TEST A

1. Nachrichten sind allgemein **Mitteilungen** von publizistischem Wert; bei der Nachricht als journalistischer Darstellungsform wird die Vermittlung von Informationen in möglichst **knapper, unparteilicher** Weise angestrebt.

2. Die beiden zentralen Nachrichtenfaktoren sind **Bedeutung** und **Publikumsinteresse.**

3. Die beiden Merkmale sind **Ausmaß** und **Reichweite.**

4. **(A)** Reichweite
    (B) Ausmaß

5. **(A)** Ungewöhnliches, Sex, Wissenschaft
    (B) Tiere, Ungewöhnliches
    (C) Kuriosität, Humor, Sympathie
    (D) Psychologische Nähe, Sympathie
    (E) Tragödie, Ungewöhnliches, Aktualität

6. **(1)** Bedeutung (Reichweite)
    (2) Publikumsinteresse (Nähe, Sex)
    (3) Publikumsinteresse (Nähe, Kuriosität)
    (4) Bedeutung (Ausmaß)

(5) Publikumsinteresse (Nähe)
Bedeutung (Ausmaß)
(6) Publikumsinteresse (Prominenz)
(7) Publikumsinteresse (Nähe, Sympathie)
(8) Publikumsinteresse (Nähe)
Bedeutung (Reichweite)
(9) Publikumsinteresse (Fortschritt)
Bedeutung (Reichweite)
(10) Publikumsinteresse (Nähe, Alter, Sympathie)

Eine Lokalzeitung würde die Nachrichten besonders hervorheben, in denen der Faktor **Nähe** dominiert (2, 3, 5, 7, 8, 10).

7. Der Nachrichtenfaktor **psychologische Nähe** würde in diesem Fall eine besondere Rolle spielen.

8. NEW YORK - Die amerikanischen Filmschauspieler John Wayne und Susan Hayward, die an Krebs gestorben sind, haben sich diese Krankheit wahrscheinlich bei den Dreharbeiten des Films "Der Eroberer" zugezogen.

9. Zusammenfassung von Kapitel 1 in fünf Sätzen:

Redakteure wählen Informationen nach ihrem "Nachrichtenwert" aus. Die zwei zentralen Faktoren sind dabei die Bedeutung einer Information und das (vermutete) Publikumsinteresse. Diese beiden Faktoren werden über einzelne Elemente definiert, die häufig als Kombination in den Nachrichten auftreten. Für Bedeutung sind dies das Ausmaß eines Ereignisses (direkte Betroffenheit) und die Konsequenzen eines Ereignisses (Reichweite). Der Nachrichtenfaktor Publikumsinteresse wird durch die Elemente Nähe, Prominenz, Aktualität und human interest konkretisiert.

10. Bei der Darstellungsform Nachricht wird formal zwischen **Meldung** und **Bericht** unterschieden.

11. Neben den Nachrichtendarstellungsformen gibt es **Meinungs**darstellungsdarstellungsformen und **Unterhaltungs**darstellungsformen.

12. Meinungsdarstellungsformen sind der **Kommentar** und die **Glosse**.

13. Unterhaltungsdarstellungsformen sind die **Reportage** und das **Feature**.

14. Bei der Reportage steht die **Aktualität** im Vordergrund, beim Feature das **Grundsätzliche**.

15. Zusammenfassung von Kapitel 2 in fünf Sätzen:

```
In der journalistischen Praxis wird zwischen Nach-
richtendarstellungsformen (Meldung, Bericht) und
Meinungs- (Glosse, Kommentar/Leitartikel) sowie Un-
terhaltungsdarstellungsformen (Reportage, Feature)
unterschieden. Die Unterscheidung zwischen Meldung
("Einspalter") und Bericht ("Zweispalter") ist im
Prinzip eine formale. Im Bericht sind stilistische
Elemente des Erzählens aber eher möglich. Meinungs-
darstellungsformen enthalten Bewertungen des Jour-
nalisten, die aber nicht völlig einseitig sein
sollten. In den Unterhaltungsdarstellungsformen
werden Hintergründe von Ereignissen mehr (Feature)
oder weniger grundsätzlich (Reportage) ausgeleuch-
tet, wobei Personen im Zentrum der Darstellung ste-
hen.
```

TEST B

1. Berichte können nach ihrem Inhalt in **Tatsachenberichte**, **Handlungsberichte** und **Zitatenberichte** unterteilt werden.

2. Tatsachenberichte, die Ereignisse in der Vergangenheit zum Inhalt haben, werden **Ergebnisberichte** genannt.

3. Tatsachenberichte, die Ausblicke auf künftige Ereignisse zum Inhalt haben, werden **Vorberichte** genannt.

4. **(B)** ist richtig.

5. Version **(B)** ist besser.

6. Zusammenfassung von Kapitel 3 in drei Sätzen:

   Im Tatsachenbericht werden einzelne Fakten durch Plazierung am Anfang hervorgehoben. Im Vorbericht sind dies konkrete künftige Ereignisse (nicht: "Es wird eine Veranstaltung stattfinden."). Im Ergebnisbericht sind dies konkrete vergangene Ereignisse (nicht: "Es hat eine Veranstaltung stattgefunden.").

7. **(A)** ist richtig.

8. **ESSEN** - Ein 19jähriger ist gestern abend von der Polizei in einer Gaststätte am Porscheplatz festgenommen worden. Er steht unter dem Verdacht, eine 21jährige Friseuse in ihrer Wohnung an der Sölling-

straße vergewaltigt und beraubt zu haben. Nach Angaben der Polizei hatte der Mann, der bei seiner
Festnahme volltrunken war, die Frau mit einer Pistole bedroht und sie dann gezwungen, sich auszuziehen. [...]

9. Zusammenfassung von Kapitel 4 in drei Sätzen:

Im Handlungsbericht wird der Höhepunkt/Endpunkt eines Ereignisses aus dem Ablauf herausgelöst und an
den Anfang gestellt. Die Chronologie wird dabei bewußt durchbrochen. Einzelvorgänge werden nach ihrer
Bedeutung für das Gesamtereignis neu geordnet.

10. **(B)** ist richtig.

11. Zusammenfassung von Kapitel 5 in drei Sätzen:

Im Zitatenbericht wird der Kern von Aussagen durch
Plazierung am Anfang betont. Dies dient dazu, Stellungnahmen von Personen und Organisationen zu ge-
wichten und verständlich zu machen. Längere Äußerungen (z.B. Reden) werden durch Kombination von
direkter und indirekter Rede geordnet und vermittelt.

12. **(B)** ist richtig.

13. Bei "harten Nachrichten" steht der **Informationswert** im Vordergrund. Bei "weichen Nachrichten" steht der **Unterhaltungs-
wert** im Vordergrund.

14. "Harte Nachrichten" sind die Beispiele (A), (C) und (E).
"Weiche Nachrichten" sind die Beispiele (B) und (D).

15. PARIS – Ein 14jähriges Mädchen ist im Pariser
Bois de Boulogne von einem Unbekannten getötet worden. Der Täter hatte aus einem Auto heraus auf das
Mädchen, das mit seiner Schulklasse zu Besuch in
der französischen Hauptstadt war, geschossen und
war danach geflüchtet. Das Mädchen war sofort tot.

16. Die Interpretation ist hier zulässig, weil sie in den folgenden Sätzen
durch **Fakten** gestützt wird.

17. BORKEN – Die Schülerin Mechthild Oenning ist bei
der Jahreshauptversammlung der Jungen Union (JU) zur
neuen Vorsitzenden gewählt worden. Ihre Stellvertreter wurden der Student Edmund Huvers und die Lehrerin Christel Thesing. Huvers hatte nach sechsjähriger Amtszeit nicht wieder für den Vorsitz der JU
kandidiert.

18. Zusammenfassung von Kapitel 6 in drei Sätzen:

In Nachrichten soll der Informationskern am Anfang
stehen (Prinzip der "umgekehrten Pyramide"). Dieses
Prinzip gilt in strenger Form für "harte Nachrichten", bei denen der Nachrichtenfaktor "Bedeutung"
im Vordergrund steht. Interpretationen, die die
Verständlichkeit der Nachricht verbessern können,
müssen durch Fakten belegt werden.

TEST C

1. **Wer?**   **Was?**
    Wann?   **Wo?**
    Wie?   **Warum?**
    (Welche Quelle?)

2. Bei Berichten ist der Vorspann maximal **drei** bis **vier Sätze** (bzw. **einen Absatz**) lang.

3. **(B)** ist richtig.

4. **(A)** Es fehlt die **Quellenangabe**, denn der Reporter war bei dem Eifersuchtsdrama selbst nicht anwesend.

    (B) Das Verb **"eskalierte"** sollte (z.B. durch "führte zu") ersetzt werden.

5. "Bei einem Bombenanschlag...": **Wie?**
    "Filiale der Dresdner Bank in Marburg": **Wo?**
    "am Dienstagmorgen": **Wann?**
    "erheblicher Sachschaden... Die Explosion...": **Was?**
    "Menschen": **Wer?**
    "Die Polizei": **Welche Quelle?**
    "... politisch motivierten Tat": **Warum?**

6. Zusammenfassung von Kapitel 7 in maximal fünf Zeilen mit je 50 Anschlägen:

    ```
    Der Vorspann soll die wichtigsten Informationen zu-
    sammenfassen und Antworten auf die jeweils wichtig-
    sten "W"-Fragen enthalten. Im Vorspann werden nur
    ```

die Details dargestellt, die zum Verständnis der
Zusammenhänge notwendig sind.

7. **(A) "summarischer Vorspann"** (die wichtigsten "W"-Fragen -
Warum?, Wann?, Wo?, Was?, Wer? - werden im *"Lead"*-Satz beantwortet)

(B) "modifizierter Vorspann" (zunächst wird die "Was?"-Frage
ausführlicher beantwortet)

8. Sein Vorteil ist bei komplizierteren Sachverhalten die
Verständlichkeit. Ohne direkte Quellenangabe besteht aber die
Gefahr von **Wertungen**.

9. **(A)** und **(C)** sind richtig.

10. In Beispiel **(A)** ist der Vorspann verständlicher.

11. **GELSENKIRCHEN** – Arbeitgeber, die ihre gesetzliche Verpflichtung zur Beschäftigung Schwerbehinder-
ter nicht erfüllen, sollen durch Geldbußen bestraft
werden. Dazu hat der Reichsbund der Kriegsopfer,
Behinderten, Sozialrentner und Hinterbliebenen am
Samstag in Gelsenkirchen die Bundesanstalt für Ar-
beit aufgefordert. Sein Präsidiumsmitglied Fritz
Stiller nannte es vor über 500 Delegierten des
Reichsbundes einen moralischen Skandal, daß in der
Bundesrepublik 70.000 Schwerbehinderte arbeitslos
seien, davon allein 30.000 in Nordrhein-Westfalen.
Mehr 200.000 Pflichtarbeitsplätze seien aber unbe-
setzt.
    In der Bundesrepublik gibt es mehr als eine
Million Pflichtarbeitsplätze für Behinderte. Ge-
setzlich sind die Arbeitgeber verpflichtet, sechs
Prozent ihrer Arbeitsplätze mit Schwerbehinderten
zu besetzen.

12. Zusammenfassung von Kapitel 8 in maximal fünf Zeilen mit je 50 Anschlägen:

Im "summarischen Vorspann" werden alle wichtigen
Informationen knapp zusammengefaßt. Der "modifizierte Vorspann" enthält nur die besonders wichtigen "W". Im "anonymen Vorspann" erscheinen die Personen zunächst ohne Namen.

13. Als Vorspann-Einstieg wird möglichst das **wichtigste "W"** gewählt.
Beim "Schlagzeilen-Einstieg" wird die Antwort auf die **"Was?"-
Frage** in eine kurze Formel gefaßt.

14. Die Aussagen **(A)** und **(B)** sind richtig.

15. Der Vorspann-Einstieg **(A)** ist besser.

16. **(A)**   **"Warum?"**-Einstieg
    (B)   **"Wie?"**-Einstieg

17. Wenn die Umstände eines Ereignisses besonders wichtig sind,
sollte ein **"Wie?"**-Einstieg gewählt werden. Wenn die Ursache eines
Ereignisses besonders wichtig und wenn sie bekannt ist, sollte ein
"Warum?"-Einstieg gewählt werden.

18. **(A)** Im ersten Absatz: **Wer?, Wann?, Was?**; im zweiten Absatz:
Wo?, Warum?; im dritten Absatz: **Wie?**.

(B) WASHINGTON - Die Beseitigung aller Elendsviertel in den Vereinigen Staaten innerhalb der
nächsten zwei Jahre hat der amerikanische Präsident
X.Y. am Samstag angekündigt.

(C) **WASHINGTON** - Als Maßnahme gegen soziale Unzufriedenheit und Unruhe vor allem unter den farbigen Amerikanern hat der amerikanische Präsident
X.Y. am Samstag die Beseitigung aller Elendsviertel in den Vereinigten Staaten innerhalb der nächsten zwei Jahre angekündigt.

(D) **WASHINGTON** - Unter minutenlangem Beifall von
mehr als 200.000 demonstrierenden Mitgliedern der
Bürgerrechtsbewegung hat der amerikanische Präsident X.Y. am Samstag die Beseitigung aller Elendsviertel in den Vereinigten Staaten innerhalb der
nächsten zwei Jahre angekündigt.

19. Zusammenfassung von Kapitel 9 in maximal fünf Zeilen mit je 50
Anschlägen:

Der Vorspann-Einstieg sollte möglichst das wichtigste "W" enthalten. Dies ist meist die Antwort
auf die "Was?"- oder die "Wer?"-Frage. Im "Schlagzeilen-Einstieg" wird die Antwort auf die "Was?"-
Frage auf eine kurze Formel gebracht.

20. Der Übergang vom Nachrichten-**Einstieg** zu den weiteren Informationen wird **Vorspann-Brücke** genannt. Sie stellt den inhaltlichen
und sprachlichen **Zusammenhang** im Vorspann her. Als Vorspann-Brücke eignen sich besonders die Antworten auf die weniger
wichtigen **"W"-Fragen** und die **Quellenangabe**.

21. (C), (D) und (E) sind richtig.

22. (A) Quelle als Brücke
     (B) Formelhafter Übergang

23. Die sieben Formen der Vorspann-Brücke sind:

- "W"-Fragen als Brücke
- Quelle als Brücke
- Trennung Organisation/Person
- "Wer?"-Wiederholung

- Identifizierung als Brücke
- "Was?"-Aufteilung
- Formelhafter Übergang

24. **(A)** "Was?"
  (B) In drei Sätzen
  (C) Formelhafter Übergang
  (D) "Modifizierter Vorspann " ("Schlagzeilen-Einstieg" mit Doppelpunkt, Konzentration auf das "Was?" in den ersten drei Sätzen; erst danach folgen weitere "W")

25. Die Dompteuse Elvira Dobermann ist gestern bei der Abendvorstellung des Zirkus X auf dem A-Platz von einem ihrer Elefanten zu Tode getrampelt worden. Nach Angaben der Polizei kam es wegen des Unfalls zu einer Panik unter den Zuschauern. Der Elefant, der die 39jährige tödlich verletzt hatte, wurde von einem Scharfschützen der Polizei erschossen. [...]

26. Zusammenfassung von Kapitel 10 in maximal fünf Zeilen mit je 50 Anschlägen:

Die Vorspann-Brücke verbindet den Informationskern einer Nachricht mit weiteren Informationen. Dazu werden oft die Antworten auf weniger wichtige "W"-Fragen genutzt. Weitere Varianten sind die Quellen-angabe und die Identifizierung von Personen.

TEST D

1. Nachrichten haben einen **Vorspann** und einen **Hauptteil**. Das Wichtigste/Aktuellste wird im **Vorspann** zusammengefaßt. Im **Vorspann-Einstieg** wird meistens die Frage nach dem "Wer?" und/oder "Was?" beantwortet. Antworten auf weitere "W-Fragen" und die Überleitung zu Details enthält die **Vorspann-Brücke**. Die einzelnen Informationen im Zusammenhang darzustellen, ist die Funktion des **Hauptteils** einer Nachricht.

2. (A) DORTMUND - Die Zentralstelle für die Vergabe von Studienplätzen (ZVS) hat zum kommenden Sommersemester insgesamt 22.400 Studienplätze vergeben. Wie die Pressestelle der ZVS am Freitag mitteilte, wurde dabei jeder dritte Bewerber nach dem vereinfachten Verteilungsverfahren zugelassen, bei dem die Schulnoten keine Rolle spielen.
   Im besonderen Verteilungsverfahren sind nach Angaben der ZVS 7.000 Zulassungen vergeben worden. Weitere 7.600 Studienplätze entfielen auf die Numerus-Clausus-Studiengänge und 5.600 auf die Lehramtsstudiengänge, die für vier Länder von der ZVS vergeben werden. 2.200 Zulassungen gingen an die Fachhochschulen der Länder Hessen und Nordrhein-Westfalen. Allerdings sollen, wie die ZVS weiter mitteilte, noch Studienplätze in den Fächern Medizin, Pharmazie sowie Tier- und Zahnmedizin, die im Laufe des Semesters verfügbar werden, verteilt werden.
   Nach Angaben des Sprechers wird das neue "ZVS-Kurzinfo" mit Hinweisen für die ZVS-Bewerbung zum Wintersemester nach Ostern in den weiterführenden Schulen, Hochschulen und Arbeitsämtern erhältlich sein.

   (B) DORTMUND - 22.400 Studienbewerber haben für das kommende Sommersemester eine Zulassung von der Zentralstelle für die Vergabe von Studienplätzen in Dortmund (ZVS) erhalten. Wie die Pressestelle

der ZVS am Freitag nach Abschluß der Studienplatzvergabe mitteilte, wurde mehr als ein Drittel der
Zulassungen im vereinfachten Verteilungsverfahren
vergeben. Dabei bleiben die Schulnoten der Bewerber unberücksichtigt.

Mit der Vergabe von 1.500 Zulassungen im Nachrückverfahren wurde nach Angaben der ZVS die Studienplatzvergabe zum Sommersemester abgeschlossen.
Nur in den Studiengängen Medizin, Pharmazie, Tier-
und Zahnmedizin werden noch bis zum Semesterende
freiwerdende Plätze vergeben. Die ZVS verteilte im
einzelnen

- 7.000 Zulassungen mit Hilfe des besonderen Verteilungsverfahrens,
- 7.600 Zulassungen für Numerus-Clausus-Studiengänge,
- 5.600 Zulassungen für Lehramtsstudiengänge,
- 2.200 Zulassungen für Fachhochschulen in Hessen
  und Nordrhein-Westfalen.

Nach Ostern ist nach Angaben der ZVS in allen weiterführenden Schulen, Hochschulen und Arbeitsämtern wieder das ZVS-Kurzinfo erhältlich, das Hinweise für die Bewerbung zum folgenden Wintersme-
ster enthält.

3. Richtig sind die Aussagen (A), (C) und (E).

4. (A 1) **NEUSS** - Bei einem Überfall auf den Geldbo-
    ten einer Lebensmittelkette haben bislang unbe-
    kannte Täter Dienstag abend auf der Furtherstraße
    13.000 Mark erbeutet. Wie die Neußer Polizei mit-
    teilte, schlugen mindestens zwei maskierte Täter
    den Geldboten zu Boden, als er das Geld in den
    Nachttresor einer Bank werfen wollte. Die Diebe
    entrissen dem Boten die Aktentasche mit der Geld-
    bombe und flüchteten zu Fuß in Richtung Verschie-
    bebahnhof. Der Überfallene kam mit leichten Ver-
    letzungen davon.

Personenbeschreibungen zufolge sollen die Täter
etwa 1,60 bis 1,68 Meter groß sein. Sie waren mit
gelbem Ölzeug – sogenannten Ostfriesennerzen – und
gelben Sturzhelmen oder Kapuzen maskiert.

(A 2) NEUSS – Trotz einer schweren Schußverletzung hat ein 40jähriger Mann am Dienstag abend auf
der Euskirchener Straße einen bewaffneten Räuber in
die Flucht geschlagen. Nach Angaben der Polizei war
der Pächter eines Supermarktes aus Erfttal von dem
maskierten Mann angeschossen worden, als er eine
Geldbombe in den Nachttresor einer Bank werfen
wollte. Der Verletzte konnte den Täter noch einige
Meter verfolgen, doch dieser entkam unerkannt. Der
Überfallene wurde mit einem Unterleibsschuß in ein
Krankenhaus eingeliefert, ist aber außer Lebensgefahr.
   Nach ersten Personenbeschreibungen soll der
Täter etwa 1,80 Meter groß sein. Er trug einen
blauen Trainingsanzug mit weißen Streifen. Über den
Kopf hatte der Mann eine schwarze Kapuze mit Seh-
schlitzen gezogen. Für Hinweise, die zur Ergreifung
des Täters führen, hat die Staatsanwaltschaft eine
Belohnung von 3.000 Mark ausgesetzt.

(B) NEUSS – Auf dem Weg zum Nachttresor sind am
Dienstagabend zwei Mitarbeiter von Supermärkten
überfallen worden. Wie die Neußer Polizei mitteilte, konnten im einen Fall Unbekannte eine Geldbombe
mit 13.000 Mark erbeuten. Im anderen Fall erlitt
das Opfer eine schwere Schußverletzung. Da die bislang unbekannten Täter flüchten konnten, bittet die
Kriminalpolizei die Bevölkerung um ihre Mithilfe.
   Nach Polizeiangaben ereignete sich der erste
Überfall vor einer Bank in der Furtherstraße. Gegen
18.53 Uhr wollte ein Angestellter einer Lebensmittelkette eine Geldbombe mit 13.000 Mark zum
Nachttresor bringen. Doch bevor er den Behälter
einwerfen konnte, erhielt er einen Faustschlag ins
Gesicht und stürzte zu Boden. Dabei entrissen ihm
die wahrscheinlich zwei Täter den Geldcontainer und
flüchteten über die Fesserstraße in Richtung Ver-

schiebebahnhof. Sie sollen ca. 1,60 bis 1,68 Meter
groß sein. Die Täter trugen während des Überfalls
gelbes Ölzeug (sogenannte "Ostfriesennerze") und
gelbe Sturzhelme oder Kapuzenhauben.
    Der zweite Überfall geschah gegen 19.40 Uhr vor
einer Bank in der Euskirchener Straße, als der
Pächter eines Erfttaler Supermarktes eine Geldbombe
zum Nachttresor bringen wollte. Der Schacht des
Tresors hatte sich bereits geöffnet, als jemand dem
40jährigen "Halt!" befahl. Im Reflex gelang es dem
Pächter noch, den Geldcontainer einzuwerfen, als im
gleichen Moment ein Schuß fiel. In den Unterleib
getroffen, versuchte der Überfallene vergeblich,
den bewaffneten Täter zu verfolgen. Der ca. 1,80
Meter große und schlanke Mann konnte flüchten. Er
war mit einem blauen Trainingsanzug mit weißen
Streifen bekleidet und trug eine schwarze Kapuze
mit Sehschlitzen. Der angeschossene Pächter mußte
in ein Krankenhaus gebracht werden, befindet sich
aber außer Lebensgefahr.
    Für Hinweise, die zur Ergreifung des bewaffne-
ten Täters führen, hat die Staatsanwaltschaft eine
Belohnung von 3.000 Mark ausgesetzt. Die Bevölkerung wird gebeten, der Neußer Polizei Beobachtungen
zu den beiden Überfällen unter der Telefonnummer
2911 mitzuteilen.

5.   (A) und (B) sind richtig.

6.   B-STADT - Eine beschäftigungspolitische Offensive
     hat der A-ländische Ministerpräsident X.Y. gefor-
     dert. Die Bundesregierung müsse nach Vorlage des
     Jahreswirtschaftsberichtes umgehend alle Vorschläge
     zur Verbesserung der bedrückenden Arbeitsmarktsi-
     tuation prüfen, sagte Y. gestern in einer Regie-
     rungserklärung zur Ergänzungsvorlage der A-ländi-
     schen Landesregierung für den Haushalt dieses
     Jahres. Dabei sollten nach Y.s Worten die Vorschlä-
     ge über eine Ergänzungs- und eine Arbeitsmarktgabe
     neu diskutiert und entschieden werden. (3)

Der Regierungschef kritisierte, daß A-Land schon seit 30 Jahren im Finanzausgleich der Bundesländer zu den Geberländern gehöre. Die besonderen Belastungen des Landes müßten endlich beim Länderfinanzausgleich berücksichtigt werden, damit der finanzielle Bewegungsspielraum der Landesregierung größer werde. **(6)**

Korrekturen des Haushaltsentwurfes waren notwendig geworden, da das voraussichtliche Wirtschaftswachstum auch in A-Land geringer ausfallen wird als zunächst vorhergesagt. Die Ergänzungsvorlage sieht vor, daß der A-ländische Landeshaushalt in diesem Jahr ein Volumen von 54,4 Milliarden Mark hat. Das bedeutet gegenüber dem Vorjahr einen Ausgabenzuwachs von 1 Milliarde Mark (1,9 Prozent). Zur Deckung der Ausgaben sollen mehr als 7,9 Milliarden Mark Schulden gemacht werden. **(1)**

Y. rechtfertigte den Schuldenzuwachs mit der Absicht der A-ländischen Landesregierung, die Investitionsausgaben möglichst von Kürzungen zu verschonen. Der Staat dürfe sich nicht "arm sparen", sondern müsse seine Steuerungsfunktion für Wirtschaft und Gesellschaft wahrnehmen. **(4)**

Die Landesregierung will neben der Erhöhung der Nettokreditaufnahme vor allem durch Ausgabenkürzungen in Höhe von 900 Millionen Mark die konjunkturbedingten Steuerausfälle ausgleichen. Insbesondere sollen Verwaltungs- und Personalkosten gespart werden. **(2)**

Y. erklärte erneut, daß Aufwendungen für Beschäftigte im Öffentlichen Dienst streng überprüft werden müßten. Konkret nannte er dabei die Sonderzuwendungen für Beamte. Er kündigte entsprechende Initiativen im Bundesrat an, versicherte aber, daß die A-ländische Landesregierung keineswegs in die Tarifhoheit eingreifen wolle. Durch einen Verzicht auf jegliche Erhöhung der Bezüge in diesem Jahr seien alle Mitglieder seines Kabinetts mit gutem Beispiel vorangegangen. **(5)**

Der Ministerpräsident bestritt, daß die Finanzprobleme des Landes selbst verschuldet seien. "Wir haben nicht über unsere Verhältnisse gelebt, sondern
die Verhältnisse haben sich geändert", sagte Y.
(7)

7. Zusammenfassung von Kapitel 11 in ca. fünf Zeilen mit je 50 An-
    schlägen:

In Nachrichten sollten die Leser von einer Information zur nächsten geführt werden. Verbindungssätze
erhöhen die Verständlichkeit. Diesem Ziel dienen
auch Auflistungen. Vor allem die Organisation komplizierterer Nachrichten muß genau geplant werden.

8. Für den ersten Satz einer Nachricht ist gewöhnlich das **Perfekt** die
    richtige Zeitform; die folgenden Sätze stehen im **Imperfekt**.
    Ankündigungen von Ereignissen stehen entweder im **Futur** oder im
    Präsens.

9. (A) Diese Herstellung des inhaltlichen und zeitlichen Zusammen-
    hangs wird **Anbindung** genannt.

    (B) Der inhaltliche und zeitliche Zusammenhang wird beim ersten
    Beispiel durch die Einstiegs-Information ("Das Flugzeugunglück von
    Cerritos"), durch Anbindung im Relativsatz ("dessen einmotorige
    Piper ...") und durch weitere Informationen im Vorspann hergestellt;
    beim zweiten Beispiel durch die Einstiegs-Information ("Die Kol-
    lision...") und durch die Anbindung im zweiten Absatz.

10. Bei Ereignis-Serien stehen am Anfang die **aktuellsten Informa-
    tionen**. Dann folgt die **Anbindung**, für die das **Plusquamper-
    fekt** oft die richtige Zeitform ist.

11. Der Indikativ muß in den folgenden Sätzen stehen:

(A) (richtig wäre: "... war dies die Folge ...")
(C) (richtig wäre: "... untersteht auch ein künstlicher Teil ...")
(D) (richtig wäre: "... hat er Wingerath ...")
(F) (richtig wäre: "... hat sich Wingerath ...")

12. A-STADT – Umweltminister X.Y. hat jetzt als erster Fachminister in der Bundesrepublik Grenzwerte für Belastungen durch das Schwermetall Thallium festgelegt. Wie X.Y. dazu am Montag erklärte, dürfen in Zukunft 35 Mikrogramm pro Quadratmeter und Tag nicht mehr überschritten werden.

Der Minister zog damit die Konsequenzen aus dem Thallium-Fall in A-Stadt im vergangenen Jahr. Damals waren aufgrund der Emissionen eines Zementwerkes erhebliche Umweltschäden in der Umgebung des Betriebes entstanden.

X.Y. teilte weiter mit, daß er auch für die Schwermetalle Blei und Cadmium Grenzwerte festgelegt habe. Sie liegen für Blei bei 500 und für Cadmium bei 7,5 Mikrogramm pro Quadratmeter und Tag. Nach Angaben des Ministers wird eine bundeseinheitliche Regelung zur Festlegung dieser Grenzwerte erst in ein bis zwei Jahren zu erwarten sein. Thallium, Blei und Cadmium gehören zu den besonders gesundheitsgefährdenden Stoffen.

13. Zusammenfassung von Kapitel 12 in ca. fünf Zeilen mit je 50 Anschlägen:

Der erste Satz einer Nachricht steht gewöhnlich im Perfekt. Dadurch wird das vergangene Ereignis in die Gegenwart geführt. Die Einzelheiten erscheinen im Imperfekt. Ankündigungen stehen im Futur oder Präsens. Oft wird im Plusquamperfekt die Anbindung hergestellt.

14. **(A)**   dabei
    (B)   als
    (C)   besonders
    (D)   freilich, jedoch
    (E)   dort
    (F)   um - zu, deshalb

15. Bindewörter können die Informationen **präzisieren** und in einen
    sinnvollen Zusammenhang bringen. Bei ihrer Verwendung
    dürfen jedoch keine unzulässigen **Wertungen** entstehen. Durch
    Bindewörter, die zeitliche Beziehungen ausdrücken, kann unge-
    wollte **Chronologie** in die Darstellung kommen.

16. Zusammenfassung von Kapitel 13 in ca. fünf Zeilen mit je 50 An-
    schlägen:

    Der richtige Einsatz von Bindewörtern erhöht die
    Verständlichkeit von Nachrichten. Dabei dürfen je-
    doch keine unzulässigen Wertungen und künstlichen
    Zusammenhänge entstehen. Bei zeitlichen Konjunktio-
    nen besteht die Gefahr der chronologischen Darstel-
    lung.

TEST E

1. Als Einstieg bei der Wiedergabe von Aussagen empfiehlt sich oft eine **"Als-Konstruktion"**. Wörtlich zitiert werden **Schlüsselaussagen**; die übrigen Passagen werden durch Umschreibung in **indirekter Rede** wiedergegeben.

2. B-STADT - Die A-ländische Landesregierung rechnet für das kommende Wintersemester mit der bisher höchsten Zahl von Studienanfängern an den Hochschulen. Der Minister für Wissenschaft und Forschung, X.Y., rief deshalb am Freitag in B-Stadt Hausbesitzer auf, mehr Studentenbuden als bisher anzubieten. Trotz der Bemühungen des Landes um möglichst viele Wohnheimplätze drohe die Wohnungssuche für Studentinnen und Studenten schwierig zu werden. Y. appellierte auch an Inhaber von Hotels und Pensionen, die an manchen Hochschulorten während des Winters teilweise leerstünden. Die Hilfe bei der Zimmersuche ist nach Auffassung des Wissenschaftsministers ein Gebot der "Solidarität zwischen den Generationen". Die Studenten, deren finanzielle Möglichkeiten für die Anmietung einer Wohnung begrenzt seien, würden in der Zukunft den lebenswichtigen technisch-wissenschaftlichen Fortschritt sichern helfen, sagte Y.

3. ESSEN - Als "insgesamt gutes Ergebnis" hat der Vorsitzende der Industrie-Gewerkschaft Bergbau und Energie, Adolf Schmidt, am Montag den Tarifabschluß für die Beschäftigten im Steinkohlebergbau des Ruhrgebietes bezeichnet. Der am Wochenende in Essen erzielte Abschluß sieht Einkommensverbesserungen von 2,8 Prozent bei einer Laufzeit von zwölf Monaten vor. Darüber hinaus erhöhen sich um diesen Prozentsatz die Jahresvergütung auf jetzt 3.570 Mark sowie die Nachtschichtzulage auf 2,58 Mark pro Stunde.

Der neue Tarifvertrag, der in der vierten Runde
ausgehandelt wurde, tritt am 1. Januar in Kraft.
Nach Ansicht von Schmidt wird durch die lineare
Lohnerhöhung die Position der Bergbaubeschäftigten
in der Spitzengruppe der Einkommensskala gesichert.

4. (A) Er sagte, er **sei** verzweifelt.
    (B) Sie sagte, sie **arbeite**.
    (C) Er sagte, er **habe** (hätte) gearbeitet.
    (D) Sie sagte, sie **werde** (würde) arbeiten.

5. WIEN - Bei einem Unfall in einer bulgarischen Che-
    miefabrik **sind** am Samstag **nach einer Meldung
    von Radio Sofia** 17 Menschen getötet worden. 19
    Menschen **seien** in Krankenhäuser eingeliefert wor-
    den. Der Unfall **habe** sich im Chemiekombinat Devnya
    ereignet. Eine von der Regierung eingesetzte Kom-
    mission **sei** mit der Untersuchung der Unglücksursa-
    che beauftragt worden. Devnya **liegt** etwa 30 Kilo-
    meter westlich der am Schwarzen Meer gelegenen
    Stadt Varna und 400 Kilometer nordöstlich von So-
    fia. Zuvor **hatte der Sender gemeldet,** die Ver-
    waltungsspitze der chemischen Industrie Bulgariens
    sei wegen Inkompetenz entlassen worden.

6. Richtig sind die Aussagen (A), (E), (F) und (H).

7. Bei einem Auffahrunfall auf der Bundesstraße 1 ist
    am Dienstag ein Sachschaden von 5.000 Mark entstan-
    den. Nach Angaben der Polizei hatte der Fahrer ei-
    nes Mercedes-Coupe etwa einen Kilometer vor der
    Auffahrt Dorstfeld bei einem Überholvorgang ein an-
    deres Fahrzeug geschnitten und dann stark abge-
    bremst. Dadurch habe der überholte PKW-Fahrer so
    plötzlich bremsen müssen, daß ein hinter ihm fah-
    render PKW auffuhr, teilte die Polizei mit.

8. **(A)** Der Innenminister des A-Landes, X.Y., hat angekündigt, daß er eine "Knöllchenjagd mit technischem Gerät" unterbinden will. Das Vertrauensverhältnis zwischen Bürger und Polizei dürfe nicht
durch unnötige Radarkontrollen belastet werden,
sagte der Minister am Montag bei der Vorstellung
der Verkehrsunfallbilanz des vergangenen Jahres in
B-Stadt. Y.: "Ich will das Wort von den Radarfallen
Lügen strafen."

Nach Angaben von Y. sind in A-Land im vergangenen Jahr rund 17 Prozent weniger Menschen bei
Verkehrsunfällen getötet worden als im Jahr davor.
Auch sei die Zahl der Verletzten mit einem Rückgang
von rund 5 Prozent niedriger gewesen als im Vorjahr. Gestiegen sei zwar die Gesamtzahl der Verkehrsunfälle um rund 2 Prozent, doch liege die
Steigerung deutlich unter den Zuwachsraten in den
Jahren zuvor. Der Minister kündigte an, daß er in
der kommenden Zeit gezielt die Hauptursachen für
die Verkehrsunfälle bekämpfen wolle. Darauf werde
sich das Augenmerk der Polizei besonders richten.
Denn es habe sich bei der Untersuchung von mehr als
3.000 Kreuzungen und Straßenabschnitten gezeigt,
daß in fast 55 Prozent aller Fälle die örtlichen
Verkehrsverhältnisse "mitschuldig" sind.

Hauptunfallort sind in A-Land nach Angaben des
Ministers die innerörtlichen Straßen. Hier haben
sich im vergangenen Jahr rund drei Viertel aller
Verkehrsunfälle ereignet. Zu knapp 19 Prozent der
Unfälle kam es auf Bundes- und Landstraßen und nur
zu 7 Prozent der Unfälle auf den Autobahnen unseres
Bundeslandes. Auf den Autobahnen ist die Zahl der
bei Verkehrsunfällen Getöteten und Verletzten mit
mehr als 21 Prozent bzw. knapp 5 Prozent deutlich
zurückgegangen.
Wie Minister Y. mitteilte, ist überhöhte Geschwindigkeit bei einem Viertel aller Unfälle die Ursache. An zweiter Stelle der Bilanz der Unfallursachen stehen mit rund einem Fünftel Fehler beim

Abbiegen und Wenden. Fast 12 Prozent der Unfälle kommen zustande, weil Autofahrer zu geringen Abstand halten. Rund 10 Prozent der Unfälle sind auf Alkoholeinfluß zurückzuführen.

(B) Heftige Kritik hat der Sekretär der deutschen Bischofskonferenz, Prälat Homeyer, an der Veröffentlichung einer repräsentativen Umfrage zum Thema "Abtreibung" geübt, die von der Bundestagsfraktion der Grünen in Auftrag gegeben worden war. Der Bericht weise "erhebliche Mängel" auf und zeuge von "Unredlichkeit", erklärte Homeyer gestern.

Die von den Grünen veranlaßte Befragung hatte ergeben, daß 40 Prozent der Katholiken in der Bundesrepublik für eine noch weitergehende Freigabe der Abtreibung sind. Insbesondere die heute vorgeschriebene Form der Beratung vor einer Abtreibung aus sozialen Gründen wird dem Umfrageergebnis zufolge von den Bürgern als Beeinträchtigung der persönlichen Freiheit angesehen. Homeyer vermutet hinter der Veröffentlichung der seiner Darstellung nach zwei Jahre alten Umfrage zum jetzigen Zeitpunkt "bestimmte Interessen", die die deutschen Bischöfe "verunglimpfen" wollten. Offenbar solle der Eindruck erweckt werden, daß ihre Haltung in der wichtigen Frage des Schwangerschaftsabbruchs von fast der Hälfte der Katholiken nicht geteilt werde. Das Gegenteil sei jedoch der Fall: Zuschriften von Katholiken aus dem vergangenen Jahr hätten erwiesen, daß die Zustimmung zur Haltung der Bischöfe ständig steige.

Wie Homeyer weiter mitteilte, liegen dem Sekretariat der Bischofskonferenz Ergebnisse einer Befragung des Allensbacher Instituts vor, wonach im vergangenen August nur 21 Prozent der Katholiken einen straffreien Schwangerschaftsabbruch befürworteten, während es vor zehn Jahren noch rund 32 Prozent waren.

Prälat Homeyer interpretiert diesen rückläufigen Trend mit einer größeren Betroffenheit innerhalb der Bevölkerung: "Das Empfinden, daß bei der Abtreibung ein ungeborenes Kind getötet wird, ist

gestiegen." Doch selbst wenn tatsächlich in der Bevölkerung die "Gleichgültigkeit gegenüber dem Leben
des ungeborenen Kindes" gestiegen sein sollte, dürfe das "kein Anlaß sein, darin eine Bestätigung für
die Abtreibungsregelung zu sehen." Stattdessen
müsse man betroffen darüber sein, wie stark der
derzeitige Zustand bereits das Rechtsbewußtsein in
unserem Volk verändert habe, sagte der Sekretär der
Bischofskonferenz.

9. Nur in den Fällen **(B)**, **(E)** und **(F)** werden Personen in Nachrichten grundsätzlich mit vollem Namen genannt.

10. Ja, denn das **Persönlichkeitsrecht** der Betroffenen hat hier Vorrang vor dem **Informationsinteresse** der Öffentlichkeit. Es geht hier um den Fall, nicht die einzelnen Personen.

11. Wenn keine **rechtlichen** oder **berufsethischen** Bedenken bestehen, werden die in Nachrichten vorkommenden Personen mit **Vor- und Zunamen** identifiziert. Kuriose Personennamen sollten nicht für **Wortspiele** genutzt werden. Volle Namensnennung von Tatverdächtigen kann auf eine **Vorverurteilung** hinauslaufen. Personen, die **unbekannt** sind, müssen genauer identifiziert werden als **prominente** Personen. Zur Identifizierung einer Person gehören auch **Alter** und **Funktion**.

12. Nach einem Einbruch in eine Gaststätte auf der Märkischen Straße ist in der Nacht zum Donnerstag ein
26jähriger Mann festgenommen worden. Er hatte, wie
die Polizei mitteilte, in der Gaststätte mehrere
Automaten aufgebrochen und daraus ca. 660 Mark entwendet. Als der Mann vom Wirt, der später die Polizei verständigte, gestört wurde, konnte er sich zunächst auf der Kegelbahn der Gaststätte verstecken.
Im Fahrzeug des 26jährigen fand die Polizei einen

Bolzenschneider und andere Einbruchswerkzeuge. Sie
ist davon überzeugt, daß der Festgenommene noch
weitere Einbrüche begangen hat.

13. **(A)**   Der Politiker handelt ungeschützt.
      (B)   Auf diese Forderung wollen/können wir nicht verzichten.
      (C)   Das Feuer wurde durch einen Kurzschluß entzündet/entfacht.
      (D)   Dieses Argument läßt sich nicht widerlegen.

14. Wichtigstes Ziel beim Nachrichtenschreiben ist die
     Verständlichkeit. Anzustreben ist eine **Varianz** in der Satzlänge.
     Die Satzlänge sollte durchschnittlich nicht mehr als **15 Wörter**
     betragen; jeder Satz sollte nur ein **Thema** enthalten. Hauptsachen
     gehören in **Hauptsätze**, Nebensachen in **Nebensätze**.
     Zusammenhängende Informationen sollten nicht durch **Absätze**
     getrennt werden. Vorsicht ist in Nachrichten beim Einsatz von
     Adjektiven, Fremdwörtern und **Metaphern** geboten. Tempo,
     Knappheit und Originalität können zwei Satzzeichen in die Nachricht
     bringen: **Doppelpunkt** und - **Gedankenstrich**. Das **Semikolon**
     sollte sparsam eingesetzt werden; meistens besser ist in Nachrichten
     der **Punkt**.

15. Korrekt wird das Verb "fordern" im Beispiel **(B)** verwendet.

16. Zutreffend sind die Aussagen **(B)**, (D), **(E)** und **(F)**.

17. VADUZ – Siebzehn liechtensteinische Panzer
     marschierten am Montag an der österreichischen
     Grenze **auf**. Das **Weiße Haus stellte** dazu **fest,**
     daß es sich um eine **harmlose Übung** gehandelt
     hat. Dagegen **meinte** der Sprecher des **Kreml,** es
     hätte sich um eine Demonstration der Liechtenstei-
     ner gehandelt, um ihre militärische Stärke zu be-

weisen und den Österreichern, die neutral **seien,**
zu zeigen, **wer der Herr im Hause ist.**
   Dagegen **gab** die Nachrichtenagentur AP **bekannt,** daß **nach ihren Informationen** eine
liechtensteinische Invasion nicht geplant ist. Das
sei eine **wahre Tatsache. Herr** Franz Schmidt,
der Kriegsminister des Landes, wolle stattdessen
ein Gipfeltreffen der blockfreien Staaten **durchführen.** Er **rechtfertigte,** daß der Tourismus in
Liechtenstein **Opfer forderte.** Wie **informierte
Kreise** dazu **erklärend mitteilten, hat** sich das
liechtensteinische Regime damit **als revanchistisch** entlarvt.

18. Gesamtzusammenfassung von Kapitel 14 bis 16 in ca. 15 Zeilen mit
je 50 Anschlägen:

Alle Regeln zu Sprache und Stil sind beim Nachrichtenschreiben auf die Verständlichkeit gerichtet.
Dies betrifft in besonderem Maße den Satzbau, aber
auch die Wortwahl. Ausschmückungen durch Wortspiele
und überflüssige Adjektive sind ebenso falsch wie
unpräzise Begriffe, Beschönigung oder Übertreibung.
Besondere Sorgfalt ist beim Umgang mit Personen in
Nachrichten geboten. Zur Identifizierung einer Person gehört im allgemeinen der volle Name, das Alter
und die Funktion. Im Zweifelsfall hat jedoch das
Persönlichkeitsrecht Vorrang vor dem Informationsinteresse der Öffentlichkeit. Zitate von Personen
müssen eindeutig gekennzeichnet werden. In direkter
Rede sollten jedoch nur Schlüsselaussagen wiedergegeben werden.

19. Siehe Lösung (A) zu Aufgabe 8.

TEST F

1. Das Feature ist weder eine **Meinungs-** noch eine reine
    Nachrichtendarstellungsform. Die Nähe zur **Nachricht** sollte
    aber immer erkennbar sein. Im Feature können die "sieben W" der
    Nachricht durch ein achtes ergänzt werden: **Welche
    Schlußfolgerung?** Die **Funktion** des Features besteht auch
    darin, mit **Informationen** zu **unterhalten**.

2. **(A)** Porträt-Features
    (B) Nachrichten-Features
    (C) Begleit-Features
    (D) Thema-Features

3. **(A)** Dieser Artikel gehört zur Gruppe der **Thema-Features** ("kleine
    Person - großes Problem").

    (B) Der **Profil-Einstieg** (Personalisierung zur Konkretisierung des
    Problems "zerstörte Umwelt nach dem Ölboom")

    (C) Der **Kontrast-Einstieg** ("... vor dreißig Jahren, als Coatzacoal-
    cos ..." - "Heute hat sich gerade ein Fisch ...")

4. Der **Szene-Einstieg**

5. Der **Kontrast-Einstieg**

6. In diesem Feature wird das Thema im **ersten Satz** benannt. Dies
    geschieht durch die **Konkretisierung** mit Hilfe eines
    Fallbeispiels. Beschrieben wird eine **Szene**, die eine
    Fokussierung des Problems von Eltern darstellt, mit dem Tod

ihres Kindes fertigzuwerden. Diese Szene wird aus der Sicht der Mutter referiert, wobei Beschreibung und **Zitate** einander abwechseln. Der Bogen vom Einzelschicksal zum Problem als Feature-Thema wird im **zweiten Absatz** geschlagen. Nach der **Personalisierung** folgt nun die **Generalisierung**, wobei auf eine **Statistik** zurückgegriffen wird.

7.   **Nein**. Auf die genaue Quellenangabe kann zunächst verzichtet werden - oder sogar ganz, wenn das Zitat stellvertretend für die Aussagen einer Gruppe von Personen steht.

8.   Bei der **Themaskizze** als Feature-Einstieg wird der Leser direkt über den Gegenstand des Features informiert. Beim **Appell** als Feature-Einstieg wird der Leser direkt angesprochen. Das **Zitat** ist ebenfalls ein häufig gewählter Einstieg ins Feature. Daß Menschen der interessanteste Lesestoff sind, wird beim **Profil** als Feature-Einstieg in besonderem Maße genutzt.

9.   **(A)** Die Einstiegsform der ersten Version ist die **Themaskizze**. Bei der zweiten Version handelt es sich um einen anonymen **Profil-Einstieg** ("Er hat hängende Schultern ..."); enthalten ist aber auch ein **Kontrast** ("hängende Schultern ..., fliehendes Kinn ..., rote Wurstfinger ..., unförmige Nase, abstehende Ohren ..., Brust ist schmächtig ..., Hüfte etwas breit ..., Beine zu kurz ..., ein wenig linkisch ..." - "Trotzdem war er ... der begehrteste Junggeselle der Welt.")

      (B) Der **Profil-Einstieg** in der zweiten Version - mit seiner ziemlich hämischen Personalisierung - ist eher geeignet, das Leserinteresse zu wecken.

10. Auch beim Featureschreiben kommt es darauf an, den Aufbau zu **organisieren** und **Übergänge** zu schaffen. Dabei helfen die richtigen **Bindewörter**. Zuerst muß ein geeigneter **Einstieg** gefunden werden. Wichtig ist auch der Wechsel zwischen **Szenen**, **Fakten** und **Zitaten**. Kennzeichen eines amateurhaft geschriebenen Features sind **Floskeln** und **Phrasen**, **Klischees** und **schiefe Bilder**.

11.
- Thematisieren
- Analysieren
- Aktualisieren
- Konkretisieren
- Fokussieren
- Generalisieren
- Personalisieren

12. **(A)** Dieser Artikel gehört zur Gruppe der **Thema-Features**.

(B) Im Zentrum stehen die Finanzprobleme der englischen Provinztheater.

(C) Als Einstieg wurde die **Szene** gewählt ("Den jungen Mann hat die Hitze gepackt ...").

(D) Außerdem wurde als Einstieg der **Kontrast** gewählt ("Jetzt ... wird der Marquis Posa ..." - "Doch der Marquis ...").

(E) Der Wechsel von **Szenen**, **Fakten** und **Zitaten**.

13. Die Aussagen **(B)** und **(E)** sind zutreffend.

ABKÜRZUNGEN

AFP.................... Agence France Presse
A P..................... Associated Press
AVZ.................... Aachener Volkszeitung
A Z..................... Abendzeitung (München)
BamS................. Bild am Sonntag
ddp................... Deutscher Depeschen Dienst
dpa................... Deutsche Presse-Agentur
D W................... Die Welt
D Z................... Die Zeit
exp.................. Express (Köln)
FAZ................. Frankfurter Allgemeine Zeitung
FR.................. Frankfurter Rundschau
HA.................. Hamburger Abendblatt
KStA............... Kölner Stadt-Anzeiger
MOPO............. Hamburger Morgenpost
NRZ................ Neue Ruhr Zeitung (Essen)
R N................ Ruhr-Nachrichten (Dortmund)
R P................ Rheinische Post (Düsseldorf)
rtr................. Reuters
S p............... Der Spiegel
st................ Stern
S Z.............. Süddeutsche Zeitung
taz.............. Die Tageszeitung
WamS........... Welt am Sonntag
WAZ............. Westdeutsche Allgemeine Zeitung (Essen)
W N............. Westfälische Nachrichten (Münster)
W P............ Westfalenpost (Hagen)
WR............ Westfälische Rundschau (Dortmund)

ÜBER DEN AUTOR

Siegfried Weischenberg, Jahrgang 1948, arbeitete als Nachrichten-, Lokal- und Sportredakteur. Er volontierte bei einer Tageszeitung und war später für verschiedene Printmedien, Agenturen und den Rundfunk tätig.

Der Autor beschäftigt sich seit rund 20 Jahren mit der Aus- und Weiterbildung von Journalisten. Nach Studium und Promotion in Sozial- und Kommunikationswissenschaft war er als wissenschaftlicher Mitarbeiter am Aufbau des Dortmunder Modellstudiengangs "Journalistik" beteiligt. 1979-1982 Professor an der Universität Dortmund, seit 1982 Professor für Journalistik an der Universität Münster. Gastprofessuren an den Universitäten von Indiana (USA) und München.

S.W. schrieb u.a. die Bücher "Die Außenseiter der Redaktion" ([2]1978) und "Journalismus in der Computergesellschaft" (1982). Er ist Herausgeber des Readers "Journalismus & Kompetenz" (Westdeutscher Verlag). Ebenfalls im Westdeutschen Verlag erscheint sein Lehrbuch "Journalistik. Einführung in die Theorie und Praxis vermittelter Kommunikation". Außerdem publizierte er zahlreiche Beiträge in wissenschaftlichen und nichtwissenschaftlichen Zeitschriften, u.a. "Publizistik", "Rundfunk und Fernsehen", "Journalist", "Media Perspektiven" und "Die Zeit".

Korrespondenzadresse: St. Benedictstraße 10, 2000 Hamburg 13